Ernst Martin, Uwe Wawrinowski
Beobachtungslehre

Grundlagentexte
Soziale Berufe

Ernst Martin, Uwe Wawrinowski

Beobachtungslehre

Theorie und Praxis
reflektierter Beobachtung und Beurteilung

3. Auflage 2000

Juventa Verlag Weinheim und München

Über die Autoren
Ernst Martin, Jg. 1939, ist Studiendirektor an der Fachschule für Sozial- und Heilpädagogik in Göttingen und seit 1970 in der Fortbildung für sozialpädagogische Berufe tätig.

Uwe Wawrinowski, Jg. 1943, Dipl. Psych., ist Oberstudienrat an den Berufsbildenden Schulen III in Celle und unterrichtet in den Fachbereichen Sozialpädagogik und Beschäftigungs- und Arbeitstherapie. Er ist außerdem in der Fortbildung für Mitarbeiter der Lebenshilfe und in der familienorientierten Weiterbildung tätig.

Die Deutsche Bibliothek – CIP-Einheitsaufnahme

Martin, Ernst:
Beobachtungslehre : Theorie und Praxis reflektierter Beobachtung und Beurteilung / Ernst Martin ; Uwe Wawrinowski. – 3. Aufl. – Weinheim ; München : Juventa Verlag, 2000
(Grundlagentexte soziale Berufe)
ISBN 3-7799-0744-5
NE: Wawrinowski, Uwe:

Umschlaggestaltung: Atelier Warminski, 6470 Büdingen 8
Umschlagabbildung: Theodor Oberheitmann, Bochum
Die Abbildungen im Text sind gezeichnet von Uwe Wawrinowski.
Printed in Germany

ISBN 3-7799-0744-5

Inhalt

Einleitung
oder: Worauf es bei diesem Buch ankommt 7

A. Beobachtung als gezielte Wahrnehmung

1. Interpersonelle Wahrnehmung und Wahrnehmung als Interaktion
oder: Sage mir, was du siehst, und ich sage dir, wer du bist ... 13
2. Systematische Verhaltensbeobachtung
oder: Beobachten meint beachten, wo andere nur wahrnehmen 29

B. Personwahrnehmung und -beurteilung als Prozeß

3. Systeme und Techniken der Beobachtung
oder: Der Beobachtende entscheidet, wie er den Gegenstand „sehen“ will 45
4. Vom Beobachten zum Beschreiben
oder: Wie komme ich zu guten Protokollen und Beobachtungsberichten? 53
5. Vom Beschreiben zum Beurteilen
oder: Die Beurteilung als der eigentliche Zweck der Beobachtung 66
6. Psychologisch–pädagogische Diagnostik
oder: Erkenne dich selbst in anderen! 77

C. Probleme des Beobachtenden

7. Interpersonale Wahrnehmung, Wahrnehmungscodes und Eindrucksbildung
oder: (Selbst-)Täuschung kann gesund sein 91
8. Soziale Urteilsbildung, Einstellungen und Verhalten
oder: Vorurteile sind die Argumente der Dummen? 104

D. Aspekte des Beobachtungsgegenstandes

9. Räume als Beobachtungsgegenstand
oder: Die stumme Botschaft von Lebensräumen erfassen 117
10. Interaktion als Beobachtungsgegenstand
oder: Was soll das Theater, das wir den ganzen Tag spielen? . 128
11. Persönlichkeit als Beobachtungsgegenstand
oder: Etwas unfaßbar Komplexes faßbar machen 139
12. Die Gruppe als Beobachtungsgegenstand
oder: Verstehen, was die Dynamik der Gruppe ausmacht 148

E. Anwendungen von Beobachtungsergebnissen in der sozialpädagogischen Praxis

13. Entwicklungsberichte und Gutachten
oder: Aufschreiben, ohne festzuschreiben 165
14. Kommunikation, psychologische Beratung und Gesprächsführung
oder: Durch Feed-back voneinander lernen 176
Anhang: Beobachtungsschemata 191

Einleitung

oder: Worauf es bei diesem Buch ankommt

1.

Ohne Beobachtung geht es nicht. Das gilt im Alltag wie im beruflichen Bereich (zumindest für die sozialen Berufe): Durch Beobachtung schaffen sich die Menschen die notwendige Orientierung in ihrer alltäglichen Welt. Und nur durch Beobachten finden Erzieherinnen oder Sozialarbeiter zu einem sinnvollen Handeln. Wenn es darum geht, pädagogische Situationen zu erfassen und zu analysieren, Motive der Beteiligten zu verstehen oder Ziele zu formulieren und entsprechende Handlungspläne zu entwerfen, wenn es darum geht, erzielte Ergebnisse auszuwerten oder durch Berichte zu Behörden- oder Gerichtsentscheidungen beizutragen. Oder wenn es darum geht, bei der Einstellung einer neuen Mitarbeiterin mitzuwirken oder die Leistung eines Praktikanten zu beurteilen: Immer sind die sozialpädagogisch Tätigen auf Beobachtungen angewiesen.

2.

Was heißt „reflektierte Beobachtung"?
Sozialpädagogische Mitarbeiterinnen stehen immer wieder vor der Aufgabe, andere Menschen zu beobachten (Fremdbeobachtung). Daneben haben sie die Möglichkeit, sich selbst zu beobachten. Aber das gilt als schwierig – nicht jeder ist ein Sigmund Freud! Und zunächst einmal kommt es ja wohl auch auf den zu Erziehenden oder den Ratsuchenden an, nicht auf den Mitarbeiter oder die Mitarbeiterin. Wozu also die Sache komplizierter machen als nötig?

In der letzten Zeit vertreten Sozialpsychologen und Soziologen manchmal sogar die Auffassung: Wozu überhaupt beobachten, wenn man auch fragen kann? Gerade, wie die Betroffenen sich selbst einschätzen, was sie über sich berichten, wie sie ihr Handeln interpretieren (Selbstbeobachtung), wird als aufschlußreich angesehen. Jeder Handelnde ist ja auch ein erfahrener Beobachter; er beobachtet und beurteilt zumindest das Alltagshandeln anderer. Zudem verbindet er mit seinem eigenen Handeln immer einen bestimmten Sinn. – Diese Überlegungen führen zu der Folgerung: Zur Beurteilung des anderen gehört notwendigerweise das Verständnis der Absicht, des subjektiven Sinns und der sozialen Bedeutung seines Handelns. Ohne ein solches Verstehen bliebe die Beobachtung blind und für die soziale Arbeit fragwürdig. Sie machte den zu Erziehenden oder Hilfebedürftigen zum passiven Objekt des beobachtenden und handelnden

Sozialpädagogen. Allerdings ist nun auch zu bedenken: Die Selbsteinschätzung des Beobachteten stellt nur *eine* Interpretation dar, und zwar in vielen Fällen eine mehr oder weniger naive. Sie muß geprüft und mit anderen Wahrnehmungen und Deutungen verglichen werden. Dabei behält die Beobachtung durchaus ihren guten Sinn.

Andererseits: Wenn an dem Hinweis auf die Bedeutung der Selbstwahrnehmung etwas dran ist, dann muß er auch für den Beobachter gelten. Dann muß dieser fragen, welche subjektiven Anteile in seine Wahrnehmung und Beurteilung einfließen.

Im vorliegenden Buch behandeln wir deshalb nicht nur zweckmäßige Verfahren der Verhaltensbeobachtung (Fremdbeobachtung); wir beziehen ausdrücklich zwei weitere Aspekte ein: einerseits die Ergänzung der Fremdbeobachtung durch die Selbstaussagen des Beobachteten und andererseits die Erweiterung des Wahrgenommenen durch die Selbstwahrnehmung des Beobachters, durch die subjektiven Anteile beim Zustandekommen der Wahrnehmung.

Diese Einstellung und Vorgehensweise nennen wir *reflektierte Beobachtung.*

Elemente reflektierter Beobachtung		
Fremdwahrnehmung des Beobachters ↕ Selbstwahrnehmung des Beobachters	⟷	Selbstaussagen des Beobachteten

In diesem Sinne kann die Theorie und Praxis der Beobachtung und Beurteilung auch eine Basis sein, auf der sozialpädagogische Mitarbeiterinnen und Gruppenmitglieder sich als Handlungspartner treffen.

Darüber hinaus meinen wir: In den wissenschaftlichen Methoden der Beobachtung wird vielfach nur das Alltagshandeln weiterentwickelt und in eine strenger kontrollierte Form gebracht. Deshalb knüpfen wir immer wieder an Alltagssituationen an.

3.

Insgeamt werden in unserer Darstellung folgende *Grundgedanken* betont:

1. Beobachten bedeutet eine aktive und intensive *Auseinandersetzung* des Beobachtenden mit der Beobachtungssituation und den Interaktionspartnern.

2. Beobachtungen werden vom Beobachtenden *„gemacht"*: Sie fallen ihm nicht als fertige Abbildungen der Wirklichkeit in den Schoß. Jeder Beobachter ist vielmehr an bestimmten Problemen interessiert; durch seine Einstellungen wird der Beobachtungsinhalt strukturiert und durch seine sozial-emotionale Situation mit bestimmt.

3. Nur in sprachlicher, also übesetzter Form kann über Beobachtungen berichtet werden. Deshalb sind Beobachtungsberichte immer mit vielfältigen Sprach- und *Kommunikationsproblemen* verbunden.

4. Beobachten kann sowohl als *Alltagstätigkeit* als auch als *methodisches Handeln* im Rahmen sozialer Berufe verstanden werden.

   Das kontrollierte Beobachten unterscheidet sich von spontanen Alltagsbeobachtungen vor allem durch drei Momente:

   – bewußtes Klassifizieren (Bereiche abgrenzen)
   – die Kategorienbildung (Einteilen, Ordnen der Inhalte) sowie
   – das Interpretieren (Erklären, Beurteilen der Ergebnisse).

5. Eine gute Beobachtungsfähigkeit ergibt sich nicht aus Kenntnissen der Personwahrnehmung allein; der Beobachtende muß auch mit den *Gegenständen* seiner Beobachtung vertraut sein. Das heißt: Er muß etwas von Interaktion und Kommunikation, von Persönlichkeitspsychologie, Gruppenpsychologie oder von bestimmten Subkulturen verstehen, mit denen er zu tun hat.
6. In älteren Büchern zur Beobachtungslehre stehen Probleme der Beobachtungs*technik* im Vordergrund, z.B. das Konstruieren und Anwenden von Beobachtungsleitfäden, Kategoriensystemen, Rating-Skalen oder Probleme der quantifizierenden Auswertung der Beobachtungsdaten, insgesamt also Probleme der Objektivierung und Überprüfbarkeit von Beobachtungen. Demgegenüber betont unser Buch stärker Probleme der sozialen Situation und der *Praxis* der Beobachtung: z.B. die Einstellungen und Interessen des Beobachtenden, die Zwecke, denen Beobachtungen dienen, den Einfluß der Beobachtung auf den Beobachteten wie auf den Beobachtenden oder den Stellenwert, den Beobachtungen im Gesamtzusammenhang sozialpädagogischer Praxis haben.

7. Schließlich: Wer dieses Buch aufmerksam durchgelesen und sich vielleicht sogar auf der Grundlage eigener Erfahrungen in die komplizierten Zusammenhänge eingearbeitet hat, wird deshalb noch lange nicht

jedes schwierige Kind seiner Gruppe oder eine bestimmte Clique von Jugendlichen kennen und verstehen. Das wird höchstens demjenigen gelingen, der mit ihnen *lebt* und *gemeinsam handelt*, also mit ihnen bestimmte Praxissituationen teilt.

4.

Wir haben unsere Einführung in die Beobachtungslehre nicht als Kurzfassung alles Wesentlichen angelegt; es war nicht unsere Absicht, einen Grundbestand an Tatsachen, Theorien und Techniken zusammenzustellen. Wir versuchen vielmehr, einen verdeutlichenden Grundriß zu zeich-

Phasen im Prozeß der Personwahrnehmung und Beurteilung[1)]

1. Klassifizierung
- Wahrnehmung der Situation, die eine Beurteilung fordert
- die Problemstellung einordnen
- ein naiv-alltägliches oder ein theoretisches Konzept anwenden

2. Beobachtung (im engeren Sinne)
- Informationen sammeln und verarbeiten

3. Interpretation
- Informationen deuten und erklären

4. Beurteilung
- Informationen und Interpretationen zu Urteilen verdichten und
- zum Gesamturteil verknüpfen

5. Prognose/Entscheidung
- Gesamtbeurteilung, die eine Entscheidung mit praktischen Folgen darstellt, oder
- eine Prognose des Verhaltens für den Beobachteten

6. Überprüfung
- Richtigkeit und Nützlichkeit der Prognose und Entscheidung überprüfen

1) Leicht verändert nach Preiser, S.: Personwahrnehmung und Beurteilung. Darmstadt 1979, S. 53–60.

nen, eine Art Landkarte, mit deren Hilfe sich der Leser oder die Leserin in wesentliche Bereich der Beobachtungslehre einarbeiten kann. Dabei sind wir von dem Grundsatz ausgegangen, alle Teilgebiete der Beobachtungspsychologie *gleichgewichtig* zu behandeln. Wir hätten es als großen Fehler angesehen, uns auf wenige Teilgebiete (wie z.B. Beobachtungsbögen, Protokollanweisungen oder die Methode der Soziometrie) zu konzentrieren. Es ist unser Ziel, in das *Gesamtgebiet* der Beobachtungspsychologie einzuführen. Wir wollen dabei gerade den vollen Umfang und die Vielzahl der am Prozeß der Personwahrnehmung und -beurteilung beteiligten Faktoren aufzeigen.

5.

Abschließend geben wir noch *eine Art Gebrauchsanweisung.* In den Kapiteln 1 und 2 geht es darum, alltägliche Wahrnehmungserscheinungen zu reflektieren und zu grundlegenden Erkenntnissen der Wahrnehmungspsychologie hinzuführen.

In den Kapiteln 3–6 wird der Prozeß der Beobachtung und Beurteilung in einzelnen Schritten dargestellt.

Daran schließen sich in den Kapiteln 7 und 8 Probleme an, die mit der Person des Beobachtenden zusammenhängen.

Die Kapitel 9–12 gehen auf die besonderen Bedingungen verschiedener wichtiger Beobachtungsgegenstände ein.

Im letzten Abschnitt, in den Kapiteln 13 und 14, geht es dann um einige spezielle Aspekte der Beobachtung als Bestandteil sozialpädagogischer Praxis.

Jedes Kapitel enthält einen mehr oder weniger in sich abgeschlossenen Problem- und Lernkomplex und einen völlig gleichen Aufbau:

Der einführende Lerntext [L] bietet eine Lernsituation oder anschauliches Lernmaterial. Mit ihm wird ein Impuls gesetzt für den beabsichtigten Lernprozeß. Der anschließende theoretische Text [T] kommentiert oder analysiert den Lerntext und ergänzt den Lerninhalt. Der abschließende Anwendungstext [A] zieht Folgerungen aus den beiden ersten Teilen und gibt Hinweise darauf, wie das gemeinte Lernergebnis (als Einstellung, als Methode, als Technik) in der Praxis verwirklicht werden kann. Dabei wird auch auf weiterführende Literatur und auf vorliegendes Übungsmaterial verwiesen.

Eine Auswahl einfacher Hilfsmittel für die Beobachtung und Beschreibung (Beobachtungsbögen, Merkmalslisten, Fragebögen) sind im *Anhang* abgedruckt.

A. Beobachtung als gezielte Wahrnehmung

1. Interpersonelle Wahrnehmung und Wahrnehmung als Interaktion

oder: Sage mir, was du siehst, und ich sage dir, wer du bist.

L 1

Wahrnehmen müssen wir uns als aktiven Prozeß vorstellen. Im Verlauf dieses Prozesses nehmen wir mit Hilfe unserer Sinnesempfindungen Informationen auf, filtern und entschlüsseln sie. Wahrnehmung wird zwar zunächst durch Reizmuster von Objekten gelenkt. Aber eigentlich ist sie ein dynamisches Suchen nach der besten Deutung der erhaltenen Daten.

Wahrnehmungen informieren uns über das, was in der uns umgebenden Realität passiert. Das klingt einfach und selbstverständlich. Doch bei näherer Betrachtung sind mit Wahrnehmungsprozessen vielerlei Probleme verknüpft. Denn immer fließen z.B. frühere Erfahrungen und Erkenntnisse mit ein. Diese früheren Erfahrungen können aber selbstverständlich die Gegenstände nur unvollständig und mittelbar wiedergeben. In Abhängigkeit von unserer Einstellung und Perspektive haben Gegenstände und Situationen jeweils eine bestimmte Bedeutung für uns; sie sind uns über das bloße Reizmuster hinaus etwas wert.

Nur ein Bruchteil der auf uns einströmenden Reize wird uns bewußt. Unsere zielgerichtete Aufmerksamkeit wählt aus und gewichtet, hilft Wesentliches von Unwesentlichem zu unterscheiden und unterschlägt anderes ganz. Die folgende Abbildung zeigt, wie bestimmte Reize durch verschiedene Personen oder auch durch ein und dieselbe Person vor dem Hintergrund verschiedener situativer Erlebnisse und Geschehnisse ausgewählt, verarbeitet und dabei sinnvoll geordnet werden:

Jedem von uns „sagt“ das Bild als Ganzes – oder sagen die Bilddetails – etwas anderes: dem Atomphysiker, dem Stadtplaner, der Ökologin, der Mutter. Wir haben das Bedürfnis, den Reizen *Bedeutung* zu verleihen, wir suchen nach einem *Sinngehalt.*

Womit wir auch beschäftigt sind, wir nehmen wahr. Dabei erwarten wir nicht nur, daß die aufgenommenen Reize zueinander passen und einen Sinn ergeben. Die Wahrnehmung *organisiert* nicht nur die Reize, sondern die Reize „provozieren" auch unsere *selektiv wirkende Aufmerksamkeit* und beeinflussen dadurch den Inhalt der Wahrnehmung. Dabei spielen verschiedene Merkmale der Reize eine Rolle, vor allem: ihre Häufigkeit, der Grad der Neuheit, Intensität, Beweglichkeit und Veränderung, die Bedeutsamkeit und Widersprüchlichkeit.

Insbesondere bei mehrdeutigen Figuren und Situationen setzt sich eine Wahrnehmungsalternative gegenüber anderen durch. Die uns umgebende soziale Umwelt ist selten eindeutig. Darum bedarf es zu ihrer Entschlüsselung der Ausbildung konkreter Vorstellungen und *Erwartungshaltungen*: Wir müssen einen „Standpunkt" beziehen, von dem aus wir die Sache betrachten. Die vorhandenen Vorstellungen und Erwartungen haben sich aus früheren Erfahrungen, überdauernden Persönlichkeitsmerkmalen, Einstellungen, Wertungen, situativen Bedürfnissen und Emotionen ergeben. Sie wollen bestätigt werden; sie spüren in der Welt der Wahrnehmungserfahrungen Vorgänge und Aspekte auf, die der bestehenden Erwartungshaltung entsprechen. Solche Einstellungen und ihr Widerstand gegen Veränderungen sind relativ stabil, da sie sich ständig bestätigen und selbst verstärken: Das ist beim Optimisten nicht anders als beim Depressiven oder beim Angstneurotiker.

Abb.: Kippfigur: „Eskimo“ oder „Indianer“?[1]

Andere Faktoren begünstigen Veränderungen. Erregung z.B., insbesondere Angst, kann in gewissen Grenzen Wahrnehmung und Lernen verbessern, indem sie das Aufmerksamkeitsniveau bzw. die Wahrnehmungsbereitschaft erhöht und jenseits dieser Grenzen die Wachsamkeit vermindert. Dabei ist zu beachten: Die physiologische Verfassung, welche die Angst verursacht, ist ja bereits selbst zum Teil Resultat vorausgegangener Wahrnehmungsprozesse.

Insgesamt sind es soziale Erfahrungen und Einstellungen, welche die Konzentration eines Menschen auf ausgesuchte Umnweltbereiche sowie sein Reagieren auf die Wahrnehmung konkreter Reize bewirken.

Die Mutter vernimmt im Schlaf das Stöhnen ihres Säuglings. Die Krankenschwester bemerkt den leisen Ruf des Patienten; beide blenden aber womöglich total das donnergrollende Gewitter aus ihrer Wahrnehmung aus. Das heißt: *Akzentuierung* führt dazu, daß biologisch wichtige oder sozial bedeutsame, von den Wahrnehmenden bevorzugte Objekte häufiger als andere wahrgenommen werden. Gegenüber unangenehmen und das innere Gleichgewicht des Wahrnehmenden bedrohenden Reizmustern ist die *Erkennbarkeitschwelle* dagegen erhöht.

Der im Brennpunkt der sozialen Wahrnehmung stehende Gegenstand kann dank der *selektiven Aufmerksamkeit* besser differenziert und vom Hintergrund abgehoben werden. Seine Aufmerksamkeit muß das Indivi-

1) Kippfigur „Indianer“/„Eskimo“ in: „Psychologie heute“, 4/83

duum ständig wechselnden Gegebenheiten, Problemstellungen, Erfordernissen zuwenden, und es vermag doch nur eine begrenzte Menge der unablässig auf ihn einströmenden Informationen in jedem Augenblick zu verarbeiten. Niveau und Ausrichtung der suchenden Aufmerksamkeit bestimmen das Wahrnehmungsergebnis.

T 1

Soziale Wahrnehmung

Menschliche Wahrnehmung ist von allem Anfang an selektiv. „Daraus aber ergibt sich, daß die *Selektivität* der Wahrnehmung nichts ist, was man irgendwie als subjektive Verfälschungstendenz verstehen kann: Die Selektivität der Wahrnehmung sichert ja gerade die Erkenntis der objektiven Realität, gerade durch die Selektivität kann im Besonderen das Allgemeine erkannt werden, und es wird nicht umgekehrt aus dem Allgemeinen eine besondere spezifische Variante des Individuums."[2] Psychische Merkmale des Wahrnehmenden als Person und somit seine individuelle Lebensgeschichte bedingen Wahrnehmen und Beurteilen mit:

Insoweit Wahrnehmungen 1. durch sozial erlernte Motive (Erwartungen, Einstellungen, Emotionen) vorgeformt und
2. auf soziale Gegebenheiten (Mitmenschen, Gruppen, Situationen) gerichtet sind,

sprechen wir von *sozialer Wahrnehmung* („Social perception" ist deshalb ein wichtiges Teilgebiet der Sozialpsychologie). Sie setzt fest, wie wir Eindrücke von unseren Mitmenschen in Abbildungen umsetzen, soziale Situationen deuten, Vorstellungen „entwerfen". „Soziale Beziehungen beginnen mit der Wahrnehmung einer anderen Person, mit dem Bewußtwerden und Beurteilen ihrer Eigenarten, Absichten und wahrscheinlichen Reaktionen auf unsere Aktionen. Erwartungen über die Verhaltensweisen des anderen werden entweder bestätigt und glätten dann die Wege der sozialen Interaktion, oder sie werden nicht bestätigt, dann führen sie zu Unsicherheit und Spannung."[3]

Wahrnehmungsgesetze: Selektion, Organisation, Fixation, Akzentuierung.

Wahrnehmung vermittelt zwischen der äußeren Welt und dem individuellen Ich. Wahrnehmungsprozesse bahnen die Wege für *soziales Lernen.*

---

2) STADLER, M./SEEGER, F./RAEITHEL, A.: Psychologie der Wahrnehmung, München 1975, S. 229.
3) MANN, L.: Sozialpsychologie. Weinheim 1974 (3), S. 138.

Zum Eindringen in die uns umgebende Welt mit ihren eher undeutlich-vieldeutig organisierten Sinnesreizen bedienen wir uns *vier besonderer Funktionen der Wahrnehmung*, die durch situative soziale Einflüsse wie auch durch unsere Erfahrung überlagert werden und unser aktives Wahrnehmen determinieren: *Selektion, Organisation, Fixation* und *Akzentuierung*. Wir treten mit einer gewissen Bereitschaft des Wahrnehmens in soziale Situationen ein.

1. *SELEKTION* (Auswahl):

In jedem Augenblick erlebt der Mensch nur einen beschränkten Teil seines gesamten Lebensraumes, eine „Stichprobe" aus der Vielfalt der unsere Sinnesempfindungen auslösenden Reize, und er wählt auch noch aktiv (2. Selektion) aus dem Reizangebot aus, das zunächst zugelassen worden war (1. Selektion): Wahrgenommene Gegebenheiten haben unterschiedliche Bedeutung für verschiedene Menschen. Das individuelle Wahrnehmungsfeld nimmt für uns Gestalt an entsprechend

- der *Art der Reize*,
- der *persönlichen Erfahrungen und (sozialen) Lernprozesse* und
- den *augenblicklich (aktuellen) wirksamen Motiven* (Bedürfnisse, Wünsche, Gefühle, Interessen).

Je nach Ausprägungsgrad dieser Bedingungen werden Reizzuwendung (Reizschwelle) und Bewußtheitsgrad verändert (Sensitivierung oder Desensitivierung):

- Bedürfnisse, den Hunger zu stillen, den Schmerz zu lindern, dem Lärm zu entfliehen, einem Motorrad auszuweichen, eine Aufgabe zu vollenden, werden z.B. dominant.
- Liebe und Vertrauen lassen anders wahrnehmen als Angst und Mißtrauen (z.B. alter Leute); Phobien lassen eine Spinne oder engen Raum o.a. bedrohlich erscheinen.
- Der Ärztin „sagt" die Röntgenaufnahme etwas, der Erzieherin werden bestimmte Verhaltenssymptome „auffällig".

In unserem *Gedächtnis* werden ursprüngliche Wahrnehmungsinformationen selegiert und entstellt durch solche, die durch nachfolgende Kommunikation mit der Umwelt zustandekommen. „Wenn Augenzeugen meinen, sie erlebten eben ein schlimmes Verbrechen, so richten sie ihr Augenmerk auf nur einen wesentlichen Aspekt des ganzen Geschehens (z.B auf die Gesichtszüge des Verbrechers). Und genau deshalb kann es unfair sein, wenn die Aussagen eines Zeugen im Kreuzverhör vor Gericht aufgrund einiger weniger Mängel insgesamt in Frage gestellt werden."[4]

---

4) EYSENCK, H. u. M.: Der durchsichtige Mensch. München 1983, S. 135.

2. *ORGANISATION* (Ordnungsbildung):

Der erwachsene Mensch nimmt stets eher ein *Ganzes*, eine *sinnvolle Gestalt* wahr als bloße Einzelaspekte.

Kinder intregrieren erst allmählich Details in eine unklare, mehrdeutige Figur, finden wichtige Informationen schwerer heraus, aktzentuieren Details und lassen sich durch Einzelheiten eher ablenken, verbessern erst allmählich ihre ordnenden und selegierenden Strategien. Durch Gestaltpsychologen wurden sieben *Gestaltfaktoren (oder -gesetze) herausgearbeitet*[5] die in einem *„Gesetz der guten Gestalt"* bisweilen zusammengefaßt werden: Danach setzt sich bei der Gliederung von Gruppen im Sehfeld oder bei der Ausbildung von Figuren immer eine insgesamt sinnvolle, ganzheitliche Gliederung und Auffassung durch. Gleichzeitig treten im Prozeß des Wahrnehmens bestimmte Objekte in den *Vordergrund* werden zur *Figur* (also zum Mittelpunkt der Wahrnehmung), während alles Übrige in den *Hintergrund* tritt.

Abb: Versteckte Figuren

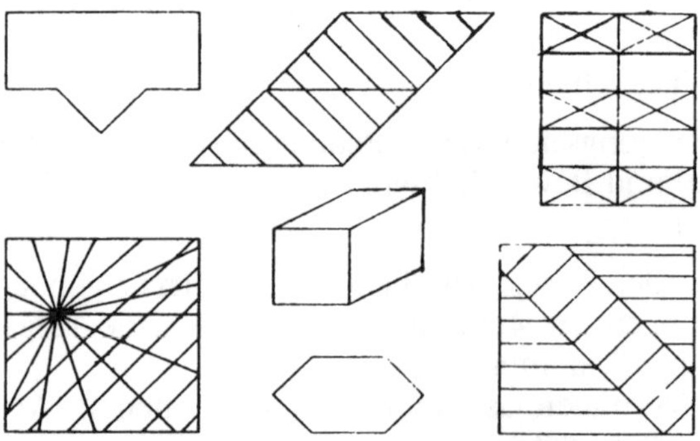

Die Figur mit dem nach unten weisenden Winkel ist in der darunter abgebildeten und in der unten rechts abgebildeten Figur enthalten, der Quader in der oben rechts abgebildeten, das Sechseck in der schrägliegenden Figur in der Mitte der oberen Reihe.[6]

– Im angeregten Gespräch mit einem Freund wird die Umgebung zur Kulisse, für Liebende versinken Raum und Zeit.

– Gerüchte sind Versuche, sich ungeklärte Situationen verständlich zu machen (d.h.: persönliche Hypothesen darüber, wie die Welt funktioniert).

---

5) s. dazu: SEIFFGE-KRENKE, I.: Wahrnehmung (Arbeitsbuch Psychologie, Bd. 2). Düsseldorf 1981, S. 58 ff.

6) aus: GOTTSCHALDT, K., Psych. Forschg. 8, 1926; entnommen: ROHRACHER, H.: Einführung in die Psychologie, Wien 1963

- Fußballspieler schießen seltsamerweise häufig den Ball auf den Torwart statt auf das große, leere Tor: Die helle Fläche wird vom Gehirn als Hintergrund interpretiert – und nicht wahrgenommen.
- Wir erkennen oft Gesichter wieder, ohne sie „unterbringen" zu können, insbesondere dann, wenn wir ihnen wiederholt in einem bestimmten Rahmen (Tätigkeit, Kleidung, Raum) begegnen und sie plötzlich in anderer Umgebung erleben (z.B. den Filmstar).

3. *AKZENTUIERUNG* (Betonung):

Erwartungshaltungen aufgrund von Bedürfnissen usw. führen zu einer Betonung und Gewichtung bestimmter Sichtweisen auf Kosten anderer möglicher Alternativen.

- Kinder vergrößern lange Details in ihren Zeichnungen oder zeichnen z.B. den Weihnachtsmann kurz vor Weihnachten wesentlich größer als Wochen vorher und Tage später.
- Diskussionen versanden oft oder verhindern Kompromisse dadurch, daß die Teilnehmer bestimmte Sichtweisen eines Problems überzeichnen („Rechthaberei").
- Behinderungen werden von Außenstehenden ganz anders erlebt als von den Betroffenen.
- Weniger hübsche Kinder und Frauen werden negativer beurteilt und für „schwieriger" gehalten, störendes Verhalten bei liebenswerten Kindern heruntergespielt.

4. *FIXATION* (Verfestigung, Festhalten):

Wahrnehmen strebt gewohnheitsmäßig danach, daß Erwartungen verstärkt werden. Dahinter steht die Auffassung, daß die Eigenschaften der Gegenstände und Personen, Situationen und Prozesse gleich bzw. weitestgehend unveränderlich bleiben. Dieser Vorstellung liegt die Beobachtung zugrunde, daß Lernen sich auf Wiederholungen stützt. Durch manipulierende (z.B. autoritäre) Erziehungsformen können eingehende Gewohnheitsbildungen in Wahrnehmen, Denken und Handeln entstehen.

- Der autoritär Erzogene neigt u.a. zu Schwarz-Weiß-denken, Verdrängungen, zwanghafter Konformität, starker Bindung an Mehrheiten, Beunruhigungen durch Andersartigkeit (→ Vorurteil, Kap. 8).
- Eine Erzieherin entdeckt immer wieder „aggressives" Verhalten bei Kindern, weil sie darauf fixiert ist.
- Vorübergehende Fixierung verzerrt die Wahrnehmung bei Ärger, sexuellen Bedürfnissen . . .

Fixation ist zum einen lebensnotwendig und erleichtert das richtige Verhalten, zum anderen erschwert sie aber Umstellung wie Flexibilität und behindert die Entfaltung von Spontaneität, Kreativität, Phantasie, Toleranz, Solidarität.

Selbstbild und Fremdbild

Soziale Wahrnehmung formt unser individuelles Bild von uns selbst, unser *Selbstbild*, das Einstellungen und Erwartungen verkörpert, die uns von anderen entgegengebracht und von uns verinnerlicht werden, sowie unser Bild vom anderen, unser *Fremdbild*, das wiedergibt, wie wir die Umwelt erleben und was wir von ihr erwarten. Das Bild, das wir vom anderen zeichnen, ist zu oft eher ein Bild von uns selbst (→ Einstellungen, Kap. 8 → Beurteilung, Kap. 5). Für die alltägliche Handlungsorientierung und für zwischenmenschliche Interaktionen benötigen wir ein Bild vom anderen: Wir müssen wissen, welche Motive sein Verhalten begründen, und „mit dem inneren Auge" die von ihm beabsichtigten Schritte" voraussehen", um unser Verhalten „richtig einstellen" und uns „richtig verhalten" zu können. Wir verleihen so unseren Interaktionen ein gewisses Maß an Beständigkeit, Überschaubarkeit, Vorhersagbarkeit und damit Verläßlichkeit und brauchen uns nicht ständig neu auf unser Gegenüber einzustellen (→ Selektion).

Vermutungen darüber, wie der andere uns wahrnimmt, welchen Eindruck er von uns haben könnte, steuern zusätzlich unsere Verhaltensweisen ihm gegenüber. Meine Anwesenheit schon kann Eigenheiten des anderen, die ich beobachten und beurteilen will, verändern. Unser Bild vom jeweiligen Interaktionspartner ist ausschlaggebend dafür, worauf man beim Wahrnehmen des anderen sein Augenmerk richtet und wie man ihn oder die Situation einschätzt. Eigener Handlungsspielraum und Wahrnehmungsmöglichkeiten in Bezug auf andere Personen werden so beschränkt: So „täuschen wir uns im anderen" – und meinen damit oft nur, der andere habe uns getäuscht.

Menschenkenntnis und wirkliches Verstehen

Der Wunsch, andere „durchschauen" zu können, versteigt sich oft zu dem Anspruch, *„Menschenkenntnis"* zu besitzen (→ implizite Persönlichkeitstheorie, Kap. 7). Vielfach wird dem Menschen heute suggeriert, daß man sich nur das Wissen eines Experten (Psychologen) aneignen müsse, um schon mit bloßem Auge hinter die verborgenen Fähigkeiten und geheimen Wünsche der Menschen zu gelangen, ihr Verhalten vorhersagen und schließlich mühelos beeinflussen zu können. Diese häufig anzutreffenden (Wunsch-)Vorstellungen verhindern u.U. aber gerade ein wechselseitiges *Verstehen*, wie es für jede tiefergehende Kommunikation und Interaktion Voraussetzung ist. Je oberflächlicher unsere Interaktionen und Wahrnehmungen, desto mehr werden sie Vorurteilen oder situativen emotionalen Einflüssen unterliegen und ein zutreffendes Urteil verhindern. Unser Bild vom anderen verengt in der partnerschaftlichen (z.B. pädagogischen) Interaktion den Wahrnehmungs- und Verhaltensspielraum. Sie beschränkt aber dann zunehmend auch denjenigen der wahrgenommenen bzw. beobachteten Person (→ Attribuierung, Etikettierung, Kap. 8).

Personwahrnehmung und Selbstwahrnehmung

Wahrnehmung und Bewertung durch andere sind von Kindheit an entscheidend für die Entwicklung einer Person, für das entstehende Selbstbild und Selbstwertgefühl. Das Verhältnis zwischen Selbstwahrnehmung und der Wahrnehmung anderer wie auch durch andere ist folgenreich für unser Wohlbefinden, für ein Zugehen auf Mitmenschen oder aber für ängstliche Abwehr und negative Einstellungen (Kap. 8).

Das *Selbst-Bewußtsein* hat einen engen Bezug zu körperlicher Entwicklung und *Körper-Bewußtsein.* Je besser das Kind demnach lustvoll die Körperteile, deren Funktionen und zahlreichen Beziehungen zu organisieren und zuzuordnen vermag (Entstehung eines *Körperbegriffs*) in einem sich stetig vergrößernden Bewegungsspielraum (Kontrolle der Bewegungsabläufe durch das innere Körperbild oder *Körperschema*), desto besser kann es auf seine Mitmenschen zugehen, Kontakte knüpfen und seine Beziehungen zu ihnen interpretieren. Vor allem in der frühen Kindheit besteht eine enge Beziehung zwischen der Vorstellung vom eigenen Körper (*Körperimago*) und der Vorstellung von sich als Person. Das Körperimago beinhaltet die Empfindungen des eigenen Körpers und Vorstellungen von sich selbst: schön—häßlich, zu klein – zu groß... (In der Pubertät eventuell dramatisch zugespitzt in einer Fehleinschätzung, die zu Pubertätsmagersucht führt) und weist unser Selbstbild oft als Illusion aus. Die Vorstellung des eigenen Körpers spiegelt soziale Erfahrungen (z.B. bei der Schwangeren, die die Veränderungen an und in ihrem Körper positiv erlebt und darum die Lebensäußerungen des Fötus gewissermaßen „von innen" wahrnimmt und später eher einfühlend und offen den Bedürfnissen des Neugeborenen begegnen kann[7]).

Unsere Selbsteinschätzung, unser *Selbstbild* und auch unser soziales Verhalten hängen mehr von dem vermuteten *Fremdbild* ab, das wir oft fälschlich anderen als ihre Sicht von uns zuschreiben, als von deren tatsächlicher Einstellung zu und Vorstellung von uns. Sobald wir wahrnehmen, daß andere uns anders wahrnehmen, als wir meinen, können wir unser Verhalten verändern und uns ihnen öffnen, wenn wir einen „Vertrauensvorschuß" erhalten, oder uns zurückziehen oder . . .

Das *JOHARI-Fenster* stellt ein Schema interpersonaler Wahrnehmung und einen Bezugsrahmen zwischenmenschlicher Interaktionen dar und spiegelt uns Teile unseres Selbst.

---

7) GRUEN, A.: Wahnsinn der Normalität, München 1987, S. 181/2

Bereich I Verhaltensweisen und Einstellungen, die wir an uns selbst wahrnehmen und anderen gegenüber freimütig und unverstellt äußern (*„öffentliche Person“*).

Bereich II Der *„blinde Fleck“* der Selbstwahrnehmung steht für die Gewohnheiten, Ängste. Abwehrmechanismen (→ Kap. 7), Ab- oder Zuneigungen, die uns nicht bewußt sind (und uns z.T. unverständliche Reaktionen der Mitmenschen hervorrufen können). Für sie können uns aber andere die „Augen öffnen“.

Bereich III Die *„private Person“* meint den Teil unseres Verhaltens und Erlebens, den wir vor anderen verbergen: Gedanken, Gefühle, geheime Wünsche, durch die wir uns bei deren Bekanntwerden bloßstellen könnten.

Bereich IV Im tiefsten Teil des Unterbewußtseins sind verdrängte, angstbesetzte Kindheitserlebnisse und psychische Traumata „vergraben“, die z.B. durch Psychoanalyse der direkten Konfliktverarbeitung zugeführt werden können: Kindliche Schockerlebnisse, unbewußte Todeswünsche des Rennfahrers, Mut der Verzweiflung . . .

Abb.: Das Johari-Fenster[8]

Verhaltensbereiche → mir selbst

↓ anderen

	bekannt	unbekannt
bekannt	I öffentliche Person	II blinder Fleck
unbekannt	III Privatperson	IV Unbekanntes

8) nach LUFT, J./INGHAM, H. (1955), entnommen und ergänzt: ANTONS, K.: Praxis der Gruppendynamik. Göttingen 1976, S. 111 ff.

Abb.: Die Situation zu Beginn einer neuen Gruppe und das Ziel fortlaufender Feed-back-Prozesse

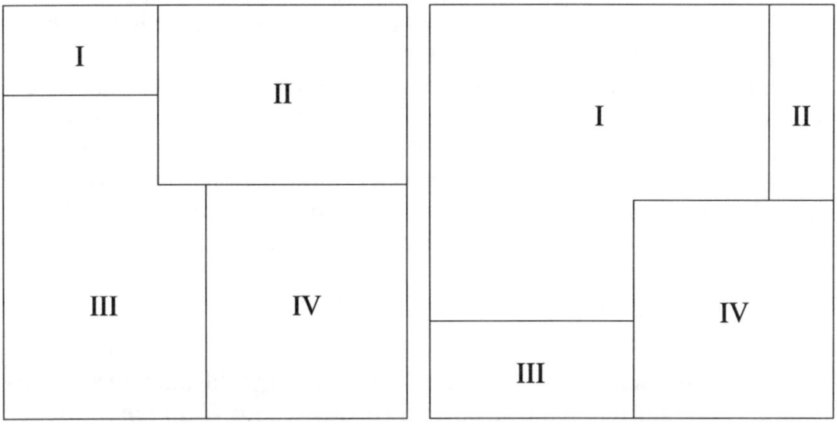

In einem neuen sozialen Raum wird das Individuum danach streben, den Bereich I auf Kosten von II und III auszuweiten, um möglichst frei aktiv sein zu können, Mißtrauen bei sich und anderen abzubauen. Wir müssen dafür zuerst lernen, über uns selbst zu sprechen, anderen Menschen gegenüber auch Privates, Intimes zu offenbaren und zum zweiten, *Feedback* (Rückmeldung, → Kap. 4) darüber einzuholen, wie uns andere erleben, und schließlich drittens, das Selbstbild der anderen zu entdecken und zu akzeptieren. Infolge solcher fortlaufenden Rückkoppelungen werden Selbst-und Fremdbild verändert und Informationen neu bewertet: Wir lernen, „mit anderen Augen“ zu sehen und Bereitschaft wie Befähigung zu entwickeln zur Korrektur des eigenen Interaktionsverhaltens. „Wir müssen das Verborgene im anderen wahrnehmen, denn was sich in uns selbst abspielt, ist nicht nur innerpsychisch, . . . (sondern) ist immer auch zwischenmenschlich, d.h. es besteht schon immer ein Netz von Beziehungen zwischen mir und anderen. Ich kann mich selbst nur in dem Maße ganz erkennen, wie ich mich in meiner Beziehung zu anderen und in deren Beziehung zu mir begreife.“[9]

Das *Selbstwertgefühl* eines Menschen strebt danach, sich mit zunehmendem Alter zu stabilisieren. Das wird sichtbar in der abnehmenden Tendenz zu Extremurteilen und in der Selbstreflexion der eigenen Fähigkeiten und Schwächen. Der Mensch lernt, seine Strategien zur Bewältigung von Konflikten zu verbessern, seine *Selbstschemata* zu festigen und über sich selbst zu bestimmen. Das *Selbstbild* des Erwachsenen, verflochten mit seiner jeweiligen Lebenssituation und Lebensgeschichte, ist im Verhältnis zu seinem *Fremdbild* differenzierter, vielschichtiger, weniger schematisch (→ Stereotyp, Kap. 8).

---

9) FROMM, E.: Schritte zum Sein, in: Psychologie heute 9/89, S. 35.

Personwahrnehmung und interpersonale Warhnehmung

Personwahrnehmung hilft uns, andere zu verstehen und deren Verhalten vorwegzunehmen. Sie ist entscheidende Voraussetzung für jede Interaktion (mit einzelnen oder mit/in Gruppen). Der Begriff *interpersonale Wahrnehmung* „impliziert, daß Personwahrnehmung im Normalfall ein wechselseitiger Prozeß zwischen zwei oder mehr Partnern ist, bei dem jeder jeden beurteilt.“[10] Jeder soziale Kontakt führt zu gegenseitigen Beurteilungen, selbst dann, wenn nur geringe Informationen über den Mitmenschen vorliegen (z.B. eine Fotografie, sein Aussehen, seine Kleidung, sein Gang, . . .). wird ein *Erster Eindruck* gebildet.

Eindrucksbildung und Deutung von Ausdrucksverhalten

Als *Ausdruck* definiert H. ROHRACHER „dasjenige an den Warhnehmungsinhalten, was durch unmittelbare Wirkung gefühlsmäßige Stellungnahmen und Beurteilungen auslöst und dadurch dem Wahrgenommenen Eigenschaften zuschreibt, die reizmäßig nicht gegeben sind.“ Der Beobachter geht also unbewußt von der Unterstellung aus, daß das Äußere oder das Tun von der Beschaffenheit des beobachteten Objekts zeuge.

Ausdrucksmerkmale als Quellen der Eindrucksbildung:[11]
- *Äußere Erscheinung:* Wer weint, wirkt betrübt oder zornig. – Brillenträger gelten als intelligenter und fleißig. – Bestimmte Kleidung „kündet“ uns von politischer Einstellung und Berufszugehörigkeit. – Frauen mit leicht geöffnetem Mund und vollen Lippen erwecken den Eindruck von Sinnlichkeit und Leidenschaft. – Intelligenz läßt sich nicht sehen (nicht einmal messen!), dennoch glauben wir, sie jemand ansehen zu können.
- *Physiologische Merkmale:* Erröten oder Erblassen kann zwar im Augenblick auftreten, aber Folge einer plötzlich auftauchenden Erinnerung ohne Bezug zum Jetzt sein . . .
- *Mimik:* Blickrichtung, Blickbewegung, Stirnfalten, Lidspalte, Augenkontakte, . . .
- *Gestik/Motorik:* Geschwindigkeit, Bewegungsumfang, Antriebsstärke, Gespanntheit, Rhythmus, Gang, Bewegungsrichtung, Sitzhaltung . . .
- *Stimme/Sprechweise:* Tonhöhe, Tempo, Lautheit, Akzentuierung, . . .
- *Sprachstil:* Satz- und Wortlänge, Nebensätze, Adjektive, Verben (elaborierter Code..) . . .
- *Handschrift:* Höhe, Breite, Tiefe, Fläche, . . .
- *Künstlerische Produkte* . . .

---

10) PREISER, S.: Personwahrnehmung und Beurteilung. Darmstadt 1979, S. 5 f.

So sehr wir glauben möchten, daß ein Mitmensch bei Kenntnis von Körper- oder Gesichtssignalen, der non- und paraverbalen Zeichen (→ Feedback, Kap. 14) für uns „offen wie ein Buch" sei, müssen wir festhalten, daß keine dieser „Mitteilungen" oder Verhaltensweisen immer das gleiche bedeutet, daß sie *mehrdeutig* sind und der sich ständig wiederholenden und rückversichernden Entschlüsselung (Decodierung) bedürfen. Sie stellen winzige Ausschnitte aus dem Verhaltensrepertoire des anderen dar – wie ein Zitat, das aus dem Zusammenhang seines Textes gerissen wird.

Die Psychologie kann einstweilen auch noch nicht überzeugend erklären, wie solche Zeichen zur Eindrucksbildung beitragen und uns zu scheinbar eindeutigen Verhaltensinterpretationen und Menschenbeurteilungen veranlassen. Schließlich läßt sich oft schwer beweisen, ob Urteile gut oder schlecht sind und ob nicht doch „etwas Wahres dran" ist. Frauen z.B sind für nonverbale Mitteilungen empfänglicher als Männer, vielleicht infolge der im Umgang mit Kleinstkindern erworbenen Fähigkeiten, nichtsprachliche Signale zu entziffern. –

Der *Erste Eindruck* wartet nicht den vollständigen Erhalt von möglichen Informationen ab, sondern organisiert und integriert sie augenblicklich zu einem geschlossenen Bild. Er sichert uns einen Standpunkt für Entscheidungssituationen und steuert unser zukünftiges Verhalten über kurze oder eher lange Zeit. Die Eindrucksbildung kann verstanden werden als Aneinanderreihung kognitiver Prozesse: Dabei werden beobachete und nur vermutete Informationen abschließend verarbeitet. Diese Verarbeitung bereitet die Bewertung der Person bzw. die Entscheidung in einer Konfliktsituation vor. Wir kalkulieren das zukünftige Verhalten des anderen und richten unsere Verhaltensantwort darauf ein.

A 1

(1) Gute Gründe machen es notwendig, die Prozesse zu verstehen, welche die Wahrnehmung von anderen und von uns selbst formen. Unsere ersten Wahrnehmungen und Beobachtungen, unsere *Ersten Eindrücke* bestimmen im allgemeinen schon die Richtung und die Interpretation der nächstfolgenden. Der Kontext, in dem wir einer Person begegnen, sowie unsere eigenen Motive (Bedürfnisse, Einstellungen, Gefühle) bilden weitere Orientierungspunkte für Wahrnehmung und Wahrnehmungsurteile. Dabei sind wir ständig in Gefahr, unser selbst gar nicht richtig gewahr zu werden und uns selbst zu belügen. Denn das *Bild*, das wir *von uns selbst* haben ist im wesentlichen eine *Illusion, ein künstliches Ergebnis, nicht zuletzt der*

11) PREISER, S.: a.a. O., S. 24 f.

fortgesetzten Manipulation durch andere sowie des eigenen Bemühens, den Erwartungen anderer zu entsprechen, statt sich selbst in seiner Eigenart wahrzunehmen. Um zu wissen, welchen *Ersten Eindruck* ein Mensch bei anderen hervorrufen wird, brauchen wir Informationen über wahrnehmende und wahrgenommene Person; denn der gleiche Mensch kann bei unterschiedlichen Wahrnehmenden einen interindividuell unterschiedlichen Ersten Eindruck hervorrufen. Schließlich ist zu bedenken, daß schon unsere Wahrnehmungen das Verhalten der wahrgenommenen Person beeinflussen können (→ Etikettierung, sich selbst erfüllende Prophezeiung, Kap. 8).

(2) Versuchen Sie, den „Blinden Fleck" ihrer Selbstwahrnehmung besser kennenzulernen! In der Tabelle aufgelistet finden Sie 30 mögliche Persönlichkeitsmerkmale jeweils in der Abstufung von „0" (nicht beobachtbar) bis „5" (=stark hervortretend).

1. *Selbsteinschätzung:* Kreuzen Sie der Reihe nach die für Sie zutreffenden Wörter an!
2. *Vermutete Fremdeinschätzung:* Kreuzen Sie Attribute an, die andere Ihnen vermutlich zuschreiben würden!

Abb.: Selbst- und Fremdbild

3. *Fremdeinschätzung:* Lassen Sie sich durch andere (anonym) einschätzen!

Verbinden Sie die Punkte zu einer Art „Persönlichkeitsprofil" und vergleichen Sie die drei Profile!

(Nach einer Idee von: R.E. KIRSTEN/J. MÜLLER-SCHWARZ: Gruppentraining. Reinbek 1976)

(3) Unsere voreiligen Schlußfolgerungen im Sinne Erster Eindrücke zeigen, daß wir grundsätzlich dazu neigen, Informationen (Reize) über Ver-

Mein Persönlichkeitsprofil						
	0	1	2	3	4	5
1. selbstbewußt						
2. entschlußfreudig						
3. gewissenhaft						
4. beherrscht						
5. kontaktfreudig						
6. verantwortungsbewußt						
7. aggressiv						
8. vertrauenswürdig						
9. unternehmungslustig						
10. kreativ						
11. selbstkritisch						
12. gefühlsbetont						
13. unvoreingenommen						
14. optimistisch						
15. kompromißfähig						
16. einfühlsam						
17. tolerant						
18. geduldig						
19. hilfsbereit						
20. spontan						
21. lebhaft						
22. offen						
23. vertrauensvoll						
24. geltungsbedürftig						
25. durchsetzungsfähig						
26. kooperativ						
27. ängstlich						
28. empfindlich						
29. konservativ						
30. konzentriert						

halten und Eigenschaften von Menschen zu organisieren, auszuwählen und zu einem geschlossenen Bild zu gestalten, sobald wir auch nur einige, noch so unzureichende Sinnesdaten zur Verfügung haben. Nicht zuletzt die Tatsache, daß das Bild von uns selbst sich oft erheblich unterscheidet von dem Bild, das sich andere von uns machen, verweist darauf, daß wir auch in bezug auf uns selbst der selektiven Wahrnehmung unterliegen. Und: Weder der sich selbst Wahrnehmende noch der Beobachter müssen sich irren, aber sie können sich auch beide täuschen. Es zeigt sich, daß unsere soziale *Wahrnehmung* nach den gleichen Grundprinzipien oder *Wahrnehmungsgesetzen* funktioniert wie die Wahrnehmung physikalischer Objekte.

Weiterführende Literatur:

K. ANTONS: Praxis der Gruppendynamik. Göttingen, 1976
S. PREISER: Personwahrnehmung und Beurteilung. Darmstadt, 1979
G. KEBECK: Wahrnehmung. Weinheim; München, 2. Aufl. 1997
E. FISCHER: Wahrnehmungsförderung. Dortmund 1998
I. SEIFFGE-KRENKE: Wahrnehmung (Arbeitsbuch Psychologie, Band 2). Düsseldorf 1981

2. Systematische Verhaltensbeobachtung

oder: Beobachten meint beachten, wo andere nur wahrnehmen

L 2

„Jedes psychologische Wissen geht letztlich auf Beobachtungen irgendwelcher Art zurück:"[1] Beobachtung, d.h. insbesondere Verhaltensbeobachtung, ist alltäglich, wir machen lebenslang mehr oder minder zufällig bei jedem unserer Schritte oder Aufenthalte Gelegenheitsbeobachtungen. *Wahrnehmen* ist wesentliche Voraussetzung und zugleich Oberbegriff des *Beobachtens:* Beobachten unterliegt den gleichen Einschränkungen, Verzerrungen, Täuschungen, Fehlern wie Wahrnehmen. Auf zufälligen Beobachtungen gründen unsere Vorstellungen und Vor-Urteile hinsichtlich eines gezeigten Verhaltens; sie bilden die Bezugspunkte, die unserem Handeln und Planen in der sozialen Wirklichkeit Halt und Orientierung bieten.

Kein Mensch kann sich nicht-verhalten. Im menschlichen Verhalten „verfolgen" einander Ereignisse, Veränderungen, Unterbrechungen, Wiederholungen. Mit ihrer Hilfe analysiert der Beobachter Geschehnisse und Objekte, differenziert, vergleicht und identifiziert sie und strukturiert so den „Verhaltensstrom".

Schon die *freie, unsystematische Beobachtung* versorgt uns mit wichtigen Informationen für unser praktisches Handeln. Sie erlaubt uns, Probleme aufzudecken, Hypothesen zu bilden und Lösungen zu finden. Aber Selektion von Verhaltensaspekten führt unterschiedliche Beobachter zu unterschiedlicher Gewichtung und Bedeutungszumessung. Das hohe Maß an Subjektivität z.B. der in der pädagogischen Praxis üblichen Gelegenheitsbeobachtungen kann nur durch das Dazwischenschalten *systematischer Beobachtungsformen* sinnvoll abgebaut werden.

Beobachtungsaufzeichnung des „freien Spiels" eines 4jährigen Mädchens. Thema: Fein- und Grobmotorik; Zeitstichprobe, Protokollierung minutenweise:

9.10 Juliane sitzt auf der Umrandung der Sandkiste, hält einen Eimer zwischen ihren Füßen und eine Schaufel in den Händen – schaufelt mit der (recht großen Schaufel in der) rechten Hand Sand in den Eimer – nimmt linke Hand beim Hochheben unterstützend hinzu (scheint „unschlüssig", wie sie die linke Hand einsetzen soll)

---

1) TRAXEL, W.: Grundlagen und Methoden der Psychologie, Bern 1974, S. 139.

9.11 schaut um sich, indem sie den Kopf nach links und rechts abwechselnd dreht – blickt vorbeigehendem Kind nach –

9.12 wühlt mit beiden Händen (scheinbar „ziellos") im Sandeimer – (linke Hand liegt in der Beuge zwischen Bauch und Bein) –

9.13 reibt sich mit rechtem Handrücken über die Nase – streut mit der rechten Hand Sand von der Schaufel in den Eimer (so, als ob sie den Sand „sieben" wollte) –

9.14 spielt mit den Fingern beider Hände im Sandeimer – wird von der Spielnachbarin angesprochen, dreht Oberkörper zu ihr hin, antwortet etwas – spielt weiter wie vorher –

9.15 wendet sich linker Nachbarin zu, spricht sie an und zeigt mit der Rechten auf die Erzieherin – steht auf, nimmt Eimer in beide Hände, stellt sich gekrümmt hin, kippt ihren Sand in das Gefäß ihrer Nachbarin – stellt Eimer in den Sand –

9.16 blickt sich um („unschlüssig") – geht langsam zur Erzieherin –

9.17 schaut zur Erzieherin auf – zwei Kinder gehen an ihr vorbei, sie schließt sich an . . .

Vorgegeben sind lediglich Zielsetzung (Beobachtung der Grob- und Feinmotorik) und ein Zeitraster, die sprachliche Formulierung ist offen und auf skizzenhaftes Registrieren von Verhaltenssegmenten ausgerichtet. Zeitliche Häufungen von Verhaltensweisen ergeben sich mit Dauer und Zahl der Beobachtungen; sie erst führen zu Konkretisierung, Bestätigung oder Widerlegung sowie Neuformulierung von Hypothesen. Weitere Verhaltenskategorien können eingefügt und Beobachtungs- und Registriertechniken festgelegt werden. (→ Kap. 3)

T 2

Beobachtung

Beobachter sind allgegenwärtig: Schon in der Familie und zunehmend systematisch in Kindergarten und Schule, gezielter oft noch in Heimen. Heranwachsende erfahren Beobachtung und Beurteilung oft, ohne wirklich Beachtung in ihrer Eigenart zu finden und im „Dialog zwischen den Generationen" zu Wort zu kommen. Kinder beobachten Gleichaltrige und Ältere und lernen von ihnen. Optimale Entwicklung setzt auf seiten des Kindes oder der Jugendlichen Beobachtungen von Verhalten und Erleben bei sich selbst und den anderen voraus, um eigene Wege zu finden. Auf seiten des Erwachsenen ist Beobachtung notwendig, um Sichtweisen zu korrigieren und notwendige Erziehungsplanung auch am kindlichen Individuum und seinen Bedürfnissen zu erlernen. Je mehr Verhaltensweisen von Kindern und Jugendlichen im Erziehungsgeschehen nur registriert und je weniger sie reflektiert werden, desto geringer wird der Verhaltensspielraum des Kindes sein: Die Erwachsenen bestimmen die Spielregeln, das Kind soll ihnen gerecht werden. Der „schlechte Schüler" oder das „schwierige Kind" sind oft das Ergebnis von enttäuschten Erwartungen der Erzieher und Lehrer gegenüber dem Heranwachsenden. Und aus dem durch fortlaufende Wechselwirkungen und gegenseitige Verstärkungen sich entwickelnden Netz von Vorstellungen, Vorurteilen und Wahrnehmungsverzerrungen können sich die einen noch weniger als die anderen befreien: Zukünftiges Erziehungsverhalten könnte dann leicht zu enttäuschter, einengender Abwendung statt zu mehr verstehender Zuwendung führen.

Zur Kontrolle eigenen Handelns bedarf es der schriftlichen Fixierung z.B. der „Bilder" des beobachtenden Erziehers, die er von den Kindern gewonnen hat. So gewinnt er selbst Einblick in die „Allgegenwart der Beobachtung" und kann eigene Einstellungen gegenüber dem Beobachteten überprüfen und Urteilsbildungsprozesse verbessern. Wesentlich ist dabei die „Übersetzung" der Verhaltensbeobachtungen in eine möglichst eindeutige Sprache.

Die Entwicklung der Beobachtungsfähigkeit

Kinder lernen (z.B. durch Imitation) mit fortschreitender Differenzierung der Wahrnehmung, soziale Reize zu „entschlüsseln", „Fremdes" von „Bekanntem" zu unterscheiden. Die sich erweiternde Erfahrungswelt läßt Kinder Personen als Wahrnehmungsobjekte auffassen und sich selbst gegenüberstellen. Das Kind lernt, dessen andere Sichtweise (an)zuerkennen, die Bedeutsamkeit der Fremdperspektive für das eigene Handeln und die eigenen Ziele zu erfassen, seine besonderen Wahrnehmungs- und Verhaltensbedingungen aufzuschließen, eigene und fremde Sichtweise zu kombinieren und diese kognitiven Wege zur Kontrolle des kommunikativen Verhaltens zu verwenden.[2] Im konzentrierten Spielen des Kindes entwickelt sich die *Beobachtungsfähigkeit.* Beobachten als aktive, planvolle, organisierende und strukturierende Tätigkeit formt sich in der Schule über die Anforderungen an Aufnahmefähigkeit und Gedächtnisbildung.

Der Schüler lernt, das Ganze zu sehen und dabei zugleich wesentliche, scheinbar unbedeutende Details nicht zu übersehen. Wird er ständiger Reizüberflutung ausgesetzt (stundenlanges Fernsehen, Videospiel, Schallglocke), vermag er nur noch zu konsumieren und die Wahrnehmungsreize nicht angemessen zu verarbeiten: Seine Wahrnehmung bleibt eher oberflächlich. Die Heranwachsenden (und zukünftigen Erwachsenen) gewinnen leicht den Eindruck, bereits Bekanntes zu erleben, und langweilen sich so, daß weitere detaillierte Wahrnehmung und Untersuchung des Gegenstandes oder Ablaufes überflüssig erscheinen. Auf diese Art wer-

2) JAHNKE, J.: Interpersonale Wahrnehmung. Stuttgart 1975, S. 54.

den aktives Wahrnehmen wie auch Beobachten als zielgerichtetes, planvolles, selektives sinnliches Anteilnehmen unempfindlich gemacht, abgestumpft: Der Zugang zu hintergründiger Erfassung der Umwelt, zum In-Frage-stellen und logischen Denken kann dadurch verstellt werden. Erkennen von Problemen, Kenntnisse, Erfahrungen und Zielvorstellungen aber bestimmen die Fähigkeit zur Beobachtung und den Erfolg der Beobachtung. Wer mehr weiß, vermag mehr zu sehen.

Der Begriff der Beobachtung und Selbstbeobachtung

Wahrnehmen ist notwendige Voraussetzung jeder sinnvollen menschlichen Tätigkeit. Geht unbeabsichtigtes *Wahrnehmen* in zielgerichtetes, theoriegeleitetes, d.h. untersuchendes, zergliederndes und zusammenfügendes Handeln über, wird es zum *Beobachten.* Es wird dann von persönlichkeitsspezifischen Erwartungen, Interessen, Stimmungen, Vorerfahrungen und Vor-Urteilen motiviert und strukturiert.

Während der Beobachtung von Verhalten ist der Mensch als Beobachter mit seiner besonderen Persönlichkeit selbst Teil dieses psychologischen Meßverfahrens. Er wird zu einem Inhalt und zu einer möglichen Fehlerquelle der beobachteten Situation. Infolge ihrer *Subjektivität* ist *Beobachtung* im Nachteil gegenüber der größeren *Objektivität klassischer Testinstrumente.*

Die subjektive Interpretation wird insbesondere deutlich bei der *Selbstbeobachtung*, deren beobachtende Erfassung und verbale Beschreibung eigenen Erlebens und eigener psychischer Prozesse hilfreiche Ergänzung zur Fremdbeobachtung sein können: Bei der Selbstbeobachtung erfolgt der Bericht über seelische Vorgänge zeitlich verzögert, aus der unzuverlässigen Quelle des Gedächtnisses, der Erinnerung. Darum kann man ja kaum zugleich psychisch tätig sein – also ärgerlich, verstimmt, nachdenklich usw. – und gleichzeitig diese Prozesse beobachten. Selbstbeobachtung unterbricht seelische Abläufe, verändert sie und läßt u.U. eigenes Verhalten bewußter wahrnehmen: Selbstbeobachtung wirkt insoweit therapeutisch, als sie eigene Wahrnehmungs-, Denk- und Verhaltensstörungen kontrollieren und deren Ablauf beeinflussen kann. Der Aussagewert von Selbstbeobachtungen wird beschränkt durch mangelnde Fähigkeit (insbesondere von Kindern), eigene Gedanken und Gefühle einerseits zu analysieren und andererseits in Worte (oder Zeichnungen) zu kleiden. Interindividuell unterschiedliche Maßstäbe für subjektives Erleben erschweren zudem Verständnis und Vergleichbarkeit der Selbstbeschreibung. Dennoch vermittelt das über Selbstbeobachtung gewonnene Datenmaterial brauchbare Einblicke in die Persönlichkeitsstruktur des Beobachteten (z.B. hinsichtlich Entwicklungsniveau, Lernreife, situativer Einflüsse) und des Beobachters.

Das psychische Geschehen läßt sich niemals unmittelbar beobachten: Erst im Handeln – in der ängstlichen Reaktion, im planvollen Tun, in der intelligenten Leistung – *werden individuelle Eigenart und Persönlichkeit sichtbar.*

Beobachtung (Definitionen):

1. „Die absichtliche, aufmerksam-selektive Art des Wahrnehmens, die ganz bestimmte Aspekte auf Kosten der Bestimmtheit von anderen beachtet, nennen wir Beobachtung. Gegenüber dem üblichen Wahrnehmen ist das beobachtende Verhalten planvoller, selektiver, von einer Suchhaltung bestimmt und von vorneherein auf die Möglichkeit der Auswertung des Beobachtens im Sinne der überprüfenden Absicht gerichtet."[3]

2. „Verhaltensbeobachtung (wird hier verstanden) als die auf das Verhalten eines oder mehrerer Menschen gerichtete, nicht dem Zufall überlassene, methodisch kontrollierte Wahrnehmung einer oder mehrerer Personen mit der Absicht, dadurch etwas für die Persönlichkeit der beobachteten Person Charakteristisches zu erfahren."[4]

3. „Die Tätigkeit (Beobachten) ist jedoch kein passives Auf-sich-einströmen-Lassen von Sinnesreizen, sondern eine Form des aktiven Sich-Aneignens von (Wirklichkeit), d.h. der Beobachter gibt seinen Sinneswahrnehmungen eine Richtung, ordnet diese Wahrnehmungen im Hinblick auf einen bestimmten Zweck mit der Absicht, sein Handeln an den Informationen, die er auf diese Weise erhält, zu orientieren . . ."[5]

Beobachten ist nicht eingeschränkt auf visuelle Beobachtung, sondern findet grundsätzlich *mit allen Sinnesorganen* und mit Hilfe technischer Medien statt.

Systematische Verhaltensbeobachtung

Eine eindeutige Trennung zwischen „natürlicher" Beobachtung (z.B. beim Vorübergehen an einem Spielplatz) und „künstlicher" Beobachtung (z.B. Experiment), zwischen unsystematischer (vorwissenschafltlicher) und systematischer (wissenschaftlicher) Beobachtung ist nicht immer möglich: Die *Beobachtung als wissenschaftliche Methode* verfolgt ein klar umrissenes, bewußt begrenztes und theoretisch begründetes Untersuchungsziel. Aber die *vorwissenschaftliche Beobachtung* wirft oft erst mehr oder minder zufällig Probleme auf, die „fragwürdig" werden und für die dann nach einer wissenschaftlichen Erklärung geforscht wird. Die *wissenschaftliche, systematische Beobachtung* kann indes nur dann folgen, wenn das vorausgehende In-Frage-stellen zur theoretischen Abklärung darüber führt, was und wozu beobachtet werden soll und welche Hypothesen (An-

---

3) GRAUMANN, C. F.: Grundzüge der Verhaltensbeobachtung, in: MEYER, E. (Hrsg.): Wahrnehmung und Bewußtsein (Hdb. der Psychologie, Bd. 1I), Göttingen 1966.

4) HASEMANN, K.: Verhaltensbeobachtung, in: HEISS, R. (Hrsg.): Psychol. Diagnostik (Hdb. d. Psychol. Bd. 6) Göttingen 1966.

5) MOLLENHAUER, K./RITTELMEYER, Chr.: Methoden der Erziehungswissenschaft, München 1977, S. 146.

nahmen, Vermutungen) eine Überprüfung sinnvoll erscheinen lassen. Die wissenschaftlich strukturierte Beobachtung setzt also voraus[6]:

1. einen *theoretischen Bezugsrahmen*, der den theoriebestimmten Zugang zum Problem, die Auswahl der Gegenstände der Beobachtung und gezieltes Suchen (hypothesenfindende oder hypothesenprüfende Funktion von Beobachtung) ermöglicht;
2. *systematische Planung*: Festlegung der Beobachtungseinheiten und -kategorien, der Beobachtungszeiten, des Grades der Teilnahme des Beobachters, der Wahl der dokumentarischen Aufzeichnung, welche erst Kontrollierbarkeit, Objektivität, Wiederholbarkeit schafft;
3. *systematische Aufzeichnung* vorher bestimmbarer Ereignisse und Verhaltensweisen, die dadurch erst als Beobachtung mitteilbar werden, und
4. die Möglichkeit zur *Überprüfung und Kontrolle* der Genauigkeit, Verläßlichkeit und Gültigkeit der Beobachtungen (durch denselben oder/und andere Beobachter).

Beobachtung – Befragung – Test – Experiment

Beobachtung ist eine Methode der *Datenerhebung* und kommt in jedem psychologischen Untersuchungsverfahren (Datensammlung) in irgendeiner Form zum Einsatz; aber *Befragung, Test und Experiment* gelten eher als Methoden der „gesteuerten" *Datenproduktion.*

(1) Das *Experiment* dient vor allem dem Aufdecken allgemeiner Gesetzmäßigkeiten: Im Gegensatz zu den in den „natürlichen" Situationen des Alltags gleichzeitig wirksamen vielfältigen Variablen (Verhaltensweisen, veränderliche „Merkmale") werden für das Experiment wenige Variablen ausgewählt und unter planmäßig variierten, kontrollierten oder künstlich geschaffenen Bedingungen registriert. „Systematische Beobachtung" wird hier eingegrenzt auf Ablesen bestimmter Meßwerte. Das Beobachten seitens des Beobachters („Experimentators") soll verbessert werden. Das Experiment ist dazu dienlich, die Urteilsfähigkeit weiterzuentwickeln. Das besondere pädagogisch-psychologische Experiment (unter natürlichen Lebensbedingungen der Kinder) zielt über die übliche Untersuchung von psychischen Prozessen und Eigenschaften hinaus auf deren Veränderung. Je mehr der Beobachter versucht, auf die in der Situation gegebenen Bedingungen Einfluß auszuüben, nähert er sich der experimentellen Situation. Sorgfältig geplante Experimente tragen (in der Psychologie) wesentlich dazu bei, Hypothesen zu überprüfen und Fehlerquellen bei der Beobachtung auszuschalten.

(2) Der *Test* (Probe, Prüfung) gilt als ein *wissenschaftliches Routineverfahren* (d.h.: er muß den sog. Testgütekriterien Objektivität, Reliabilität und

---

6) s. dazu: ATTESLANDER, P.: Methoden der empirischen Sozialforschung, Berlin 1975, S. 141 und MOLLENHAUER, K., a.a.O., S. 153.

Validität genügen und in gleichbleibender Weise beliebigen Personen vorgelegt werden) zur Untersuchung eines oder mehrerer *empirisch abgrenzbarer Persönlichkeitsmerkmale* (also tatsächlich beobachtbaren und objektiv beschreibbaren Eigenschaften) mit dem Ziel einer möglichst *quantitativen Aussage* (d.h.: wirklich nach Menge, Häufigkeit, Anzahl, Dauer, Stärke von Verhaltensweisen gemessene Ergebnisse genau und gezielt beschreibend) über den *relativen Grad der individuellen Merkmalsausprägung* (also interindividuelle Vergleichsmöglichkeiten bietend)".[7] Der Test als psychodiagnostisches Hilfsmittel (und der künstlichen Situation des Experiments nahestehend) bietet eine spezifische Aufgabe oder Gruppen von Aufgaben zur Lösung an, aufgrund derer dann auf komplexe Fähigkeiten (z.B. Intelligenz, Angst, direktive Einstellung, soziale Motivation) geschlossen wird. „Diese psychischen Merkmale entziehen sich der unmittelbaren Beobachtung, so daß – ähnlich dem Röntgenbild, nur wesentlich unschärfer – der Test ein Verhaltens-bzw. Einstellungsmuster bei den Probanden provoziert, von dem aus auf individuelle Eigenarten geschlossen werden kann."[8] Ein wesentlicher Mangel von Tests besteht wohl darin, daß sie nur das Lösungsergebnis, nicht aber den Lösungsverlauf untersuchen. (Viele sog. „Tests" – z.B. in Illustrierten – erfüllen nicht die o.g. wissenschaftlichen Anforderungen an psychologisch gesicherte Tests.)

(3) Obgleich *Befragungen* als eher unzuverlässiges Instrument der Datenerhebung gelten, helfen sie in ihren unterschiedlichen Formen (Beratungs- oder therapeutisches Gespräch, Anamnese, Exploration, Interview, Fragebogen, Kap. 10) im Verlauf psychodiagnostischer Untersuchung, individuelle psychische Eigenarten, Interessen, Beziehungen zu Mitmenschen und zu sich selbst zu erkunden. Sie gewinnen an Bedeutung und Aussagekraft, wenn sie durch Datenmaterial und Informationen aus anderen Untersuchungsmethoden kontrolliert, gestützt und bestätigt werden können. Sie sollen jedenfalls durch Beobachtung des Verhaltens begleitet werden. Kennzeichnend für sie ist, daß vorher sorgfältig und gezielt ausgearbeitete Fragen zur (mündlichen oder schriftlichen) Beantwortung vorgestellt werden. Deren Inhalt, Form, Abfolge und Anspruchsniveau richten sich u.a. nach den Zielsetzungen der Untersuchung sowie dem Entwicklungsniveau und der Persönlichkeitsstruktur der untersuchten Person. Je nach angewandter Methode der Befragung treten Befragerin und Befragte in einen unterschiedlich intensiven Prozeß von Kommunikation und Interaktion ein. Deshalb

– muß die Frageformulierung gewährleisten, daß der Befragte die Bedeutung der Frage angemessen erfaßt und nicht suggestiv zu erwünschten Antworten gesteuert wird;

---

7) LIENERT, G.A.: Testaufbau und Testanalyse, Weinheim 1967(2).
8) MICHEL, CHR./NOVAK, F.: Kleines psychologisches Wörterbuch. Freiburg 1975, S. 331.

– müssen Wissensstand und Erinnerungsvermögen, Vorstellungskraft und Fähigkeiten des verbalen Ausdrucks des Befragten berücksichtigt werden;
– sollen unbewußte, eine Antwort verstellende oder die Antworttendenz verfälschende seelische Hemmnisse einkalkuliert werden;
– muß die Fragende (z.B. durch vorherige Schulung) sich selbst daraufhin kontrollieren, inwieweit sie erteilten Antworten eine subjektiv gefärbte Deutung unterlegt, der Befragten Probleme unterstellt oder sie durch „Verhör“ bedrängt.

Kriterien systematischer Beobachtung

Methoden psychologischer Forschung, wie z.B. die Beobachtung, dienen dem Nachweis, der Bestätigung oder Widerlegung von Hypothesen. In Anlehnung an Grundsätze der Testtheorie müssen sie spezielle Anforderungen erfüllen:

1. Kriterium: BeobachterInnen sind in ihrer Wahrnehmungsfähigkeit interindividuell und auch intraindividuell verschieden. Und auch im sprachlichen „Übersetzen“ übertreffen die einen die anderen. *Objektivität* von Beobachtungen ist nur gegeben, wenn mehrere Beobachter des konkreten Ereignisses in der Lage sind, gleiche Beobachtungen zu machen und in Hinblick auf die angestrebten Beobachtungsziele maximale Beobachtungsgenauigkeit herzustellen: Beobachtungsverfahrensregeln und Registriertechnik müssen vorher gewählt und der Einsatz zusätzlicher objektivierter Meßinstrumente (z.B. Tests) muß bestimmt werden. Das Vorgehen bei der Auswertung und beim Verbalisieren des Beobachtungsprotokolls sollte definiert und eine Möglichkeit zur nachträglichen Verständigung der Beobachter (z.B. anhand einer Videoaufzeichnung) eingeräumt werden. Darüber hinaus sollte geklärt werden, wie bei unterschiedlichen Beobachtungsergebnissen das vom jeweiligen Beobachter wahrgenommene Verhalten tatsächlich zu beschreiben wäre. Absolute Objektivität des Beobachtens ist nicht erreichbar, aber das Verhalten des zu Beobachtenden darf möglichst nicht durch die Person des Beobachters verändert werden. Im eigentlichen Sinn wird Objektivität der Beobachtungsabläufe und Beobachtungsresultate erst gewährleistet, wenn der Standort der zu beobachtenden Person, ihre Ziele, Absichten, Motive und Deutungen im Protokoll erfaßt und die mitgeteilten Verhaltensdaten auch aus deren Sicht erhoben worden sind.

2. Kriterium: Gültigkeit (Validität) meint den Grad an Genauigkeit, mit dem eine Beobachtungsmethode wirkliche Verhaltensweisen angemessen und richtig erfaßt und „zur Sprache bringt“. Ein Konzentrationstest muß „Konzentration“ messen, nicht z.B. „Ausdauer“, das gewählte Beobachtungsverfahren muß die für die psychodiagnostische Urteilsbildung und die folgernde pädagogische Handlungsplanung notwendigen Informationen bereitstellen.

3. Kriterium: Die *Zuverlässigkeit* (Reliabilität) definiert das Ausmaß, in dem verschiedene Beobachter bei der gleichen Person unter gleichen oder vergleichbaren Bedingungen zu übereinstimmenden Beobachtungsergebnissen gelangen. Systematische Beobachtung durch Menschen (statt z.B. durch Aufzeichnungsapparate) bedarf der Ermittlung der Verläßlichkeit der Beobachtungen und der Protokollierung (Kodierung) der Beobachtungsdaten, die ja nur eine Stichprobe der denkbaren Verhaltensweisen erfassen können und außerdem von der beobachtenden Person „mitgestaltet" werden. Der Spielraum für akzentuierendes Aneignen wie auch für interpretierendes wertendes Aufzeichnen von Beobachtungsdaten muß eingeengt werden. Dies wird am ehesten in standardisierten Beobachtungssituationen durch sich jeder Deutung enthaltendes, wirklichkeitsgetreues, minutiöses Festhalten der elementaren Verhaltensweisen als „Rohmaterial" erreicht. Dieselbe Szene muß in den Protokollen voneinander unabhängiger und gleichzeitig beobachtender Personen möglichst übereinstimmend wiederkehren. Abfolge und Zusammengehörigkeit von Verhaltensereignissen müssen über das Protokoll von unterschiedlichen (geschulten) Personen nachträglich eindeutig identifiziert und nachvollzogen werden können.

Formen unsystematischer Verhaltensbeobachtung[9]

Beobachtung wird immer beschränkt durch die Dauer und die Zugänglichkeit einzelner Ereignisse sowie durch den Beobachter, der Teil des „Meßinstruments Beobachtung" ist. Die Auswahl von Vorkommnissen bestimmt unsystematische und systematische Beobachtung. (1) *Gelegenheitsbeobachtungen* können informativ zur ersten Orientierung – z.B. in psychodiagnostischen Untersuchungen oder Beratungsgesprächen – dienen und systematische, methodisch kontrollierte Beobachtung vorbereiten: Den Beobachter erreichen mehr oder minder zufällig Informationen von Augenblicksereignissen, deren Aufeinanderfolge er nicht abzusehen und auf deren offene situative Entwicklung er sich nicht einzustellen vermag. In seinem Protokoll finden wir eventuell Beobachtungen, die sich als unwesentlich herausstellen, und wir erkennen, daß Wesentliches unbeachtet geblieben ist. (2) Gelegenheitsbeobachtungen vermitteln uns indes sinnvollere Daten als die (Vor-) Urteile in der Art des *„Ersten Eindrucks"*, mit denen wir uns allenthalben in neuen zwischenmenschlichen Situationen aufgrund spontaner Beobachtungen versorgen (müssen) und die wir im allgemeinen nicht auf ihre Richtigkeit überprüfen. (3) Suchen wir die Beobachtungssituation aus und bestimmen den Beobachtungszeitraum, erzielen wir durch ein solches *„exemplarisches Protokoll"* eine konkretere Anschauung eines abgegrenzten Verhaltensbereiches. (4) *Situationsbezogene (freie) Verhaltensbeobachtungen* (z.B. im Freispiel, beim Kindergeburtstag oder Kinderturnen) können bei angemessener Auswahl

9) s. dazu: SCHULTE, D./KEMMLER, L.: Systematische Beobachtung in der Verhaltenstherapie.

bedeutsamer Ereignisse und Situationen Informationen ergänzen, die unter standardisierten, kontrollierten Bedingungen gewonnen wurden.

Formen und Bedingungen systematischer Verhaltensbeobachtung[10]

Systematische Verhaltensbeobachtung ist gekennzeichnet durch differenzierende Beobachtungspläne, durch die vorherige Festsetzung der zu beobachtenden Verhaltensbereiche (und Personen), des Grades an Beteiligung des Beobachters, der Methode zur Fixierung der Beobachtungsdaten und deren Auswertung: Der Beobachtungsprozeß wird also vorgeschrieben von der Auswahl der Beobachtungssituationen bis zur Kodierung der Beobachtungsdaten. Nötigenfalls soll Kontrolle der Beobachtungsergebnisse durch Wiederholung der Beobachtungen unter vergleichbaren Bedingungen möglich sein. Systematische Beobachtung fordert die Schulung der Beobachter – am besten vom Schulalter an – mit dem Ziel der Verbesserung der Beobachtungsleistung, insbesondere der Steigerung der Wahrnehmungsschärfe, der Befähigung zum Erfassen wesentlicher Details sowie der Differenzierung und Erweiterung der zur Verhaltensbeschreibung erforderlichen sprachlichen Fähigkeiten.

1. Der *Beobachtungsrahmen* bestimmt in zweifacher Art die Beobachtung von Verhalten: Die augenblicklichen Umgebungsbedingungen beeinflussen den zu Beobachtenden (z.B. → der Raum, → die Interaktion, → die Gruppe, → Kap. 9–12) und bezeichnen das Ausmaß an Kontrolle über sie seitens des Beobachters:

– Speziell zum Erfassen von situativen Auslösern und zur differenzierenden Klärung von Symptomen kindlicher Verhaltensstörungen wird die *Beobachtung von Verhalten unter natürlichen Bedingungen*, in dem Kind besonders vertrauten Umwelten, empfohlen, also Beachtung der Interaktionen in der häuslichen Umgebung, auf dem Spielplatz usw.

  Hier vor allem erweist sich die Begrenztheit der vorhandenen Beobachtungssysteme, die weder der Vielfalt potentieller Verhaltensweisen und Umgebungseinflüsse noch der Vielschichtigkeit der interaktionellen Wechselbeziehungen gerecht werden.

– *Verhaltensbeobachtung in standardisierten Situationen:* In nach einem theoretisch begründeten Begriffssystem (für beliebige zu beobachtende Personen) vereinheitlichten (standardisierten) Situationen werden vom Beobachtungszweck her bestimmte Kontrollmechanismen eingebaut in die systematische Beobachtung: Der Beobachter soll z.B. feinmotorische Prozesse bei einem Kind mittels Beobachtungsbogen, bestimmter Kategoriensysteme oder Schätzskalen (→ Kap. 3) in vorher festgelegten

---

10) s. dazu: HELLER. H./NICKEL, H.: Beurteilen und Beraten (Psychologie in der Erziehungswissenschaft, Bd. 4). Stuttgart 1978, S. 34–36.

Zeiträumen bei fest umrissenen Tätigkeiten registrieren. Die Beschränkung des Beobachtungsspielraumes auf Einzelaspekte menschlichen Verhaltens macht bei unterschiedlichen Fragestellungen oft verschiedenartige Beobachtungsmethoden erforderlich, die – in Abhängigkeit von den praktischen Erfordernissen – Mosaiksteine zu einem Gesamtbild des Beobachteten zusammenfügen sollen.

– *Verhaltensbeobachtungen unter geplanten Bedingungen* finden (oft in speziellen Beobachtungsräumen) statt unter Benutzung technischer Hilfsmittel wie Videoaufzeichnungsmöglichkeit, Tonübertragungsanlage oder (heute selten:) Einwegscheibe. Der zu Beobachtende wird allenfalls indirekt durch das „künstliche Milieu" des Raumes in seinem Verhaltensspielraum beschränkt. Der Beobachter kann nicht die Handlungsfolgen beeinflussen, sie jedoch im vorhinein zu diagnostischen Zwecken über die Gestaltung der Umgebungsbedingungen „lotsen" und bestimmte Reaktionsweisen" provozieren" (z.B. gezielte Bereitstellung von Spielen und Gestaltungsmaterialien oder „Einsetzen" von menschlichen Partnern, die vorher spezielle Verhaltensaufträge für Rollenspiele bekommen).

2. Menschliches Verhalten ist so vielschichtig, daß nur Beobachtungsstichproben möglich sind. Die *Zeitstichprobe* (von mindestens einigen Minuten Dauer) setzt konkrete Beobachtunszeiten fest, welche die Dauer der zu protokollierenden Beobachtungsphasen und die Pausen dazwischen betreffen, ungeachtet der jeweiligen Handlungsabläufe. Vor allem in der eine Erziehungs- oder Therapieplanung vorbereitenden Beobachtung ist sie unverzichtbar. Bei der *Ereignisstichprobe* werden Beobachtungszeitpunkt und Unterbrechungen durch Art und Auftreten des vorher bezeichneten Ereignisses festgelegt: Sollen klar umrissene Verhaltenstendenzen – z.B. aggressives Verhalten eines Jugendlichen – überzeugend differentialdiagnostisch analysiert werden, bedienen wir uns über einen längeren Zeitraum hinweg vorwiegend der Beobachtung entsprechender Ereignisse. Wollen wir eine konkrete Zusammenschau von Verhaltensmerkmalen eines Menschen – z.B. Reaktion des Kindes auf Rollenzuweisungen in der Familie oder eines Jugendlichen in einer Gruppe Gleichaltriger –, müssen wir auf möglichst viele, in maßgeblichen Zeiträumen aufgenommene Begebenheiten zurückgreifen können.

3. Die Beobachterin kann ihre Rolle als Teilnehmerin in einer Gruppe unterschiedlich stark ausfüllen: *Beobachtung* kann *aktiv oder passiv (bzw. nicht-)teilnehmend sein* – je nachdem, wie weit sie in die (Doppel-)Rolle einer als Gruppenmitglied Handelnden schlüpft oder sich mit der Rolle der „unbeteiligten Zuschauerin" begnügt. Für die letztgenannte Situation wird oft die Bezeichnung *nicht-teilnehmend* gewählt. Jedoch ist die Beobachterin auch hier Teil der Beobachtungssituation, da sie mehr oder minder neugierig wahrnehmend Beobachtungsdaten sammelt. Die beobachteten Personen können von der Beobachtungsabsicht unterrichtet sein

(= *offene* oder *wissentliche Beobachtung*), oder aber die Beobachterin informiert nicht über ihre Beobachtungstätigkeit (= *verdeckte* oder *unwissentliche Beobachtung*).

Abb.: Grad der Beteiligung und der Offenheit von BeobachterInnen [11]

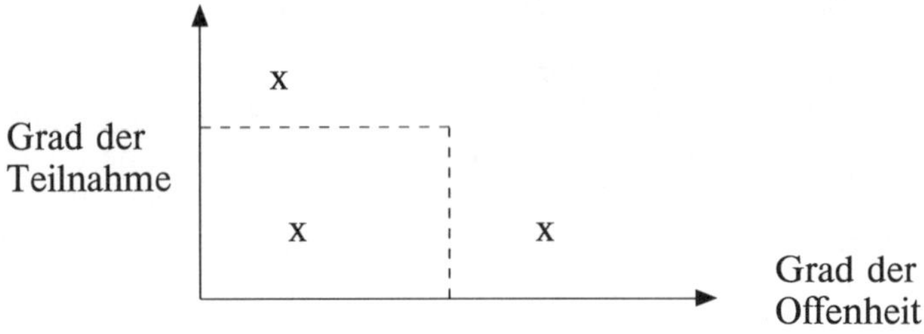

Der *passiv-teilnehmende Beobachter* bescheidet sich mit der Durchführung von Beobachtungsaufgaben und tritt nicht in Interaktion mit den zu beobachtenden Personen; seine bloße Anwesenheit kann dennoch deren Verhalten schon beeinflussen (*offen-passiv-teilnehmend*). Dieser Beobachter kann sich auch in einen angrenzenden Raum zurückziehen und, hinter einer Einwegscheibe unsichtbar (=technisch-unvermittelt) oder mittels Ton- und Bildaufzeichnungsgeräten (= technisch-vermittelt), Verhaltensweisen protokollieren oder/und speichern. Solche Beobachtung kann auch *halboffen* erfolgen, wenn die beobachteten Personen lediglich nicht wissen, wann sie beobachtet werden. („Technische Beobachter" beeinflusen allem Anschein nach nur kurzfristig das natürliche Verhalten von Kindern.)

Das Bewußtsein, beobachtet zu werden, verändert das Verhalten: Der am Rand sitzende, Notizen anfertigende (nicht-teilnehmende) Beobachter wird leicht als störendes Element empfunden. *Aktiv-teilnehmende Beobachtung* vermindert diesen Beobachtereffekt, wenn der anwesende Beobachter in seiner Doppelrolle – gleichzeitig Beobachter und „Handlungspartner" zu sein – akzeptiert wird; seine Beobachtung kann dabei *offen oder verdeckt* erfolgen. Für aktiv-teilnehmende Beobachtung geeignet sind Personen aus der dem Beobachteten vertrauten Umgebung (z.B. Eltern, Freunde, Erzieherinnen, Lehrer), die zudem noch für Außenstehende selten erfahrbare Vorgänge mitbekommen; oder der Beobachter wird zum „Mitglied" einer z.B. schwer zugänglichen Gruppe (von „Rockern", Drogenabhängigen usw.), um als „einer von uns" Bedingungskonstellationen „von unten" bzw. „von innen" zu erfassen (auch, um sich selbst in seinen emotionalen Reaktionen zu beobachten). Die Objektivität seiner Beobachtung wird jedoch dadurch herabgesetzt, daß er mit der Vertiefung seiner intimen Erkenntnisse und persönlichen Bekanntschaften zunehmend mit bestimmten Erwartungen an die Beobachtungssituationen herangeht,

11) MOLLENHAUER, K., a.a.O., S. 155.

aus seinem persönlichen Engagement heraus stärker Beobachtungen selektiert und akzentuiert oder sich mit der angenommenen Rolle sogar distanzlos identifiziert.

Aktiv-teilnehmende Beobachtung läßt – anders als die passiv-teilnehmende – keine unmittelbare, zeitgleiche Protokollierung zu, sondern nur verkürzende und zudem Gedächtnistäuschungen unterliegende Erinnerungsprotokolle und verallgemeinernde Einschätzungen im Anschluß an die eigentliche Beobachtungsperiode.

Passiv-teilnehmende, häufig technisch-vermittelte Beobachtungsverfahren finden vorzugsweise in der Psychologie Anwendung (Klinische Psychologie, pädagogisch-psychologische Diagnostik, Beratungsgespräch, therapeutische Techniken), aktiv-teilnehmende, weitgehend unsystematische Beobachtung eignet sich vornehmlich, neue soziale Handlungs- und Konfliktfelder zu erkunden und umfassende Informationen über größere soziale Systeme einzuholen.

Übersicht über Beobachtungsverfahren im Rahmen psychodiagnostischer Untersuchung:

	Beobachtung	*Befragung*	*Test*	*Experiment*
	Selbst-Beobachtung Fremd-Beobachtung	psychodiagnostisches u. prognostisches Gespräch (biograph. Anamnese, Exploration, Interview) therapeut. Gespräch (z.B. psychoanalytisch, klientenzentriert, gestalttherapeutisch)	Leistungs- u. Fähigkeits-Tests (z.B. Intelligenztest) Persönlichkeitstest (z.B. projektiv: Rorschach, TAT) Persönlichkeits-Fragebogen	Erkundungs-, Kontroll- und Prüfungs-Experiment
Gütekriterien	Objektivität Gültigkeit (Validität) Zuverlässigkeit (Reliabilität)			

Ausmaß an Kontrolle	unsystematisch systematisch
Umgebung	natürlich geplant standardisiert
Beteiligung d. Beobachters	passiv- bzw. nicht-teilnehmend aktiv-teilnehmend
Grad an Offenheit	verdeckt (unwissentlich) offen (wissentlich)
Beobachtungs-Stichprobe	Zeitstichprobe (Kurzzeit-, Langzeit-) Ereignisstichprobe
Zahl der beobachteten Merkmale	eindimensional mehrdimensional

A 2

(1) Wahrnehmung ist nicht unveränderlich. Wir lernen, die Dinge in der uns umgebenden Welt auf *bestimmte* Weise wahrzunehmen, sie zu beachten oder zu vernachlässigen. Der Beobachter erwirbt durch Lernen die Bereitschaft, sein Wahrnehmungsfeld subjektiv zu strukturieren. Unsere persönliche Lerngeschichte läßt uns mit bestimmten Erwartungen (Hypothesen) immer wieder in diese Umwelt eintreten und nach Maßgabe unserer kognitiven, motivationalen und sozialen Fähigkeiten auftretende Unstimmigkeiten zwischen Beobachtungsgegenstand und Erwartungshaltung „ausräumen". Jeder Wahrnehmungs- und Beobachtungsvorgang ist selektiv infolge zugrundeliegender Motive und Einstellungen einerseits und der notwendigen Beschränkung der Beobachtungsstichprobe und nachfolgender Generalisierung andererseits. Er ist keineswegs das Ergebnis objektiver Informationsgewinnung über die Außenwelt (oder über unser Innenleben). „Beobachtungen sind das Rohmaterial der Beurteilung. Je unvoreingenommener, vollständiger und konkreter die Einzelbeobachtungen sind, desto mehr Aussicht besteht, daß die Beurteilung in die richtigen Bahnen geht."[12]

(2) *Einige abgeleitete Merkmale derBeobachtung*

1. Beobachtungen (wie Beurteilungsvorgänge) sind durch Einstellungen des Beobachters und durch gesellschaftliche Normen bestimmte soziale Prozesse.
2. Der Beobachtende richtet seine Wahrnehmung auf ein Ziel, um sich mit Hilfe der erhaltenen Informationen komplexe Wirklichkeit anzueignen und in ihr „einzurichten".
3. Beobachtungen haben stets selektiven Charakter.
4. Beobachtung schließt immer irgendwie geartete Kommunikationen und Interaktionen zwischen Beobachter und Beobachtetem mit ein (bis hin zum Rollentausch).
5. Beobachtung als besondere Form der Wahrnehmung hat Figur-Grund-Charakter: Vom Bekannten, Erwarteten, „Normalen" abweichende („auffällige") Verhaltensweisen werden eher wahrgenommen, beachtet (und protokolliert) als andere.
6. Mehrere Beobachter werden in der Wiedergabe einer Szene nur teilweise übereinstimmen: Sie werden das gleiche Ereignis subjektiv unterschiedlich einordnen, akzentuieren, deuten und kodieren (verbalisieren).

---

12) THOMAE, H.: Beobachtung und Beurteilung von Kinder und Jugendlichen. Basel 1973, 11. Aufl., S. 47.

7. Beobachtung als wissenschaftliche Untersuchungsmethode bedarf der sorgfältigen Planung im Sinne der Gütekriterien und braucht die Ergänzung durch andere wissenschaftlich abgesicherte psychologische Verfahren.
8. Zur Kontrolle des gemeinsamen Handelns von Beobachter und Beobachtetem benötigen wir ein Verlaufsprotokoll, das uns Beobachtungen erst über die Sprache zugänglich macht und zugleich die Sichtweise des Beobachtenden widerspiegelt.
9. Beobachten erfordert Sensibilität und einfühlendes Nachvollziehen hinsichtlich der Erlebens-, Sicht- und Denkweisen des Beobachteten.
10. Die soziale Rolle des Beobachters im gesellschaftlichen Kontext und mit Blick auf seine soziale Verantwortung verlangt Schulung für die Beobachtungsaufgaben und die Fortentwicklung geeigneter systematischer Beobachtungs- und Protokollmethoden. Die Beobachtungstätigkeit bietet lebenslang jedem Individuum Lernmöglichkeiten.

(3) In der *Beobachterschulung* geht es zunächst einmal darum, die Beobachter zu schulen, *genauer zu sehen*, und hierzu Kategorien zu liefern. Das Ziel, differenziertere Berichte zu schreiben, kommt erst in zweiter Linie. Damit läuft die Beobachterschulung der Tendenz in den Mittel- und Oberschichten zuwider, Bildung mit Sprachfertigkeit gleichzusetzen. Die Kontrolle des Beobachtertrainings zeigte übrigens, daß die Beobachter auch zunächst dazu neigen, sprachliche Äußerungen der Beobachteten für wichtiger zu halten und daher eher zu registrieren.

(4) Zur Beobachterschulung sind z.B. folgende *Techniken* geeignet:

- Schilderung der Inhalte von Fotos
- Protokollierung von Filmen oder Videosequenzen ohne Ton, mehrfache Wiederholung und Vergleich der Protokolle
- Weitererzählen einer kurzen, an Personen und Adjektiven reichen Geschichte und Vergleich mit dem Original
- Rollenspiele
- Tonband- oder Videoaufnahmen von der Beobachtergruppe
- Selbstbeobachtung in kurzen, festgelegten Situationen
- Analyse und Interpretation von absichtlich in kurzen Abständen gestörten Filmsequenzen
- Protokollieren mit nicht–sprachlichen Aufzeichnungssymbolen (Zeichensystemen)
- Themenspezifische Anfertigungen von Fotos der Interaktion in komplexen (öffentlichen) Situationen.

(5) Wichtig ist es, die Beobachtung von *Teilaspekten* zu üben. Hier wird der Beobachter darauf hingewiesen, was sich alles beobachten und benennen läßt. Er wird dazu angehalten, das Beobachtete nach einzelnen Teilaspekten zu registrieren, ohne den Zusammenhang des Ganzen aus dem

Auge zu verlieren. Anders ausgedrückt: Er lernt Haupt- und Nebensachen zu unterscheiden.

(6) Die Beobachterschulung sollte immer auch darauf zielen, die *selbstkritische Stellungnahme* zur eigenen Beobachtungsleistung zu verbessern.

Weiterführende Literatur:

H. HELLER / H. NICKEL: Psychologie in der Erziehungswissenschaft, Band IV. Stuttgart, 1978

V. LEDL: Kinder beobachten und fördern. Wien 1994

K. MOLLENHAUER / CH. RITTELMEYER: Methoden der Erziehungswissenschaft, München, 1977

S. PREISER: Personwahrnehmung und Beurteilung, Darmstadt 1979

B. Personwahrnehmung und -beurteilung als Prozeß

3. Systeme und Techniken der Beobachtung

oder: Der Beobachtende entscheidet, wie er den Gegenstand „sehen" will

L 3

Jeder Beurteilungsprozeß beginnt mit einer Situation, die eine Beurteilung fordert, mit einem Problem. Indem ich diese Situation wahrnehme, klassifiziere ich zugleich schon die Problemstellung. Je nach dieser Einordnung (Klassifizierung) können dann unterschiedliche Grundsätze und Regeln der Beurteilung aus dem Gedächtnis „aufgerufen" und im weiteren Verlauf des Beurteilungsprozesses verwendet werden. Dazu ein Beispiel aus dem Alltag:

„Entschuldigen Sie, wie komme ich denn von hier zum Bahnhof?" „Ja, wissen Sie ... (zögert), da gehen Sie am besten dort drüben bei dem gelben Eckhaus gleich links rein und dann wieder die zweite Straße rechts. Da fängt die Fußgängerzone an. Steht ein großes Schild. Diese Straße gehen Sie immer geradeaus über eine Kreuzung mit so einem Denkmal mittendrin und noch weiter über mehrere Kreuzungen, so etwa einen guten Kilometer, bis Sie auf eine große Querstraße stoßen, mit zwei getrennten Fahrbahnen und so einem grünen Mittelstreifen dazwischen. Da müssen Sie nach rechts und dann weiter durch den Fußgängertunnel. Wenn Sie da rauskommen, liegt der Bahnhof vor Ihnen."

Es hat besondere Bedeutung, daß der Befragte zunächst einen Augenblick zögert. Vermutlich besinnt er sich. Wieviel Zeit will er sich nehmen? Wieviel Informationen mag der Fragende aufnehmen können? Kennt er sich nur in dem Stadtteil nicht aus, ist er ortsfremd oder ein Ausländer? Dann entwirft er in seiner Vorstellung blitzschnell einen Orientierungsrahmen, eine Art Lage-Skizze oder einen Ausschnitt aus dem Stadtplan, und wählt einige markante Punkte aus, die an den Knotenpunkten des Weges liegen. Er verkneift es sich, das gemütliche türkische Café am Wege zu erwähnen oder auch die Tatsache, daß die Kreuzung mit der Figurengruppe von den

Leuten als „Nabel“ bezeichnet wird; ebensowenig erzählt er von dem alten Gebäude der Universitätsbibliothek, vor dem er gestern ein „Knöllchen“ wegen verbotenen Parkens bekommen hatte, oder von der Kreuzung, an der ihm letzten Winter dieser blöde Typ draufgefahren war . . .

T 3

Klassifizieren des Wahrnehmungsfeldes

Der Gefragte sortiert also die Fülle der erinnerten Wahrnehmungen und reduziert die Gesamtheit möglicher Informationen auf wenige Daten- oder Ereignisklassen: Straßenzüge, Kreuzungen, Gebäude, besondere Gegenstände. Ohne dieses Klassifizieren, dieses Ordnen und Auswählen, wäre eine verständliche Antwort kaum möglich gewesen. Die sprachlichen Ausdrücke – oder auch die entsprechenden hinweisenden Gesten – sind dabei das Vokabular, mit dem der Sachverhalt beschrieben wird. Man kann auch sagen: mit dem der Sachverhalt in einen bestimmten Code übersetzt wird (vgl. Kap. 7!).

Nicht nur, wenn es sich um die Orientierung in einer bestimmten Gegend handelt, „klassifizieren“ wir. Das Klassifizieren ist vielmehr eine grundlegende kognitive Tätigkeit, ohne die wir uns nirgends in unserem Alltag orientieren könnten. Wir ordnen dabei die Fülle unserer Sinneswahrnehmungen nach wichtigen und unwichtigen; manches nehmen wir intensiver wahr als anderes, und vieles bemerken wir gar nicht, obwohl es durchaus im Wahrnehmungsfeld gelegen hat. An dieser Tätigkeit ist zugleich auch der Verstand beteiligt; durch sie werden Zusammenhänge geschaffen und Begriffe gebildet, die es uns erst ermöglichen, unser Handeln sinnvoll zu gestalten. Ohne diese Tätigkeiten wären wir einer Art Wahrnehmungs-Chaos ausgesetzt; sinnvolle Erfahrungen und auswählendes, absichtsvolles Handeln wären nicht möglich.

Wissenschaftliche Klassifikationen knüpfen an die Ordnungsbegriffe unseres Alltagslebens an. Zumindest in den Sozialwissenschaften ist das ganz überwiegend so. Und das ist deshalb möglich, weil es beide mit dem gleichen Gegenstand zu tun haben – eben dem Alltag – und weil die Zwecke des wissenschaftlichen Handelns auch mit Orientierungen des alltäglichen Handelns zu tun haben.

Ein Beispiel mag das veranschaulichen: Zwei Kinder sind beim Spielen in Streit geraten. Sie beschuldigen sich gegenseitig, die Spielregeln verletzt zu haben, und zanken darum, wer angefangen habe. Auch hier wird „klassifiziert“. Die Kinder strukturieren soziale Realität mit Hilfe der Klassen „Spiel“ – „Spielbeginn“ – „Spieldauer“ – „Spielregel“ – „verbotene Handlungen“ (= „Mogeln“) – „Schuld“ usw. Es geht den Kindern darum, die Absicht und Bedeutung einzelner Verhaltensweisen zu klären und die

Folge der Ereignisse festzustellen. Diese Bemühungen sind bestimmt durch die Strategie, dem anderen die Schuld zu geben. Insofern haben die in dieser Alltagssituation gebildeten und verwendeten Ereignis- und Datenklassen einen unmittelbar praktischen Zweck. Dadurch unterscheiden sie sich wesentlich von den im Rahmen wissenschaftlicher Überlegungen gebildeten Klassen. Wissenschaftliche Klasseneinteilungen dienen dazu, das alltägliche Handeln präziser zu erfassen, zu erklären und theoretisch zu interpretieren. Damit dienen sie irgendwelchen praktischen Zwecken nur *mittelbar*; unmittelbar dienen sie einem Erkenntniszweck.

Nehmen wir einmal an, daß die Streitsituation der beiden Kinder sich in einer Kindergartengruppe abspielt, während sich eine Erzieherin gerade der Aufgabe der Beobachtung widmet. Der Zweck ihrer Beobachtung besteht darin, die Kinder ihrer Gruppe besser kennenzulernen und das Geschehen in der Gruppe präziser zu erfassen. Während der Freispielphase beobachtet sie für jeweils 15 Minuten ein oder zwei Kinder. Als Hilfsmittel benutzt sie dabei das folgende Schema:

Beobachtungssystem zum Verhalten im Freispiel[4]

Verhalten des Kindes Kategorie	Codierung	Verhaltensweise
Sozialverhalten im Freispiel – positiv	1	bezieht andere in sein Spiel ein
	2	gibt von seinem Spielzeug ab
	3	hilft anderen beim Spiel
	4	geht auf Vorschlag anderer ein
Sozialverhalten im Freispiel – negativ	5	schließt andere vom Spiel aus
	6	gibt sein Spielzeug nicht ab
	7	unterstützt andere nicht im Spiel
	8	geht nicht auf Vorschläge anderer ein

In diesem Schema geht es von vornherein nur um das „Sozialverhalten im Freispiel". Dieses Verhalten wird zunächst eingeteilt in die Bereiche (Dimensionen) „positiv" und „negativ", und in jedem dieser beiden Bereiche wird die Fülle möglicher Verhaltensweisen wiederum unterteilt in jeweils vier Kategorien (Unterklassen). Für das bequeme Zuordnen der Wahrnehmungen oder für eine zusammenfassende Auswertung ist jede Einzelkategorie mit einer Code-Zahl versehen.

Das Klassifizierungsschema soll die alltägliche Wahrnehmung der Erzieherin differenzieren und unterstützen und die Gefahr von Irrtümern und Täuschungen verringern. Man könnte auch sagen: Die theoretisch reflek-

---

1) B. HÜBNER/G. ROCHOLL: Soziales Praktikum. Frankfurt 1984, S. 80.

tierten und durch Klassifizierungsbegriffe angeleiteten Beobachtungen dienen dem Zweck, die Erziehungspraxis kritisch zu betrachten und besser zu durchschauen.

Systematische Klassifizierung als entfaltetes Vorverständnis

Wie gut die tatsächlich gemachten Beobachtungen sind und ob sie der Erzieherin etwas nützen, hängt auch schon von der Klassifizierung ab. Ein zweckmäßiges Klassifizierungsschema muß für den Beobachtungsgegenstand angemessen sein, und seine Begriffe müssen lohnende Gesichtspunkte erfassen. Indem ich mich für eine bestimmte Klassifizierung entscheide, entscheide ich mich dafür, wie ich den jeweiligen Gegenstand „sehen" will oder wie ich ihn „konstruiere": „Denn über den Gegenstand ‚an sich' können wir nichts groß Sinnvolles aussagen, es sei denn mit Hilfe von Begriffen, also unter anderem mit Klassifikationen – und diese sind allemal ‚Konstrukte' der ordnenden und erkennenden Intelligenz. Die ‚schöpferische' Leistung des Wissenschaftlers liegt deshalb auch zu großen Teilen in dieser Operation des Klassifizierens, des ‚Erfindens', ‚Auffindens' von Begriffen, mit denen das, was wir ‚Wirklichkeit' nennen, genauer aufgefaßt oder auch als ein ‚neuer' Gegenstand gesehen werden kann."[2]

Eine Klassifizierung zeigt dem Beobachtenden die *Aufgabe*, nicht schon die Art und Weise, in der sie gelöst werden kann, geschweige denn das Ergebnis. Es wird zunächst nur das Wahrnehmungsfeld abgesteckt, und es wird festgelegt, was beschrieben und erklärt werden soll: Mit den verwendeten Einteilungsbegriffen wird ein bestimmtes Vor-Verständnis des zu beobachtenden Gegenstandes entfaltet. Zugleich wird mit den Kategorien eine für den jeweiligen Gegenstand spezifische Beschreibungssprache angeboten. Dabei geht es immer um folgende Schritte:

1. *Der Gegenstand der Wahrnehmung und Beurteilung* wird bestimmt. Beispiel: „Ich interessiere mich für die Kommunikation von Jugendlichen in einem bestimmten Freizeittreffpunkt." Oder: „Ich interessiere mich für Freundschaften unter Kindern im Kindergarten." Oder wie oben: „Ich interessiere mich für das Sozialverhalten im Freispiel."

2. Durch *Dimensionen* (Einteilungsbereiche) wird der Gegenstand genauer festgelegt. Das Sozialverhalten z.B. könnte außer in die Dimensionen des „positiven" oder „negativen" Verhaltens auch in die Dimensionen „sprachlich"/„nicht-sprachlich" eingeteilt werden.

3. *Beobachtungs-Kategorien* werden gebildet: Um nun die Dimensionen auf das beobachtbare Verhalten beziehen zu können, ist ein weiterer Schritt erforderlich: Die Einführung von Kategorien (= Klassen, Einteilungsbegriffen). Bei dem Beobachtungsschema für das Sozialverhalten

---

2) K. MOLLENHAUER/C. RITTELMEYER: Methoden der Erziehungswissenschaft. München 1977, S. 63.

im Freispiel wurden z.B. innerhalb der Oberklasse „positives Sozialverhalten“ die Kategorien Einbeziehen, Abgeben, Helfen, auf Vorschlag eingehen gebildet.

Kategorienbildung

Zweckmäßige Kategorien entstehen nicht aus glücklichen Einfällen oder willkürlichen Festsetzungen; sie beruhen mehr oder weniger auf einer theoretischen Begründung. Das gilt zumindest dann, wenn das Kategoriensystem kritisch kontrolliert und für die Benutzer nachvollziehbar entworfen wird. Selbstverständlich spielt auch eine Rolle, daß es sich in der Praxis bewährt. Ein Beispiel, bei dem sich die einzelnen Schritte der Klassifizierung besonders gut verfolgen lassen, ist das Beobachtungssystem zur Interaktionsanalyse kleiner Gruppen von R.F. BALES. (Die zugrunde liegende Theorie ist der symbolische Interaktionismus.)

Bales nimmt für die zwischenmenschlichen Handlungen (Interaktionen) zwei Grunddimensionen an: eine „expressive“ und eine „instrumentelle“. Bei der expressiven Dimension (= A und D) geht es um den Ausdruck von (vor allem sozialen) Gefühlen; bei der instrumentellen (= B und C) um Verhaltensweisen, die sich auf die Lösung von Aufgaben oder Problemen beziehen. Außerdem unterscheidet Bales zwischen Verhaltensweisen, bei denen eine positive Beziehung zwischen den Interaktionspartnern besteht (= A und B), und solchen, bei denen die Beziehung problematisch bzw. negativ ist (= C und D). Kombiniert man diese Dimensionen, so ergibt sich das folgende Vier-Felder-Schema:

	positive Beziehung	problematische/negative Beziehung
expressiver (sozialemotionaler) Bereich	A Übereinstimmung	D Nicht-Übereinstimmung
instrumenteller Bereich	B Antworten	C Fragen

Den dritten Schritt, die Bildung der Beobachtungskategorien, vollzieht Bales in seiner „speziellen Unterteilung der System-Probleme“ (a – f), in dem er Grundprobleme im Rahmen des Gruppenprozesses benennt. Für jede dieser sechs Kategorien (Klassen möglicher Interaktionen) wählt er zudem noch zwei Einzelbegriffe und kommt so zu der differenziertesten Ebene seiner Klassifizierung.

Übrigens: Vergleicht man das Kategoriensystem von HÜBNER und ROCHOLL zur Beobachtung des Sozialverhaltens im Freispiel mit dem System von BALES, so sind gewisse Ähnlichkeiten nicht zu übersehen; es handelt sich dabei um eine vereinfachte und für einen speziellen Zweck abgewandelte Fassung des Schemas von BALES.

Kategorien der unmittelbaren Beobachtung des Interaktions-Prozesses[3]

Problembereiche:		Beobachtungskategorien:
Expressiv-integrativer, sozial-emotionaler Bereich Positive Reaktionen	A	1. *Zeigt Solidarität,* hebt Status des anderen, spendet Hilfe, verteilt Belohnung
		2. *Zeigt Entspannung,* lacht, macht Späße, zeigt sich zufrieden
		3. *Stimmt zu,* zeigt passive Anerkennung, begreift, teilt und befolgt Auffassung
Instrumentell-adaptiver Bereich, Aufgabengebiet Versuch der Beantwortung	B	4. *Gibt Empfehlung,* Anleitung, mit Andeutung einer Anerkennung der Autonomie des anderen
		5. *Äußert Meinung,* Bewertung, analytischen Befund, zeigt Gefühl, äußert Wunsch
		6. *Gibt Orientierung,* Auskunft, wiederholt, erklärt, bestätigt
Instrumentell-adaptiver Bereich, Aufgabengebiet Fragen	C	7. *Erfragt Orientierung,* Auskunft, Wiederholung, Bestätigung
		8. *Erfragt Meinung,* Bewertung, analytischen Befund, Kundgabe von Gefühl
		9. *Erfragt Empfehlung,* Anleitung, Möglichkeiten des Verhaltens
Expressiv-Integrativer, sozial-emotionaler Bereich Negative Reaktionen	D	10. *Stimmt nicht zu,* zeigt passive Ablehnung, zeigt formale Einstellung, verweigert Hilfeleistung
		11. *Zeigt Spannung,* verlangt Hilfeleistung, zieht sich zurück
		12. *Zeigt Feindseligkeit,* mindert Status des anderen, verteidigt sich, bringt sich zur Geltung

a b c d e f

Speziellere Unterteilung der System-Probleme (nach besonderer Relevanz jeweils eines Kategorien-Paars):

a) Probleme der Orientierung
b) Probleme der Bewertung
c) Probleme der Kontrolle
d) Probleme der Entscheidung
e) Probleme der Bewältigung von Spannungen
f) Probleme der Integration

(Bales 1972)

Insgesamt haben Kategoriensysteme die Aufgabe, Fremdbeobachtungen methodisch zu kontrollieren. Sie tragen wesentlich dazu bei, eine *möglichst günstige Distanz* zu dem beobachteten sozialen Geschehen herzustellen. Sie bewirken, daß der Beobachtende zweigleisig vorgeht: Zum einen sieht und versteht er „so wie gewohnt“ (dadurch kann er sich in der Situation und im Gesamtgeschehen orientieren); zum anderen erkennt er „nach den Kategorien“ besonders interessierende Einzelgesichtspunkte.

3) Nach R.F. BALES, zitiert in MOLLENHAUER/RITTELMEYER, a.a.O., S. 70.

A 3

Wir hatten festgestellt: Die Phase der Klassifizierung mit der Entscheidung für ein bestimmtes Kategoriensystem und eine bestimmte Beobachtungstechnik bringt kein inhaltliches Ergebnis; sie entscheidet zunächst nur darüber, wie der Beobachtende den jeweiligen Beobachtungsgegenstand „sehen" und erfassen will. (Die Phasen der Informationssammlung, d.h. der Beobachtung im engeren Sinne, und der Beurteilung werden in den beiden folgenden Kapiteln behandelt.) Da mit dem Vor-Verständnis jedoch auch folgenreiche Vor-Entscheidungen für die Informationssammlung und die Beurteilung fallen, sollte die Klassifizierungsphase nicht ohne Kontrolle und kritisches Bewußtsein vollzogen werden.

1. Jeder Benutzer eines vorliegenden Kategorienschemas sollte sich das *Vor-Verständnis* und den vorgegebenen *Zweck dieser Klassifizierung* bewußt machen und die Übereinstimmung mit seinen eigenen Beobachtungsinteressen prüfen. Dabei ist es hilfreich, verschiedene Schemata, die für den gleichen oder einen ähnlichen Zweck entworfen wurden, zu vergleichen. (Am Ende dieses Kapitels sind einige Bücher angegeben, die jeweils eine ganze Reihe von Beobachtungssystemen anbieten. Im Anhang sind Beispiele von Beobachtungssystemen für verschiedene Zwecke abgedruckt!)

2. Klassifizierungssysteme sind keineswegs als ein für alle Mal feststehend und unveränderbar anzusehen. In vielen Fällen ist es zweckmäßig, vorliegende Beobachtungssysteme für eine bestimmte Praxissituation zu verändern und dadurch den jeweiligen konkreten Beobachtungszwekken *anzupassen.*

3. Beobachtungsfehler haben ihren Ursprung oft bereits darin, daß der Beobachtende zu viele Informationen gleichzeitig aufnehmen und verarbeiten will. Dadurch kommt es z.B. dazu, daß richtig beobachtete Einzelheiten auf eine verkehrte Person bezogen oder zeitlich oder räumlich falsch eingeordnet werden. Diese Gefahren lassen sich durch eine *Beschränkung der zu beobachtenden Personenzahl* weitgehend vermeiden: Es sollte in der Regel nur eine Person bzw. die Interaktion zweier Personen zur gleichen Zeit beobachtet werden.

4. Bei einer systematischen Beobachtung sollte die *Beobachtungszeit* ebenfalls *begrenzt* werden: Zu empfehlen sind Beobachtungsphasen von wenigen (bis höchstens 15) Minuten Dauer nach einem systematischen Plan. Sofort anschließend sollte protokolliert werden.

5. Falsche Zuordnungen oder eine persönliche Auswahl aus den Wahrnehmungsdaten lassen sich auch durch eine klare *Begrenzung und Strukturierung des Wahrnehmungsfeldes* verringern: Pro Beobachter sollte nur eine begrenzte Auswahl von höchstens 7 Beobachtungskatego-

rien vorgesehen werden. Der Stellenwert dieser Kategorien sollte in einem einheitlichen Klassifizierungssystem dargestellt sein.

6. Beobachtung und Interpretation sollten möglichst deutlich getrennt sein. Das kann vor allem dadurch erreicht werden, daß das zu beobachtende Geschehen möglichst konkret bestimmt wird. *Je konkreter die Beobachtungskategorien und die Beobachtungseinheiten (Situation, Abläufe) definiert sind,* desto weniger Spielraum bleibt für subjektive Interpretationen offen und desto weniger Zeit und Aufmerksamkeit wird durch mühsame Entscheidungsprozesse beansprucht.

Zur Vertiefung des Klassifizierungsproblems:

KLAUS MOLLENHAUER / CHRISTIAN RITTELMEYER: Methoden der Erziehungswissenschaft. München 1977.

Beobachtungssysteme für die verschiedensten Zwecke finden sich in folgenden Büchern:

GERHARD FASSNACHT: Systematische Verhaltensbeobachtung. München 1979
JÜRGEN FRIEDRICHS / HARTMUT LÜDTKE: Teilnehmende Beobachtung. Weinheim 1973[2]
PETER KÖCK: Praxis der Beobachtung in Kindergarten, Hort, Heim, Schule, Ausbildungsstätten, Fortbildungseinrichtungen. Donauwörth 1983
ARMIN KRENZ: Kompendium zur Beobachtung und Beurteilung von Kindern und Jugendlichen. Heidelberg 1985[3]
GÜNTHER H. RUDDIES: Psychostudio. Von der Beobachtung zur Beurteilung des Verhaltens. Reinbek 1976

4. Vom Beobachten zum Beschreiben

oder: Wie komme ich zu guten Protokollen und Beobachtungsberichten?

L 4

Die folgenden Beobachtungsnotizen sind im Rahmen einer Gruppe zur Hausaufgabenhilfe in einem Jugendhaus entstanden. Drei Betreuer beschreiben dieselbe Situation. Der Vergleich der drei kurzen Texte soll helfen, einige grundlegende Probleme des Protokollierens und Berichtens zu veranschaulichen.

(a) Erster Beobachter: „Es dauert wieder ziemlich lange, bis Philip mit der Arbeit beginnt. Er schlendert unschlüssig durch den Raum, zieht erstmal nervös am automatischen Rollo, dreht den Wasserhahn auf und zu und läuft nochmal hinaus. Von Frank (= Betreuer) wird er mehrfach an die Hausaufgaben erinnert, doch das scheint er nicht zu hören. Erst als Frank ihm anbietet, mit ihm allein zu arbeiten, ihn an der Schulter faßt und mit an den Ecktisch zieht, läßt er sich darauf ein. Er packt seine Sachen aus und erzählt nun bereitwillig seine Aufgaben . . .“

(b) Zweiter Beobachter: „Heute zeigen sich Philips Arbeitsstörungen wieder besonders deutlich. Er betrachtet die Hausaufgaben als große Last und scheint darin durch seine Mutter – vermutlich ungewollt – bestärkt zu werden. Er kann sich nur schwer konzentrieren. Schon längeres Sitzen auf einem Stuhl hält er nicht aus. Ihm fallen hundert Dinge ein, um das Anfangen hinauszuzögern. Zwischendurch muß er das Rollo betätigen, hinauslaufen, sich prügeln usw. Sein Arbeitsverhalten bessert sich bei mehr Einzelzuwendung. Besonders die gute Beziehung, die zwischen Frank und Philip besteht, wirkt sich positiv aus . . .“

(c) Dritter Beobachter: „Fast eine halbe Stunde lang war Philip mit allem möglichen beschäftigt und ließ sich durch meine Aufforderungen nicht beeinflussen. Ich habe ihn sich erstmal abreagieren lassen, während ich an drei anderen Tischen beschäftigt war. Schließlich hatte ich dann Zeit, mich ihm allein zu widmen.

Ich bemühe mich, ihn nicht merken zu lassen, daß ich schon etwas „genervt“ bin. Als ich zu ihm hingehe und ihm sage, daß ich jetzt Zeit hätte, mit ihm allein zu arbeiten, zögert er zunächst. Es scheint so, als ob es ihm schwerfiele, auf seine Spielereien zu verzichten und sich wirklich den Aufgaben zuzuwenden. Ich lege ihm den Arm um die Schulter und zeige ihm den freien Tisch in der Ecke – da läßt er sich darauf ein anzufangen . . .“

T 4

Zur Mitteilbarkeit von Beobachtungen

Gewisse Unterschiede in den drei Texten lassen sich nicht übersehen. Allerdings: Ein Leser könnte vielleicht zu der Meinung kommen, die drei Beobachter haben im Grunde dasselbe beobachtet, sie drücken sich nur verschieden aus. Unterschiedlich wären also nicht ihre Beobachtungen, sondern nur die *Berichte* über ihre Beobachtungen. Doch nützt uns diese Unterscheidung etwas? Über das, was die drei beobachtet haben, können wir auf keine andere Weise etwas erfahren als durch ihren Bericht. Wir können Beobachtungen nur in der Form von Sätzen mitteilen, d.h. indem wir darüber sprechen oder schreiben. Eine andere Möglichkeit gibt es nicht; wir kommen auf keine Weise „hinter" den sprachlichen Beobachtungsbericht zurück.

Das bedeuet dann aber: Den Unterschied von „Beobachtung" und „Bericht" können wir vernachlässigen. Was jemand vorgibt, beobachtet zu haben, ist uns immer nur durch den Bericht über seine Beobachtungen zugänglich. Sein Bericht = seine Beobachtung in Sprache gefaßt. Daraus folgt, daß sich die methodischen Überlegungen zur Beobachtung ganz und gar auf den Beobachtungsbericht konzentrieren müssen:

- Wie sollen Berichte abgefaßt werden?
- Welche Rolle spielt die Sprache beim Zustandekommen des Berichtes?
- In welchem Verhältnis steht der Bericht zu dem beobachteten Ereignis?
- In welcher Weise kommt im Bericht die besondere Ausrichtung der Beoachtungstätigkeit zum Ausdruck?

Die Ausrichtung der Beobachtung

In der Theorie der Personwahrnehmung wird das Beobachten als eine „Faktorenfunktion" beschrieben: Damit ist gemeint, daß die Funktion der Beobachtung bzw. der interpersonalen Wahrnehmung von einer ganzen Reihe besonderer Faktoren abhängt und beeinflußt wird. Würde ein psychologischer Laie das Zustandekommen von Beobachtungen einfach aus ihrem „Material", nämlich der Sinnestätigkeit, erklären („Wenn ich genau hingucke, dann sehe ich schon, was Sache ist."), so würde er diese Faktoren übersehen. Tatsächlich besteht das Beobachten ja nicht darin, daß ich Sinnesreize passiv auf mich einströmen lasse, sondern in einer aktiven Aneignung von Wirklichkeit. Der Beobachtende gibt seinen Sinneswahrnehmungen eine bestimmte Richtung, wählt aus und ordnet diese Wahrnehmung im Hinblick auf einen bestimmten Zweck. Dabei leitet ihn die Absicht, sein Handeln an den gewonnenen Informationen zu orientieren. Im einzelnen sind das bestimmte überdauernde Einstellungen, gelernte Wahrnehmungsschemata, augenblickliche Gefühle oder Vorstellungen, die mir durch den Kopf gehen, vor allem meine Handlungspläne und die unbewußt-unbemerkten oder die bewußt festgelegten Klassifizierungen, die meine Beobachtungen bestimmen. Zunächst einmal ist es bedeutsam, in welchem Maß der Beobachter beteiligt ist. Das gilt sowohl für die innere Teilnahme, das Engagement für das beobachtete Geschehen, als auch für die äußere Teilnahme an den Handlungen (→ Kap. 2).

Mögliche *Grade der Beteiligung* können sich in unterschiedlicher Weise im Bericht niederschlagen. Größere innere Anteilnahme kann die Aufmerksamkeit verbessern und die Wahrnehmung schärfen; doch wirkt sie sich keineswegs in jedem Falle positiv für die Güte des Berichtes aus.

Ist der Beobachter (wie im dritten Bericht) zugleich als Handelnder in das Geschehen mit einbezogen, so ist es wahrscheinlicher, daß der Bericht eine eingeschränkte oder einseitige Perspektive zur Darstellung bringt. Andererseits zeigt der dritte Bericht aber auch, daß durch größere Beteiligung weitere Informationen in den Bericht aufgenommen werden, die bei einem nicht-teilnehmenden Beobachter mehr oder weniger venachlässigt würden. In diesem Falle betrifft das zum einen Philips schwierige Entscheidung zum Anfangen und zum anderen die mitgeteilten Selbstbeobachtungen („Ich habe ihn sich erstmal . . .“, „Ich bemühe mich . . .“). Bei den Selbstbeobachtungen handelt es sich um besonderes Beobachtungsmaterial, das einem unbeteiligten Beobachter gar nicht zugänglich wäre. Denn eins kann Fremdbeobachtung auf keinen Fall: nämlich direkt etwas über Erlebnisse, Erlebnisweisen und Erlebnisverarbeitung anderer Menschen aussagen.

Jeder Bericht enthält eine je besondere *Gestalt* oder *Gesamtstruktur* der Beobachtung (→ Kap. 1). Darin drückt sich ein je besonderer Aspekt des Beobachtungsgegenstandes bzw. der besondere Blickwinkel des Beobachters aus. Der Bericht läßt erkennen, welche Richtung die Beobachtung genommen hat: Er enthält Anzeichen für die Art und Weise, wie der Beobachter die einzelnen Elemente der Situation oder des Ereignisses ordnet, dabei einiges genauer ausführt, anderes weniger genau, einiges überhaupt wegläßt. So enthält der erste Bericht vorwiegend Beobachtungsdaten, die Philips Verhalten betreffen. Außerdem werden emotionalc Gcsichtspunkte betont („. . . schlendert *unschlüssig . . .“, „. . . zieht erstmal nervös . . .*“, „. . . erzählt dann *bereitwillig . . .*“). Dagegen sind beim dritten Bericht offenbar die Handlungspläne des Betreuers Frank maßgebend für die Struktur.

Der zweite Bericht wirft noch wieder andere Probleme auf. Man könnte sich fragen, ob überhaupt irgend etwas in der Situation beobachtet wurde. Der Bericht ist so strukturiert, daß der Leser fast mehr über den Schreiber des Berichtes, seine Meinung und Gedanken erfährt als über das Geschehen, das sich abgespielt hat. Die Beobachtungsnotiz enthält Ausdrücke („Arbeitsstörungen“, „Einzelzuwendung“, „Beziehung“ usw.), durch die das konkrete einmalige Geschehen ohne große Umstände einer allgemeinen Kategorie, einer allgemeinen Klasse von Ereignissen untergeordnet wird. Man könnte sagen: Bei der Beobachtung geht es weniger darum, neue Erfahrungen zu sammeln oder Hypothesen zu prüfen, als vielmehr darum, theoretische Zusammenhänge als zutreffend zu unterstellen (etwa die Hypothesen über die Übernahme elterlicher Einstellungen durch die Kinder oder über den Zusammenhang von erhaltener Zuwendung und dem Arbeitsverhalten).

Wahrnehmung und Interpretation

Freilich: Das Problem, um das es hier geht, tritt im zweiten Bericht nur deutlicher hervor als in den anderen beiden; tatsächlich spielt es in jedem Beobachtungsbericht eine Rolle. Es handelt sich darum, daß jeder Beobachtungsbericht unvermeidlich einen mehr oder weniger großen Anteil an *Interpretationen* enthält. Diese Interpretationen gelangen nicht durch Fehler oder Nachlässigkeit des Berichterstatters in den Bericht hinein, sondern dadurch, daß er auf sprachliche Ausdrücke angewiesen ist, die allgemeine Auffassungsschemata darstellen. Ausdrücke wie „Arbeitsstörung“, „konzentrieren“, „gute Beziehung“, „abreagieren“, „schlendert unschlüssig“ unterscheiden sich in dieser Hinsicht nicht grundsätzlich, sondern nur dem Grad nach: Sie enthalten alle einen mehr oder weniger großen Anteil an Interpretation. Das gilt im übrigen auch für alle hier in Frage kommenden Ausdrücke. Sie haben alle eine allgemeine Bedeutung. Deshalb kann mit ihnen niemals eine konkrete, einzigartige Wahrnehmung genau abgebildet werden. Alle diese Ausdrücke bedeuten die Anwendung eines allgemeinen Begriffs auf einen einzelnen, besonderen Fall. Es kommt darauf an, sich klarzumachen: Philip „hat“ keine „Arbeitsstörung“ in dem Sinne, wie man ein Stück Eigentum oder ein bestimmtes Merkmal (Größe, Haarfarbe z.B.) besitzt, sondern: Der Beobachter interpretiert seine Wahrnehmung bestimmter Verhaltensweisen *als* „Arbeitsstörung“; es „besteht“ auch keine „gute Beziehung“, sondern der Beobachter hat wahrgenommen, wie die beiden miteinander umgehen, und deutet diese Wahrnehmung nun als „gute Beziehung“. Oder entsprechend: Der Beobachter sieht nicht, daß Philip sich „abreagiert“, sondern er deutet bestimmte wahrgenommene Verhaltensweisen *als* „Abreagieren“. Er konstruiert also jeweils für das Beobachtete einen Sinnzusammenhang, bzw. er wendet ein allgemeineres Aufffassungsschema auf einen bestimmten Einzelfall an.

Wozu nun diese Spitzfindigkeiten? Die Sprache von Beobachtungsberichten wird umso fragwürdiger, je allgemeiner die verwendeten Ausdrücke sind. Denn mit steigender Allgemeinheit werden solche Ausdrücke immer weniger durch andere Personen kontrollierbar. Falls ein Leser nicht die gleiche Situation selbst beobachtet hat, ist er ohnehin darauf angewiesen, die Interpretation zu übernehmen oder aufgrund von bloßen Vermutungen anzuzweifeln, — er kann aber unter keinen Umständen nachvollziehen, wie aus der Wahrnehmung durch Interpretieren eine Deutung geworden ist. Und noch schwieriger wird die Lage des Lesers oder Hörers, wenn in dem mitgeteilten Beobachtungsbericht bereits *Erklärungen* enthalten sind (wenn z.B. die „Einzelzuwendung“ bzw. die „gute Beziehung“ zwischen Frank und Philip in Text (b) als Gründe für die verbesserte Arbeitshaltung angeführt werden).

Im Hinblick auf diese Schwierigkeiten sollten zwei Regeln unbedingt eingehalten werden:

(1) „Erklärungen sind in Beobachtungsberichten (soweit möglich) zu vermeiden, da durch sie als gültig unterstellt würde, was mit Hilfe der Beobachtung erst geprüft werden soll.“[1]

(2) Interpretierende Ausdrücke sind in der Beobachtungssprache zwar unvermeidlich; doch das sollte kein Anlaß sein, sie willkürlich und unkontrolliert zu verwenden. Vielmehr sollte die Beobachtungssprache sehr sorgfältig gewählt werden. Vor allem ist so zu formulieren, daß die gemachten Beobachtungen auch für andere Beobachter durch die gewählten Ausdrücke optimal abgedeckt werden.

Das Sprachproblem

Damit ist das Sprachproblem im Rahmen der Personwahrnehmung und Psychodiagnostik jedoch keineswegs schon erschöpfend behandelt. Die Wortwahl, die sprachliche Formulierung muß unter drei Gesichtspunkten betrachtet werden: Sie kann sowohl *Voraussetzung* wie begleitender *Aspekt* wie auch *Folge* des Wahrnehmungsprozesses sein.

Zum einen wird ein großer Begriffsvorrat von vielen Psychologen als geeignet angesehen, die Wahrnehmung zu schärfen, weil von den Wörtern eine Anregung ausgeht, besser zu unterscheiden. Deshalb sollen vorgegebene Wörtersammlungen (Begriffslisten oder -karteien) die spontane Sprachfähigkeit der Beobachter unterstützen. Ähnlich wird die Wirkung einer passenden Klassifikation des Wahrnehmungsfeldes eingeschätzt: Die Kategorien stellen gleichsam eine „Sehhilfe“ dar. Sie geben der Beobachtung nicht nur eine bestimmte Richtung, sondern helfen vielfach auch, mehr zu sehen, sie „erweitern“ die Auffassung des Beobachtungsobjektes. Allerdings ist inzwischen auch das Gegenteil erwiesen: Wenn ich rasch eine passende Benennung finde oder Wahrnehmungsdaten sich einer bestimmten Kategorie zuordnen lassen, kann dadurch der Prozeß der beobachtenden Erforschung auch begrenzt oder vorzeitig beendet werden. Entscheidend sind dabei Einstellungen des Beobachters und Bedingungen der Beobachtungssituation.

Zum anderen ist die mit der Wahrnehmung einhergehende Benennung des beobachteten Verhaltens in jedem Fall ein notwendiger Schritt auf dem Wege zur Deutung und späteren Beurteilung.

---

1) MOLLENHAUER/RITTELMEYER, a.a.O., S. 150.

Zum dritten kann bei wenig strukturierten Beobachtungsfeldern die differenzierte sprachliche Formulierung auch erst Ergebnis und Folge des Wahrnehmungsprozesses sein.[2]

Zur Objektivierbarkeit von Beobachtungen

Wir gehen davon aus, daß verschiedene Beobachter eines bestimmten Ereignisses imstande sind, gleiche Beobachtungen zu machen. Und ihre Beobachtungsberichte sind offenbar keineswegs grenzenlos interpretierbar. Es läßt sich in den meisten Fällen durchaus entscheiden, ob ein Beobachtungsbericht zutreffend ist oder nicht. Z.B. stimmen die Berichte des ersten und des dritten Beobachters in einem wichtigen Punkt nicht überein: In (a) heißt es: „. . . ihn an der Schulter faßt und mit an den Ecktisch zieht", während (c) schreibt: „Ich lege ihm den Arm um die Schulter und zeige ihm den freien Tisch in der Ecke". Das hier Dargestellte ist offenbar nicht das gleiche. Für Philip bedeutet ein „mit an den Tisch *ziehen*" sicher etwas anderes als „*zeige* ihm den freien Tisch" – zumindest in Nuancen und im Hinblick auf seine Gefühle und die Freiwilligkeit seiner Entscheidung. Die Beobachter müßten hier also an größerer Eindeutigkeit ihrer Berichte interessiert sein. Hat Frank nun Philip gezogen oder ihm den Tisch nur gezeigt? Daß es die Geste des Betreuers gegeben hat, scheint immerhin sicher, da sie von beiden berichtet wird. Es wäre also denkbar, daß alle Beobachter der Szene über das Beobachtete noch einmal sprechen und sich darüber zu verständigen suchen, welche Darstellung als zutreffend anzusehen ist.

Bei dem oben angeführten Beispiel der Hausaufgabenhilfe handelt es sich um eine Art *Alltagsbeobachtung.* Das gilt sowohl im Hinblick auf den Gegenstand der Beobachtung als auch im Hinblick auf die Beobachtungsberichte. Die dargestellten Probleme sind nicht systematisch entwickelt, sondern erste Einfälle, die sich beim Nachdenken über mögliche Schwierigkeiten der praktischen Arbeit ergaben. Der Zweck der Beobachtung besteht hier darin, die Praxis zu erkunden, Hypothesen im Hinblick auf einen noch relativ unbekannten oder wenig beachteten Sachverhalt zu finden. Aufgabe einer gezielten, *systematischen* Beobachtung könnten sich daraus ergeben. (→ Kap. 2) Dabei wären dann verschiedene Entscheidungen über das methodische Vorgehen und die klassifizierenden Hilfsmittel zu treffen:

1. Wie sind die Beobachtungseinheiten festgelegt?
2. Nach welcher Klassifizierung sollen die Wahrnehmungen beschrieben werden?

Je nachdem, wie diese Entscheidungen getroffen werden, gewinnen wir unterschiedliche „*Beobachtungssysteme*" (= einheitliche Vorgehensweisen zur Beschreibung von Wahrnehmungen).

---

2) Vgl. G. ULMANN: Sprache und Wahrnehmung. Frankfurt 1975, Kap. II

A 4

Beobachtungssysteme

Aus der Vielzahl der in der psychologischen Forschung entwickelten Beobachtungssysteme ist nur eine begrenzte Zahl auch für die Mitarbeiter der sozialen Berufe praktikabel und zweckmäßig. Im folgenden wird eine Auswahl verschiedener Systeme dargestellt.

(1) *Tagebuchaufzeichnungen.* Es können zwei Arten unterschieden werden: Tagebücher als Selbstaufzeichnungen und Tagebücher als Fremdaufzeichnungen.

Bei den hier interessierenden *Selbstaufzeichnungen* handelt es sich zum einen um sogenannte „Jugendtagebücher", d.h. um spontan entstandene Tagebücher Jugendlicher, die in der entwicklungspsychologischen und soziologischen Forschung häufiger als Arbeitsgrundlage verwendet werden[3].

Zum anderen wird in der therapeutischen Heimerziehung und in Resozialisierungsprojekten in neuerer Zeit häufiger mit „biographischen Interviews" gearbeitet. Dabei sollen Jugendliche, in erster Linie nur durch Stichworte oder Aufforderungen gelenkt, über bestimmte kritische Situationen oder ganze Abschnitte ihrer Lebensgeschichte berichten. Meistens werden die Interviews auf Tonband aufgezeichnet, in manchen Fällen gemeinsam mit den Interviewten noch einmal abgehört und beratend bzw. therapeutisch ausgewertet. Wo Jugendliche sich zum Schreiben motivieren lassen, werden auch entsprechende biographische Aufsätze oder Berichte geschrieben.

Als Beispiel ein Ausschnitt aus einem biographischen Interview: Ein 16jähriges Mädchen erzählt, wie sie beinahe ertrunken wäre:

> „. . . Na, ja, was haben sie denn gesagt? Ich hab nur gesagt, daß ich ins Wasser gefallen wär, ne. Ja, daß ich gebadet hab. Die wußten gar nicht, daß wir baden gehen wollten. Na ja, und dann hab ich gesagt, ich wär beinahe ertrunken und so, ne. – Ich hab meiner Mutter immer Angst gemacht. Ich weiß auch nicht, warum ich das gemacht habe. Immer wenn ich Arbeiten geschrieben hab', wenn ich gute Arbeiten geschrieben hab, dann hab ich immer gesagt: Mamma, ne ehrlich, ich hab ne 5 gechrieben, und das hat sie immer geglaubt." (Dann frage ich sie, was sie denn gemacht hat, wenn sie wirklich mal eine 5 geschrieben hat.) „Dann hab ich mich gar nicht getraut, es zu zeigen oder so. Immer was negativ für mich war, das habe ich immer weitgehend zurückgehalten. Was positiv war, das habe ich immer nach vorne geschoben"[4].

---

3) Vgl. M. SOFF: Jugend im Tagebuch. Weinheim 1989.

4) M. KIEPER: Ein biographisches Interview als Zugang zum Lebenslauf eines Heimmädchens, in: BAACKE/SCHULZE (Hrg.): Aus Geschichten lernen, München 1979, S. 237 f.

Im strengen Sinne können solche Aufzeichnungen nicht mehr unter die Rubrik „Verhaltensbeobachtung" eingeordnet werden. Denn eine Objektivitätskontrolle ist nicht möglich; es läßt sich nicht angeben, wie weit die berichteten Ereignisse (die ja hier als Beobachtungsergebnisse anzusehen sind) unabhängig vom je individuellen Berichtsvorgang existieren. Diese methodologischen Bedenken sollten jedoch nicht dazu führen, auf diese durch keine andere Vorgehensweise zu ersetzende Methode von vornherein zu verzichten. Lebenssituationen oder der Lebenslauf insgesamt wären als Beobachtungseinheit sonst überhaupt kaum zu erfassen.

Bei der psychologischen Auswertung sind verschiedene Faktoren besonders zu berücksichtigen:

- Welche Vorerfahrungen hat der Interviewer mit dem Interviewpartner? Welche Beziehung besteht zwischen ihnen?
- Wie bewältigt die/der Befragte die Interviewsituation?
- Wie stellt sich die/der Befragte in ihrer/seiner Beziehung zum Interviewer selbst dar?
- Welche Gefühle bestehen beim Interviewer gegenüber der/dem Befragten?

Insgesamt also: Von entscheidender Bedeutung ist hier die Berücksichtigung des „settings", in dem der Interviewtext entstanden ist.

Als *Fremdaufzeichnung* wird jene Form des Tagebuchs angesprochen, bei der fremde Beobachtungsobjekte beschrieben werden. Mit dieser Form ist die Chance gegeben, daß Beobachtungsergebnisse aufgezeichnet werden, die weniger durch Reaktionen auf die wahrgenommenen Ereignisse beeinflußt sind als bei den Selbstaufzeichnungen (= nicht-reaktive Ergebnisse). Beobachtet wird, was der Beobachtende als wichtig ansieht. Als Einheiten werden meistens abgeschlossene Situationen oder „Anekdoten" gewählt. Damit gilt das Verfahren als „schwach systematisiert".

In vielen Ausbildungsstätten für Erzieherinnen, Sozialpädagogen oder Lehrer gehört es zu den Aufgaben der Lernenden, in bestimmten Praktikumssituationen ein Beobachtungstagebuch zu führen. Welche außerordentliche Bedeutung das Beobachtungstagebuch oder die „anekdotischen Berichte" für die Selbstkontrolle pädagogischer Mitarbeiter, für die psycho-soziale Diagnose einzelner Kinder wie für die Beurteilung der Arbeitssituation haben können, beschreibt z.B. BRUNO BETTELHEIM[5] in seinen Büchern über die therapeutische Heimerziehung an der Orthogenic School in Chicago.

---

5) Z.B. B: BETTELHEIM: Liebe allein genügt nicht. Stuttgart 1979, oder So können sie nicht leben. München 1985.

(2) *Das Verlaufsprotokoll (oder Verhaltensprotokoll).* Die Bezeichnung gibt hier schon das Ziel der Methode an: Das gesamte Verhaltensgeschehen während einer bestimmten Zeitspanne soll in seinem ununterbrochenen Ablauf unmittelbar und möglichst genau aufgezeichnet werden. Dabei wird die Umgangssprache verwendet. Die Zielsetzung eines solchen Verfahrens könnte z.B. darin bestehen, ein Kind oder einen Jugendlichen im Rahmen einer Gruppe oder betimmter Situationen besser kennenzulernen. Oft lassen sich dann aus dem Überblick über die verschiedenen Verhaltensbereiche bestimmte Beobachtungskategorien für die gezielte systematische Beobachtung gewinnen.

Regeln für Verlaufsprotokolle[6]

- Konzentriere Dich auf das Verhalten und die Situation der zu beobachtenden Person.
- Beschreibe so vollständig wie möglich die Situation der Beobachtungsperson (z.B eine andere Person spricht die Person an; worüber spricht sie?).
- Ersetze niemals die sorgfältige Beschreibung durch Interpretation. (Sollen Interpretationen gegeben werden, dann nur in der Umgangssprache formuliert und in Klammern gesetzt.)
- Berichte der Reihenfolge nach alle Hauptschritte des Verlaufs einer Aktion.
- Beschreibe zu Anfang etwas detaillierter die Beobachtungssituation.
- Fasse nicht mehr als eine Aktion der zu beobachtenden Person in einen Satz.
- Fasse nicht mittels Zeitspannen (z.B. „von . . . bis . . . spielte David mit Lego.“) zusammen.
- Im Minutenabstand sollte eine Zeitmarkierung am Rande angebracht werden.
- Die Aufzeichnung soll an Ort und Stelle erfolgen. (Sie kann später in Reinschrift übertragen oder diktiert werden.)
- Der einzelne Beobachter sollte höchstens 30 Minuten beobachten. Soll länger beobachtet werden, wechseln die Beobachter in diesem Rhythmus.

6) Vgl. G. FASSNACHT: Systematische Verhaltensbeobachtung. München 1979, S. 175–191.

(3) *Ereignisbeschreibung.* Bei diesem Verfahren werden bestimmte problematische Vorfälle oder Ereignisse mit Hilfe der Umgangssprache beschrieben. Dabei interessiert das gesamte Verhalten. Wichtig ist, daß die genaue Abfolge der Verhaltensweisen beschrieben wird, (einschließlich Anlaß und Ausgang des Vorfalls). Es werden weder Zeiteinheiten festgelegt, noch wird die Dauer der Beobachtungszeit im voraus begrenzt; sie richtet sich jeweils nach der Dauer des beobachteten Ereignisses. Festgelegt werden vorweg nur die allgemeinen problematischen Ereignisse, wie z.B. Streitfälle im Kindergarten, Wutausbrüche, aggressive Verhaltensweise, Angstreaktionen, Kontaktaufnahme, Entscheidungsprozesse, Problemlösungen durch Gruppenmitglieder usw. Darüberhinaus ist nur ein grobes Schema vorgegeben:

1. Wann und wo spielte sich der Vorgang ab?
2. Was tat und sagte die beobachtete Person? Was taten andere direkt Beteiligte?
3. Was denken Sie, warum sich die beobachtete Person so verhielt? (Vgl. Anhang!)

Dieses Verfahren wird umso effektiver, je mehr Möglichkeiten bestehen, Verhalten in wechselnden Situationen und unter verschiedenen Bedingungen zu beobachten.

Die drei bisher skizzierten Vorgehensweisen werden als „Verbal-Systeme" bezeichnet. Sie haben gemeinsam, daß die beobachteten Verhaltensweisen in der normalen Umgangssprache aufgezeichnet werden. Bei den beiden folgenden Systemen handelt es sich eigentlich auch noch um verbale Beobachtungssysteme, jedoch mit dem Unterschied, daß der verwendete Wortschatz gegenüber der natürlichen Sprache massiv eingeschränkt ist und daß auf Aussagen in Form von Sätzen verzichtet wird. Sie werden deshalb als „Nominal-Systeme" bezeichnet. Der erste Typ eines nominalistischen Systems ist das „Begriffssystem", ein zweiter Typ das „Kategoriensystem".

(4) *Begriffs-Systeme (Zeichen-Systeme).* Das Kernstück dieser Systeme ist eine Sammlung sprachlicher Zeichen (Begriffe), die aus Adjektiven, Substantiven oder Verben bestehen. Mit ihnen werden Eigenschaften des Beobachtungsgegenstandes benannt oder Verhaltensweisen charakterisiert (Verlaufseigenschaften). Mit den Wörtern soll nicht eine theoretische Stukturierung, eine Typologie oder eine Persönlichkeitstheorie dargestellt werden. Es geht nur darum, für mehr oder weniger begrenzte Verhaltensbereiche (in Ausnahmefällen für die Gesamtpersönlichkeit) die Wahrnehmungsfähigkeit zu schärfen. Die Begriffe dieser Systeme sind verwendungsoffen. Damit ist gemeint: Sie können mehrfach auftreten, in unterschiedlicher Funktion und an verschiedenen Stellen des Beurteilungsprozesses. (So könnte z.B. „locker" den Gang der beobachteten Person in der konkreten Situation, die typische Gestik, das Tempo oder auch das gesamte seelische Gefüge eines Menschen bezeichnen.) Die Bezeichnung voll-

zieht sich psychologisch gesehen, indem der Begriff dem Wahrnehmungsinhalt zugeordnet wird (Attribuierung). Häufig sind Begriffssysteme mit Verfahren zur quantitativen Erfassung des Verhaltens kombiniert.

Eine besonders umfangreiche Begriffskartei einschließlich einer ausführlichen Begründung und Anleitung dazu enthält das Buch „Psychostudio“ von GÜNTHER H. RUDDIES (1976). Weniger umfangreiche Beispiele finden sich im Anhang dieses Buches.

(5) *Kategorien-Systeme.* Die durch vorgegebene Kategorien geleitete Fremdbeobachtung ist eine besonders häufige, vielfach variierte Beobachtungsaufgabe. Bei diesem Verfahren handelt es sich um eine stark systematisierte Beobachtung.

Zu Kategorien-Systemen mit wissenschaftlichem Anspruch gehört eine theoretische Begründung. Darin wird der zu beobachtende Verhaltensbereich zunächst analysiert. Möglichst deutlich werden die begrifflich erfaßten Verhaltenselemente von den Faktoren, die das Verhalten bestimmen, getrennt. Es werden Beobachtungskategorien gebildet; und es wird nichts registriert, was nicht unter eine der Beobachtungskategorien fällt. Das System der Kategorien ist im Idealfall logisch geschlossen: Die Kategorien schließen sich gegenseitig aus und überschneiden sich nicht. Es gibt auch keine Rest-Kategorie. Somit muß jede Verhaltensweise in eine Kategorie fallen.

Außerdem werden Beobachtungs-*Einheiten* festgelegt: Dabei wird definiert, was als „abgeschlossene Handlung“ zählen soll. Schließlich werden noch die Bedingungen der Beobachtungssituation festgelegt, um vergleichbare kontrollierte Beobachtungen zu ermöglichen.

Der Beobachtende muß bei diesem Verfahren ständig Urteile abgeben und die Verhaltensweisen nach den vorgegebenen Kategorien klassifizieren. Das bedeutet: Er ist jeden Augenblick beschäftigt. Er muß die klassifizierten Verhaltensweisen zumindest registrieren; oft wird erwartet, daß er Verhaltensbeispiele auch skizzierend beschreibt oder sogar noch deutend kommentiert.

Manchmal wird zwischen „Beobachtungs*bögen*“ und „Beobachtungs*schemata*“ unterschieden: In beiden Fällen sind bestimmte Beobachtunskategorien vorgegeben, doch in unterschiedlichem Maße erläutert. Beim Beobachtungsbogen ist nicht näher definiert, was unter den einzelnen Kategorien zu verstehen ist. Beim Beobachtungsschema dagegen ist der Inhalt der Kategorie ausführlich beschrieben; das erleichtert dann die Verständigung zwischen verschiedenen Beobachtern.

(6) *Quantifizierungssysteme (Dimensional-Systeme).* Mit diesen vornehm klingenden Oberbegriffen sind Verfahren gemeint, die technisch gesehen keine großen Schwierigkeiten bereiten. Die einfachste Weise, Verhalten quantitativ zu erfassen, besteht darin, bestimmte Verhaltenseinheiten oder Ereignisse zu zählen. Dazu genügt eventuell eine Strichliste.

Beim Zählen wird Verhalten nur in einer Dimension, unter einem Aspekt aufgezeichnet: dem der *Häufigkeit.* (Deshalb wird auch von Dimensional-Systemen gesprochen.) Das Zählen von Verhaltenseinheiten verlangt lediglich, daß die Einheiten in der Wahrnehmung aufgrund von bestimmten Kriterien eindeutig abgegrenzt werden. Solche Abgrenzungskriterien sind nicht immer leicht zu finden; sie sind entweder im Hinblick auf eine zu prüfende Hypothese festzulegen, aus einer Theorie abzuleiten oder pragmatisch zu vereinbaren.

Als gezählte Rohwerte kommen in Frage:

- die Gesamtzahl der Ereignisse/Verhaltensweisen
- die Häufigkeit des Vorkommens pro Zeiteinheit.

Auch die *Dauer* bestimmter Verhaltensweisen oder Ereignisse läßt sich relativ leicht feststellen. Die Zeitmessung ist kein Problem; es bleibt nur wahrnehmungsmäßig festzustellen, wann ein bestimmter Verhaltensinhalt anfängt und endet. Das ist nur mit einer gewissen Unschärfe möglich. Als Meßwerte kommen in Frage:

- die Dauer der einzelnen Verhaltensweise, evtl. längste, kürzeste, durchschnittliche Dauer
- die Gesamtzeit des Vorkommens einer Verhaltensweise
- die Dauer der gezeigten Verhaltensweise pro Zeiteinheit.

Geht es darum, die Intensität von Verhaltensweisen oder Verhalten als ein Ganzes zu erfassen, so ergeben sich recht schwierige methodische Probleme. Meistens werden diese Aspekte des Verhaltens mit Hilfe von *Rating-Skalen* eingeschätzt (→ Kap. 5). Ein häufig verwendetes Verfahren, um die Dauer sowie die Häufigkeit von Verhalten grob zu bestimmen, ist die *Zeit-Stichprobe* (Zeit-Teil-Methode, „time-sampling"). Ein einfaches Beispiel

Abb.: Beispiel zur Zeit-Stichprobe: Aufzeichnung von Verhaltenskurven (Die tatsächliche Beobachtungszeit beträgt 15 – 30 Minuten.)

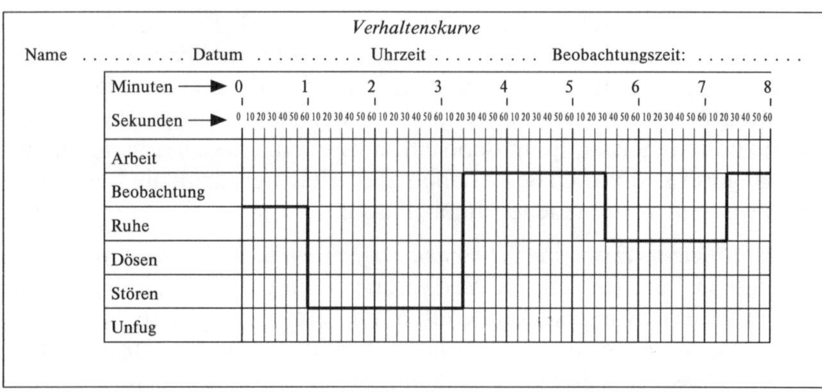

zu diesem Verfahren ist in L 2 angeführt. Das wesentliche Element ist die kurze Zeiteinheit (zwischen 5 Sek. und 1 Minute), in bezug auf die der Beobachtende das Auftreten des Verhaltens notiert. Es wird gleichsam ein Raster von kurzen, einheitlichen, zusammenhängenden Zeitintervallen über den Verhaltensfluß gelegt. Im Unterschied zu dem Beispiel in L 2 werden meistens im voraus bestimmte zu beobachtende Verhaltensweisen festgelegt. Diese Verhaltensweisen werden dann nach einem Alles-oder-Nichts-Entscheid codiert[7].

Die Wahl des Beobachtungssystems

Grundsätzlich läßt sich entsprechend den interessierenden Beobachtungsgegenständen und den beliebig zu bildenden Beobachtungseinheiten auch eine beliebige Zahl von Beobachtungssystemen entwickeln. Welches Verfahren ich wähle und wie ich es im einzelnen gestalte, hängt von folgenden Fragen ab:

- Welche Person/Personen will ich wo, wann, wie lange beobachten?
- Was soll Gegenstand der Beobachtung sein: Was will ich genau beobachten (spontane Verhaltensweisen, besondere Reaktionen auf bestimmte Umstände oder Verhaltensweisen anderer, Kommunikation, Konfliktverhalten usw.)?
- Warum will ich beobachten (was will ich z.B. fördern, wen stören bestimmte Verhaltensweisen)?
- Wie weit will ich Zusammenhänge und Hintergründe der Beobachtungssituation mit berücksichtigen?
- Wie soll die Beobachtung ablaufen?
- Welche Mittel brauche ich?
- Mit wem kann ich eventuell gemeinsam beobachten, um die Ergebnisse zu vergleichen und zu verbessern?

Zur Vertiefung:

GERHARD FASSNACHT: Systematische Verhaltensbeobachtung. München 1979

7) Vgl. FASSNACHT, a.a.O., S. 135–145.

5. Vom Beschreiben zum Beurteilen

oder: Die Beurteilung als der eigentliche Zweck der Beobachtung

L 5

Beurteilt wird überall und immerzu, sowohl im Alltag wie im beruflichen Handeln sozialpädagogischer Mitarbeiter.

(a) „Du spinnst wohl!“ – „Jetzt bist Du nicht mehr mein Freund.“ (Äußerungen während des Freispiels in einer Kindergartengruppe).

(b) „Oliver liebt Petra.“ „Carmen ist doof“ (Kreideinschriften an einer Mauer in Celle).

(c) „In euren Sprengköpfen ist kein Funken Verstand“ (Graffiti an einer Mauer in Göttingen).

(d) „Also, da bin ich ganz sicher, daß Patrick schulreif ist. Er spielt meistens sehr konzentriert. Er kann verlieren, ohne gleich zu weinen. Und wenn wir in der Gruppe etwas planen, beteiligt er sich immer. Feinmotorisch ist er sehr geschickt, z.B. so beim Schneiden und Kleben. Er ist selbständig und kann sich vollkommen allein anziehen, auch die Schuhe zubinden. Er möchte auch selbst gern, daß er zur Schule kommt.“ (Aussage einer Erzieherin auf die Frage nach der Schulreife eines Kindergartenkindes)

(e) „Hervorzuheben ist, daß Frau N. es versteht, in den Besprechungen die Positionen und Interessen der Jugendlichen in einfühlsamer Weise wiederzugeben. Sie tut dies engagiert und zeigt damit eine wohlverstandene pädagogische Haltung. Damit vermittelt sie nicht nur menschliche und pädagogische Empathie, sondern sie grenzt sich auch gegen starre und rein normative Positionen ab . . .“ (Aus der Beurteilung des Berufspraktikums einer Erzieherin).

Die angeführten Beispiele enthalten Beurteilungen unterschiedlicher Art: private und berufliche, pauschale und differenziertere, von Kindern und von Erwachsenen abgegebene. Die Vielfalt der Situationen, in denen Beurteilungen eine wesentliche Rolle spielen, geht über diese wenigen Beispiele weit hinaus: Täglich entscheiden wir z.B. über Art und Dauer unserer Kontakte in zwischenmenschlichen Beziehungen, also darüber, wer als Partner oder Freund infrage kommt; wir wählen Politiker, Parteien, Vereinsvorstände oder Personalvertreter; wir beurteilen ebenfalls Organisationen, Waren oder Weltanschauungen; nach bestimmten Regeln wird über die Einschulung, die Schullaufbahn oder die Berufseignung entschieden; in sozialpädagogischen Einrichtungen wird tagtäglich über individuelle pädagogische Maßnahmen entschieden, oder es wird beurteilt, wie ein Beratungsgespäch mit einem Klienten angelegt werden kann.

T 5

Beurteilung als Alltagshandeln

Jeder Mensch beurteilt andere Menschen, sobald er Kontakt mit ihnen hat. Diese Beurteilungen sind keineswegs – wie manchmal behauptet wird – unnatürliche, gekünstelte, „bürokratische" Vorgänge, sondern ganz normale Bestandteile unseres Alltags. In ihnen erfassen und bewerten wir individuelle Merkmale, Gemeinsamkeiten und Unterschiede von Personen oder Situationen.

In den Beispielen (a) bis (e) handelt es sich um *explizite*, ausdrückliche und offensichtliche Beurteilungen, daneben gibt es *implizite*, unausgesprochene Beurteilungen, die sich nur indirekt an ihre Auswirkungen erkennen lassen: Ein Reisender steigt z.B. in einen Zug, geht abwartend den Gang entlang und entscheidet sich schließlich für eine bestimmten Sitzplatz – offensichtlich, weil dort eine sympathisch wirkende oder zumindest nicht unsympathische Person sitzt. „Explizite Beurteilungen sind dadurch gekennzeichnet, daß die wesentlichen Schritte bewußt erfolgen und verbal kommunizierbar sind, beispielsweise durch Ausfüllen eines Zeugnisses oder eines Beurteilungsbogens. Bei impliziten Beurteilungen entstehen Eindrücke über andere Personen oder ausdrückliche Reflexionen, Kommunikation oder gar schriftliche Festlegung; die Existenz dieser Eindrükke kann nur indirekt aus dem beobachtbaren Verhalten des Beurteilers erschlossen werden."[1]

Alle Beurteilungen haben ihre Ausgangsbasis in Beobachtungen. Ein bestimmter Weg führt von der Beobachtung zur Beurteilung: die *Interpretation.* Dabei sind zwei Formen besonders wichtig: das Deuten und das Erklären.

Deuten

Vielfach ist das Zwischenglied zwischen Beobachtung und Beurteilung eine Deutung des beobachteten Verhaltens. Die Deutung vermittelt zwischen wahrgenommenem Ausdruck und verarbeitetem Eindruck, zwischen Beobachtetem und Beobachter. Stellen wir uns beispielsweise vor: In der Dämmerung steuert ein wild gestikulierender, ungepflegter Mann auf eine junge Frau zu. Natürlich fragt sie sich sofort: Was mag er vorhaben? Will er mich nach der Uhrzeit oder nach dem Weg fragen, will er mich angreifen, oder braucht er Hilfe? Ist er verletzt, betrunken oder geistig verwirrt? Die Frau wird nicht bei der Beobachtung des Verhaltens stehenbleiben, sondern zu deuten versuchen, was dahinterstecken könnte.

---

1) S. PREISER: Personwahrnehmung und Beurteilung. Darmstadt 1979, S. 2.

Ihre Reaktion wird mitbestimmt sein davon, wie sicher sie sich fühlt, wie selbstbewußt sie ist, also von Erfahrungen und Einstellung. Ob ihr gewonnener Eindruck mit dem übereinstimmt, was der Mann ausdrücken wollte, hängt davon ab, ob ihr der Brückenschlag einer zutreffenden Deutung gelingt. Auch der Mann denkt sicherlich etwas, trägt Gefühle und Absichten mit sich herum, die sie aber nicht direkt sehen kann. Er besteht ja nicht nur aus dem Verhalten, sondern zu seiner ganzen Person gehört auch sein Erleben. Diese Seite seiner Person kann sich die Frau nur deutend erschließen. In diesem Fall hängt davon ihre Entscheidung ab, wie sie sich zweckmäßig verhalten soll. Doch riskant sind Deutungen allemal.

Das gilt auch für jede der zahllosen Entscheidungen, die Sozialpädagogen im Laufe ihres beruflichen Lebens zu fällen haben und bei denen sie sich um eine zutreffende Deutung und anschließende Beurteilung des Verhaltens bemühen müssen. Solche Beurteilungen haben vielfach große praktische Tragweite, zuweilen sogar „schicksalhafte" Bedeutung, und zwar sowohl für den Beurteilten wie für den Beurteilenden. Sie verlangen deshalb in besonderem Maße überlegtes Vorgehen, Übung und soziale menschliche Verantwortung seitens der Beteiligten.

Eine Erzieherin beobachtet z.B. während des Freispiels in einer Kindergartengruppe: Andreas läuft zum Bauteppich und stößt mit der Hand den Turm um. – Wie bei jedem wahrgenommenen Verhalten sind hier zunächst viele Deutungsmöglichkeiten gegeben: Handelt es sich um eine Ungeschicklichkeit, um Übereifer oder um Rache, Aggression, um eine absichtliche Zerstörung oder um den Spaß am scheppernden Geräusch der fallenden Klötze oder um einen Versuch, auf sich aufmerksam zu machen, oder noch um etwas anderes? Beim Deuten geht es darum, ein bestimmtes Verhalten zu einem Begriff (bzw. einem begrifflichen Modell), zu einer allgemeineren Verhaltenstendenz oder einem Pesönlichkeitsmerkmal in Beziehung zu setzen oder mit anderen Ereignissen zu verknüpfen. Auf diese Weise bekommt die beobachtete Verhaltensweise einen zusätzlichen, vielleicht auch einen ganz neuen Sinn. (Vgl. bereits Kap. 4!) Gefährlich ist es allerdings, sich gleich auf den ersten besten Einfall festzulegen; vielleicht auf die Deutung: „Andreas ist eifersüchtig auf seinen kleinen, vor sechs Monaten geborenen Bruder." Solche vorschnellen, „frühreifen" Deutungen führen allzu leicht in die Irre. Es ist gut, als beruflich Beobachtender und Beurteilender zunächst mehrere Hypothesen und Deutungsmöglichkeiten zu sammeln und zu prüfen. Natürlich reagieren wir manchmal „instinktiv" richtig, greifen auf Erfahrungen oder angeblich bewährte Rezepte zurück. Doch für ein verantwortliches berufliches Handeln reicht das in vielen Fällen nicht aus. Wie können wir aber zu einer begründeten Deutung kommen? Wie können die vielen Deutungsmöglichkeiten eingeschränkt werden? Die Antwort lautet: durch das Ausschlußverfahren. Diese Methode beginnt mit dem Grundsatz, eine Einzelbeobachtung, ein Einzelsymptom nicht überzubewerten. Stattdessen sollen wir auf weitere Verhaltensweisen achten, die eine solche Einzelbeobachtung bestätigen, stützen oder relativieren. Das Wesentliche dieses Verfahrens besteht darin, eine *„Symptomreihe"* zu bilden. (Dieses Vorgehen ist bei der Schulreifebeurteilung der Erzieherin im Beispiel (d) erkennbar.)

Die zutreffende Deutung einer typischen Verhaltensweise, Situation oder eines bestimmten Merkmals sagt aber noch nichts über deren *Stellenwert* innerhalb der Gesamtpersönlichkeit aus. Es könnte ja sein, daß sich der erwähnte Andreas im Kindergarten ganz anders verhält als zu Hause oder mit Freunden in der Nachbarschaft, daß also eine eventuell im Kindergarten typische Verhaltenstendenz in anderen Lebensbereichen nicht zu beobachten ist.

Wenn wir den Stellenwert einzelner Merkmale bestimmen wollen, kommt es auch darauf an, die richtigen Begriffe zu wählen. Was will ich aussagen? Soll es sich z.B. um „ein aggressives bzw. ungeschicktes *Kind"* handeln? Oder nur „Aggressivität bzw. Ungeschicklichkeit" als *Eigenschaft*? Oder ist lediglich ein bestimmtes aggressives bzw. ungeschicktes Spiel*verhalten* gemeint. Die Wortwahl verändert hier die Aussage. Sie muß deshalb wohl überlegt und begründet sein.

Das Deuten vollzieht sich in mehreren Schritten:

(1) Einzelne Verhaltensweisen werden mit allgemeineren Vorstellungen oder anderen Ereignissen in Verbindung gebracht.
(2) Durch das Einbeziehen früherer oder nachfolgender Beobachtungen wird geklärt, ob es sich um eine „zufällige", einmalige oder „typische" Verhaltensweise handelt.
(3) Durch das Bilden einer Symptomreihe werden unzutreffende Deutungen ausgeschlossen und der Bereich bestätigter, zutreffender Deutungen eingegrenzt.
(4) Der Stellenwert eines gedeuteten Merkmals oder einer gedeuteten Situation wird bestimmt. Dabei kommt es auch auf die richtige Zuordnung von Begriffen an.

Erklären

Die Erklärung bildet ein weiteres Zwischenglied zwischen Beobachtung und Beurteilung. Wenn ich ein beobachtetes Verhalten, eine Erscheinung oder eine Deutung erkläre, so gebe ich an, *warum* etwas der Fall ist, warum ein Sachverhalt so und nicht anders besteht.

In ihrer einfachsten Form besagt die Erklärung, daß zwischen zwei Sachverhalten ein Bedingungsverhältnis besteht.

Als ich Olaf heute morgen nach seinem Vater fragte, stotterte er. – Der eine Sachverhalt ist Bedingung für den anderen.

Erklärungen setzen voraus, daß mindestens zwei Sachverhalte beschrieben sind. Kein Sachverhalt kann für sich allein etwas erklären; zu einer Erklärung kann ein Sachverhalt nur in bezug auf einen anderen Sachverhalt werden. Denn bei Erklärungen wird etwas über Abhängigkeiten, über den Zusammenhang von Bedingungen und Folgen ausgesagt.

Nun wird man in den meisten Fällen noch weiter fragen. Man wird wissen wollen, warum die Frage nach dem Vater bei Olaf das Stottern auslöste. In diesem Fall muß die Erklärung dann noch etwas über das „Zwischen", über das unsichtbare Feld zwischen Sachverhalt A und B aussagen. Sie beschreibt, wie Bedingungen und Folgen, wie A und B zusammenhängen. In unserem Beispiel des Stotterns könnte es sich dabei um Angaben über Gefühle, Vorstellungen, um die Beziehung zwischen Vater und Sohn sowie um kompliziertere physiologische Vorgänge handeln.

Die Grundstruktur von Erklärungen

beschriebener Sachverhalt A (zeitlich vorhergehend)	→	*Erklärung* 1. als Bedingungsverhältnis (*daß* A Bedingung für B) 2. als inhaltlich-theoretischer Zusammenhang (*wie* A und B zusammenhängen)	→	beschriebener Sachverhalt B (nachfolgend)

Indem ich erkläre, leite ich den zu erklärenden Sachverhalt aus den erklärenden Daten oder Ereignissen (als der Erklärungsgrundlage) ab. Die gedankliche Vermittlung zwischen dem zu Erklärenden und der Erklärungsgrundlage geschieht durch mehr oder weniger theoretische Aussagen. Dabei liefert das psychologische Wissen jedoch nicht automatisch richtige und gute Erklärungen. Es bedeutet zunächst nur eine gewisse Hilfe, bestenfalls eine besondere Geschicklichkeit, Erklärungen für menschliches Verhalten zu finden oder zu ersinnen.

Diese Erklärungen mögen nun zutreffen oder nicht – so oder so können sie nicht bewiesen werden. Sie stellen nur Hypothesen dar. Sie machen etwas plausibel; sie nennen wahrscheinliche Bedingungen dafür, daß der zu erklärende Sachverhalt eingetreten ist.

Nicht selten besteht eine Schwierigkeit darin zu entscheiden: Ist A die Bedingung für B oder B die Bedingung für A? Oder existiert noch eine andere, gemeinsame Bedingung für die Erscheinungen A und B? Diese Schwierigkeit taucht insbesonders bei Erklärungen für Erscheinungen in Gruppenprozessen auf. Z.B. Kinder reden einerseits viel und geschickt, und andererseits sind sie beliebt und einflußreich; oder Kinder sitzen viel vor dem Fernsehgerät und sind zudem besonders aggressiv – was ist da nun Bedingung, was Folge?

Außerdem gilt es zu beachten: Welche Zusammenhänge ich auch finden, in welche Richtung ich bestimmte Sachverhalte auch erklären mag – meine Erklärungen gelten praktisch nie absolut. Eine bestimmte Erscheinung ist nicht auf eine einzige Bedingung zurückzuführen; eine Bedingung verursacht nicht, sondern begünstigt nur bestimmte Folgen. Deshalb ist es in jedem Falle angemessener, im psychosozialen Bereich von „Bedingungen" als von „Ursachen" zu sprechen. Und wo dennoch von „*der* Ursache" geredet wird, kann das nur den Sinn haben, eine bestimmte Bedingung als besonders wichtig hervorzuheben.

Jede Einzelerklärung gilt nur in eingeschränkter Weise. Jeder Faktor hat nur ein relatives Gewicht und ist innerhalb eines *Gefüges von Bedingungen* zu sehen. Mit irgendeiner Einzelbedingung kann ich weder z.B ein ängstliches Verhalten noch Hilfsbereitschaft, Alkoholismus, Haß auf Ausländer oder irgendeine andere Eigenschaft erklären. Stets ist zu fragen, welche Faktoren wie zusammenwirken, wie sie sich wechselseitig ergänzen, verstärken oder hemmen.

Beurteilung als Entscheidung

Eine Be-Urteilung geht aus der Kombination mehrerer Informationen oder Einzelurteile hervor. Besonders gut zu erkennen ist das bei der Schulreife-Beurteilung im Beispiel (d). – Grundsätzlich kann es sich bei den zu kombinierenden Informationen um Verhaltensbeobachtungen, Testergebnisse, körperliche Daten, Lebenslauf- oder Umweltdaten handeln. Auf dem Wege zum Beurteilungsergebnis werden in vielen Fällen noch deutende oder erklärende Zwischenglieder gebildet. Als Abschluß einer Beurteilung wird immer zwischen mehreren Möglichkeiten entschieden. Dabei handelt es sich entweder um

- die inhaltliche Auswahl: Welche Verhaltensweisen oder Merkmale sind kennzeichnend?
- Alternativentscheidungen: Ist das Merkmal vorhanden/nicht vorhanden? oder
- quantitative Entscheidungen: Wie stark ist das Merkmal ausgeprägt?

Beurteilungen sind niemals Selbstzweck. Normalerweise wird niemand auf die Idee kommen, andere Menschen zu beurteilen und dazu Informationen zu sammeln, um eventuell irgendeinem neugierigen Psychologen seine Ergebnisse mitteilen zu können. Beurteilungen stehen vielmehr fast immer im Dienst praktischer Entscheidungen: Sie steuern unser Handeln in den verschiedensten Alltagssituationen.

Allerdings geht es beim Beurteilen fast nie um die bloße Feststellung eines augenblicklichen Zustandes oder Vorganges; in der Regel ist auch eine Prognose eingeschlossen, d.h. eine mehr oder weniger begründete Vermutung über zukünftiges Verhalten (vgl. dazu Kap. 6).

A 5

Formen der Beurteilung (Auswahl)

Für die explizite, sprachlich formulierte Beurteilung kommen vor allem die folgenden Formen infrage:

(1) *Beurteilung mit Eigenschaftsbegriffen*: Im privaten wie im beruflichen Alltag beurteilen wir tagtäglich mit Hilfe von Eigenschaftswörtern. Wir beschreiben dann nicht Beobachtungen oder Erlebnisse, sondern wir deuten. Wir können nicht *sehen,* ob ein Mensch „aggressiv“, „sensibel“, „autoritär“ oder „egoistisch“ ist, sondern wir schätzen ihn so ein. Indem wir ihn mit einem bestimmten Eigenschaftsbegriff belegen, versuchen wir, eine Reihe von Einzelwahrnehmungen (die mehr oder weniger subjektiv ausgewählt sind) unter einem Begriff zusammenzufassen.

Solche Beurteilungen mit Eigenschaftsbegriffen sind aus mehreren Gründen problematisch:

- Eigenschaften sind nicht beobachtbar: Eigenschaftsbegriffe beinhalten vielmehr erschlossene, subjektive Einschätzungen.
- Eigenschaftsbegriffe sind nicht eindeutig: Sie berücksichtigen nicht die sich ändernden Bedingungen für Verhalten und Erleben eines Menschen.
- Sie enthalten immer eine Überverallgemeinerung: Kein Mensch ist immer nur „sensibel“, „autoritär“ oder „egoistisch“.
- Sie führen zu relativ starren Erwartungen an das Verhalten anderer Menschen (Etikettierungen); der Spielraum für die Wahrnehmung von Verhaltensänderungen wird eingeengt. Abweichungen von diesen Erwartungen werden negativ beurteilt (als „Aus-der-Rolle-fallen“).
- Zugeschriebene Eigenschaften beeinflussen leicht das Selbstbild des Beurteilten: Sie wirken dann als „Sich-selbst-erfüllende-Prophezeiungen“.
- Eigenschaftsbegriffe enthalten oftmals gleichzeitig auch schon eine Bewertung (als richtig/falsch, gut/schlecht): Wird von einem Kind z.B. gesagt, es sei „sehr temperamentvoll“ oder „lebendig“, so sind hier zusammenfassende Einschätzung und Bewertung miteinander verquickt. Es bleibt zunächst offen, ob das Verhalten des Kindes als positiv oder negativ angesehen wird. Der Ton und der Zusammenhang der Situation geben dann weiteren Aufschluß über die Bewertung.

Mit diesen Bedenken wollen wir jedoch keineswegs jegliche Verwendung von Eigenschaftsbegriffen in Bausch und Bogen ablehnen. Die Beurteilungsaufgaben im Alltag fordern von uns nun einmal, eine große Fülle von Informationen überschaubar und für unsere Kommunikationspartner zugängig zu machen. Deshalb kommen wir nicht umhin, auch auf Einschätzungen mit Hilfe von Eigenschaftsbegriffen zurückzugreifen. Im Bereich schriftlicher beruflicher Stellungnahmen (Berichte und Gutachten) allerdings müssen Eigenschaftszuschreibungen vermieden werden. Die notwendige Verständigung über das Verhalten und Erleben führt dann am wenigsten zu Mißverständnissen, wenn der Beurteilungsprozeß zumindest ansatzweise nachvollzogen werden kann. Das ist der Fall, wenn seine Ausgangsbasis in beschriebenen Beobachtungen besteht.

(2) *Freiformulierte Beurteilung:* Die Beurteilung wird hier in der Alltagssprache formuliert. Sie sollte möglichst konkret und „nah" am beobachteten Verhalten ausgerichtet sein. (In manchen Fällen ist eine präzise Verhaltensbeschreibung sogar nützlicher als eine Beurteilung, bei der ein eindeutiger Maßstab fehlt.) Auch in freiformulierten Beurteilungen sollte nur eine begrenzte Anzahl von Merkmalen (= Verhaltensbereichen) beurteilt werden, optimal eins, höchstens sieben.

Nachteile dieser Form: hohe sprachliche Anforderungen, geringe Vergleichbarkeit.

(3) *Merkmalslisten (Checklisten):* Aus einer Merkmalsliste sind diejenigen Merkmale anzukreuzen, die man für zutreffend hält. Die Auswahl ist entweder frei, oder der Beurteiler muß jeweils aus mehreren vorgegebenen Eigenschaften die am ehesten zutreffende auswählen.

Nachteile: Die abgestufte Ausprägung der Merkmale ist nicht berücksichtigt; Fehler durch Begrenzung der vorgegebenen Urteilsalternativen; bei freier Auswahl hängt das Ergebnis von der Antwortbereitschaft ab, bei Zwangsauswahl entsteht unter Umständen Abwehr durch psychischen Druck.

(4) *Numerische Skalen:* Die abgestufte Ausprägung eines Merkmals ist in Form einer Punktbewertung quantitativ zu beurteilen. Meistens werden die Punktwerte auch sprachlich umschrieben. Beispiel: Wie fühle ich mich in dieser Gruppe?

1. Sehr unbehaglich
2. Ziemlich unbehaglich
3. Etwas mehr unbehaglich als wohl
4. Weder unbehaglich noch wohl/beides in gleichem Maße
5. Eher wohl als unbehaglich
6. Ziemlich wohl
7. Sehr wohl

Nachteile: Ein gleicher Abstand zwischen den Stufen wird vorgetäuscht, aber nicht kontrolliert; unterschiedliche (subjektive) Maßstäbe verschiedener Beurteiler.

(5) *Graphische Schätzskala (Ratingskala):* Die abgestufte Ausprägung eines Merkmals wird beurteilt, indem ein Punkt auf einer graphischen Skala

markiert wird. Meist sind graphische Schätzskalen mit einer Zahleneinteilung kombiniert (auch Zwischenwerte bleiben möglich).

Z.B. „Kreativität“

schwach						stark
1	2	3	4	5	6	7

Die Pole der Skala können auch durch Beispiele oder Stichworte umschrieben werden, z.B.

flexibel umstellungs- fähig beweglich	1	2	3	4	5	6	7	rigide starr unbeweg- lich

Die Anzahl der gleichzeitig in einem Beurteilungsgang gut voneinander zu unterscheidenden Abstufungen beträgt etwa sieben (zwischen fünf und neun). Es hat also keinen Sinn, Schätzskalen mit wesentlich mehr Abstufungen zu konstruieren. (Die Technik der Ratingskalen ist ausführlich dargestellt bei Langer/Schulz von Thun 1974.)

Nachteile: Wie bei numerischen Skalen; der gemeinte Abstand zwischen den Stufen kann jedoch besser angezeigt werden.

(6) *Gutachtliche Stellungnahme:* Hier geht es um eine komplexe Diagnose durch Fachpsychologen. Der Diagnostiker erhält eine Fragestellung, wählt passende Untersuchungsverfahren aus, führt Tests durch, interpretiert die Ergebnisse, stellt eine Diagnose und gibt eine Empfehlung ab (vgl. Kap. 13!).

Grundsätze bei der Beurteilung

(1) Burteilung ist ein Vorgang, der seine *Zeit* braucht, wenn er gelingen soll. Sowohl beim praktischen Beurteilen wie beim Training der Beurteilung ist zu beachten, daß der Beurteilungsprozeß sich aus mehreren *Phasen* zusammensetzt, in denen unterschiedliche Aspekte und Tätigkeiten eine Rolle spielen. (Diese Phasen sind in den Kap. 3–5 nacheinander beschrieben; ein zusammenfassendes Schema findet sich schon in der Einleitung.)

(2) Aber nicht nur Zeitdruck kann bei der Informationssammlung oder bei der Niederschrift der Beurteilung Fehler verursachen. SIEGFRIED PREISER formuliert folgende Regeln zu den *situativen Rahmenbedingungen* der Beurteilung:

„1. Nicht unter Zeitdruck beurteilen.
2. Äußere Störungen vermeiden.
3. Nicht in ermüdetem Zustand oder ungewöhlichen Stimmungen beurteilen.
4. Nicht zu viele Beurteilungen hintereinander abgeben.
5. Nach der Aufnahme gefühlsmäßig gefärbter Informationen einen ausreichenden Abstand zur Beurteilung einhalten.
6. Sämtliche benötigten Informationsquellen bereithalten."[2]

(3) Beurteilungen können als das Ergebnis von *Lernprozessen* gedeutet werden. Es geht in diesen Lernprozessen um das Sammeln, Klassifizieren und Ordnen von Wahrnehmungsdaten, um deren Verarbeitung und um das Finden eines angemessenen Beurteilungsmaßstabes. Das Verarbeiten der Informationen im Beurteilungsprozeß vollzieht sich nach bestimmten mehr oder weniger bewußten Regeln, die

- aus eigenen Erfahrungen,
- von anderen Personen und
- aus psychologischen Forschungsergebnissen/Theorien stammen können.

Es gibt Beurteiler, die in den verschiedensten Situationen immer wieder nach den gleichen Regeln, Ansätzen oder Strategien urteilen: Meist handelt es sich dabei um die Dimension „positiv/negativ" bzw. „sympathisch/unsympathisch", von deren Einschätzung alle weiteren Beurteilungen abhängen. Andere Personen dagegen haben zahlreiche unterschiedliche Konzepte als Hilfen zur Orientierung, Verarbeitung und als Beurteilungsmaßstab zur Verfügung. Diese Denk- und Orientierungshilfen sind durch Schulung erheblich zu erweitern und zu differenzieren (vgl. A 2!).

(4) Zur Berufsethik der sozialen Berufe gehört eine möglichst weitreichende *Offenheit.* Damit ist gemeint: Der Beurteilte soll wissen, wozu er beurteilt wird, welche möglichen Konsequenzen sich ergeben könnten, wem die Beurteilung mitgeteilt wird und was der Inhalt ist. Außerdem sollte die Beurteilungssituation von Gegenseitigkeit gekennzeichnet sein. Wenn es um die Beurteilung von Lehrern durch Schüler, von Vorgesetzten durch Mitarbeiter geht, haben wir in der Bundesrepublik immer noch großen Nachholbedarf gegenüber einigen anderen westeuropäischen Ländern oder den USA. Natürlich muß die mögliche Gegenseitigkeit der Beurteilung nicht immer auf formeller bzw. methodischer Ebene bestehen; der zu Erziehende, der Mitarbeiter oder Klient wird sich als Partner angenommen und ernstgenommen fühlen, wenn er auch Fragen stellen und seine Meinung zum Verhalten des Gegenübers äußern kann.

2) S. PREISER, a.a.O.; S. 90.

(5) Unter dem Gesichtspunkt eines verschärften *Datenschutzes* wird vielfach auch die notwendige Offenheit unter den Mitarbeitern neu diskutiert. Allerdings kann daran kein Zweifel bestehen: Gute Erklärungen und Beurteilungen sind ohne vorbehaltlose Offenheit und Zusammenarbeit unter den Mitarbeitern nicht möglich. Das schriftliche Material in Beobachtungstagebüchern, Protokollen, Akten usw. muß allen zugänglich sein, die die gemeinsame Arbeitsgrundlage (in Form der Erziehungsplanung, Behandlungsplanung, Gruppenarbeit) erarbeiten wollen. Andererseits muß gleichzeitig größter Wert auf *Diskretion* nach außen gelegt werden. Die Forderungen des Datenschutzes und der Schweigepflicht Außenstehenden gegenüber müssen allen Mitarbeitern nachdrücklich bewußt sein.[3] Diese Forderungen schließen auch die gewissenhafte Vernichtung aller Aufzeichnungen ein, die nicht mehr benötigt werden.

Weiterführende Literatur:

I. LANGER, F. SCHULZ VON THUN: Messung komplexer Merkmale in Psychologie und Pädagogik. Müchen 1974

S. PREISER: Personwahrnehmung und Beurteilung. Darmstadt 1979

3) Vgl. T. MÖRSBERGER (Hrg.): Datenschutz im sozialen Bereich. Frankfurt (Deutscher Verein) 1981.

6. Psychologisch-pädagogische Diagnostik

oder: Erkenne dich selbst in anderen!

L 6

„Deuten und Verstehen: Die Deutung des anderen ist Voraussetzung und weiterhin die Substanz für das Erleben der Kommunikation. Deuten ist hier ein Verstehen bis in seine differenziertesten Weisen. Das Verstehen wird umso reichhaltiger, je mehr die Äußerungen und Bekundungen eines Menschen in unserer Deutung die inneren Zusammenhänge, die sein Wesen strukturieren, erkennbar machen."[1]

Im Licht des gefühlshaften Erlebens und der Einstellungen, z.B. der Sympathie oder Antipathie, können verschiedene Deuter unterschiedliche und dennoch gleichrangige Bilder des zu Deutenden zeichnen, dessen immer neue Erscheinungsformen seines Wesens sie aus vielfältigen Handlungszusammenhängen erschließen müssen. Sie verstellen sich leicht durch vor-zeitige Interpretation („Vor-Urteil") innerhalb des nie fertig werdenden Deutungsprozesses den Zugang zur Persönlichkeit.

Abb.: Der Psychodiagnostiker deckt eine Familienkonstellation auf

Der Verzicht auf das Bemühen um differenziertes Verstehen verhindert, Lebenswirklichkeit und Vielfalt der Ausdrucksweisen des jeweils „Anderen" besser zu erfassen, und (ver)führt z.B. zu bloßen *Scheindiagnosen.* Sie erinnern an die bekannten „weißen Schimmel": „Andreas zeigt schlechte Schulleistungen, weil er Angst vor der Schule hat." – „Gabi

1) WENDT, C.-F.: Deutung und Wirklichkeit. Darmstadt 1984, S. 28.

schlug das Schwesterchen, weil sie böse auf es war.“ – „Die 16jährige lief von zuhause fort, weil sie sich mit den Eltern zerstritten hatte.“ . . . D.h.: Die Aussage des Nebensatzes soll die Feststellung des Hauptsatzes begründen, also dahinter liegendes psychisches Geschehen erfassen; aber beide beschreiben nur äußere Vorgänge.

Auch die Note in einem Unterrichtsfach oder der IQ in einem Intelligenztest stellen keine objektive Beurteilung dar, und der Name für eine Krankheit oder Verhaltensstörung ist zunächst nur ein Etikett und nicht gleichzusetzen mit ihr.

Zum *Ausgangspunkt psychodiagnostischer Untersuchungen* werden Störverhaltensweisen und daraus folgende individuelle Krisen, zwischenmenschliche und pädagogische Konflikte. Bei Erziehungsproblemem suchen Eltern eines Kindes oder Jugendlichen Antworten beim Psychologen, dessen Kompetenzbereich und Fähigkeiten sie meistens eher unter- oder überschätzen. Zur Vorstellung angeregt werden sie meist erst von Hausärzten, Lehrerinnen, Erzieherinnen, die entweder selbst Symptome beobachtet haben, die den Eltern „nicht bekannt“ sind, die die Eltern anders deuten oder mit denen sie überfordert sind. Störverhaltensweisen gehen im Kern zurück auf Erwartungshaltungen der Eltern und Erzieher, die ein Kind oder ein Jugendlicher nicht erfüllen kann: z.B. „intellektuelle Leistungsmängel, Faulheit, Desinteresse“ (oft schon im Kindergarten) aufgrund überhöhter und einseitiger Forderungen oder infolge elterlicher Wunschvorstellungen, die das (Problem-) Kind in „Stellvertreterrollen“ drängen. Hemmungen, sich zu persönlichen Angelegenheiten zu äußern, Unsicherheit hinsichtlich der Bedeutung des Problems, nicht gelingende Selbstdeutung, Schuldgefühle u.a. behindern betroffene Eltern häufig bei der präzisen Formulierung des eigentlichen Problems. Sie flüchten in die Darstellung und Betonung von Unwichtigem.

Gerade im Verhalten von Erziehenden gegenüber Jugendlichen wird oft deutlich, wie wenig ihre selegierende und akzentuierende Sichtweise mit derjenigen der zu Erziehenden übereinstimmt und wie sehr sie ihre Position (Einstellung) verteidigen, „besser zu wissen, was für die Kinder gut und wichtig ist.“.

T 6

Methoden der Psychodiagnostik

Unsere Handlungen bringen unsere Fähigkeiten und Eigenschaften zum Ausdruck und machen sie erkennbar: „Äußerungsweisen des Psychischen begegnen einem auf Schritt und Tritt; es gibt nichts, was vom Menschen ausgeht, das nicht als Material für die Diagnostik dienen könnte. Darum ist es ja auch so leicht, einen Test zu erfinden."[2] Alle gegenwärtig verfügbaren psychodiagnostischen Prüfverfahren würden auch dann keine umfassende Persönlichkeitsbeurteilung ermöglichen, wenn man sie bei *einem* bestimmten Menschen aufbieten könnte, da die persönlichkeitstheoretischen Grundlagen der Psychodiagnostik einstweilen noch nicht genügen. Auch eine sehr sinnreich zusammengestellte Testbatterie erfaßt nicht sämtliche möglichen interindividuellen Spielarten bei Menschen, sie mündet eher in schematischen Erklärungsmustern und verdeckt mit der Fülle der psychometrischen Daten die eigentliche individuelle, einmalige Persönlichkeit, wie sie im Zusammenwirken von gesellschaftlichen Bedingungen und biologischen Faktoren geformt wird. Die klassischen *Tests* – ob hochstandardisierte Intelligenztests oder wenig strukturierte, mehrdeutige, projektive Verfahren – bemühen sich, möglichst meßgenau Einzeldimensionen zu erfassen. Sie lassen aber die Ganzheitlichkeit, Strukturiertheit und Dynamik der Gesamtpersönlichkeit weitestgehend unberücksichtigt. Meßbare Persönlichkeitseigenschaften erhalten so ein Übergewicht gegenüber heute (noch) nicht meßbaren, die mit mehr subjektiven Verfahren (Beobachtung, Exploration, Interview, Arbeitsanalyse) erfaßt werden. Psychologische Tests stellen jedoch nicht nur quantitative Meßergebnisse dar. Sie können z.B. auch als ein Lebensereignis unter Streßbedingungen eine Verhaltensstichprobe liefern, die Informationen beinhaltet über zwischenmenschliches Verhalten in schwierigen Situationen und dessen Wandlungen in Abhängigkeit von vorbestimmten Reizbedingungen. Gezielter Einsatz, Durchführung und Interpretation von Tests verlangen fundiertes theoretisches Fachwissen und eine kritisch hinterfragende Haltung, die die Gefahr mindern, daß die Testperson (Proband, Klient, Patient) in ihrer Selbstbestimmung beeinträchtigt und Fremdbestimmung ausgeliefert wird.

Klassische Diagnostik ist ganz wesentlich Testdiagnostik und bemüht sich um Entscheidungsfindung: Ist das Kind schulfähig? Sollte das Kind auf die Sonderschule umgeschult werden? Ist eine Therapie zu empfehlen? . . . Klassische Testdiagnostik basiert auf der Annanhme von überdauernden, generalisierbaren Persönlichkeitsmerkmalen, d.h.: Sie vernachlässigt wichtige äußere, situative Bedingungen und ist so in Gefahr, die Ursachen für Störungen allein der Einzelperson anzulasten (→ Stigmatisierung, Kap. 8). Dagegen wendet sich vor allem die verhaltenstherapeutisch orientierte Diagnostik: Sie analysiert Verhalten („Was tut ein Individuum in einer konkreten Situation?"), gibt Hinweise auf *jetzt* bestehende Mängel und *in Zukunft* an deren Stelle zu rückende Verhaltensweisen. Und sie hilft, einen individuellen Erziehungs- oder Therapieplan zu erstellen, in dem sie die Lerngeschichte des Individuums, augenblickliche Lebensverhältnisse und vorangegangenes „Lösungsverhalten" in Rechnung stellt. Sie greift

2) MEILI, R.: Lehrbuch der psychologischen Diagnostik. Bern 1965, S. 22.

dazu überwiegend auf Methoden der Verhaltensbeobachtung und Interviewtechniken zurück.

In Entsprechung zu psychologischen Tests wurden Versuche unternommen, *Rollenspiel-Methoden* für die Persönlichkeitsdiagnostik zu standardisieren. Jedoch erweist sich das Datenrohmaterial als zu vielschichtig und veränderlich, also einer systematischen Erfassung und Auswertung einstweilen nicht zugänglich. Im diagnostisch-therapeutischen Prozeß wird es zur Erhebung und Sicherung von Beobachtungsdaten indes stets nützliche Hilfe und Alternative sein.
Zur Psychodiagnostik zählen auch (2) *biographische Anamnese*, die (2) *Exploration* und verschiedene (3) *Interviewtechniken.*

1. Die *biographische Anamnese* – am Anfang oder innerhalb eines Gesprächs – verbindet objektivierbare „harte" Daten der Lebensgeschichte (z.B. Daten der Familie, Schul- und Berufsausbildung, derzeitige Lebensbedingungen) mit subjektiven „weichen" Daten seiner Erlebensgeschichte; diese werden eingeholt vom Untersuchten selbst (= Eigenanamnese) oder von Bezugspersonen (Eltern, Erzieher, Lehrer, Freunde, Arbeitgeber ... = *Fremdanamnese*) und bisweilen durch Einsicht in Personalakten ergänzt. Anamneseleitfäden als Gedächtnisstützen oder Anamnesefragebögen sind gegliedert nach Gesichtspunkten zeitlicher Reihenfolge und inhaltlicher Thematik. Die Konzepte für solche Anamneseschemata richten sich nach dem Persönlichkeitsmodell des Untersuchers und dem Zweck der Untersuchung. Sie dienen der Hypothesenbildung und Entscheidungsfindung hinsichtlich der ursächlichen Faktoren für das Problemverhalten, der einzusetzenden diagnostischen Verfahren, der zu wählenden pädagogischen oder therapeutischen Maßnahmen und der diese begleitenden diagnostischen Schritte.

Die *Anamnesedarstellung* könnte z.B. folgendes Aussehen haben:[3]

I Symptomatik: Spontan geäußerte und auch „unterschlagene" Symptome
II Auslösende Situation: Entstehungsbedingungen der Symptomatik
III Persönlichkeitsstruktur: Erfassen der Person und ihres Verhaltens mit ihren Fähigkeiten, Mängeln, Wünschen usw. in allen Lebensbereichen
IV Genese: Entwicklung der Persönlichkeit mit ihrer individuellen Symptomatik
V Zusammenfassung: diagnostische Charakterisierung des psychologischen Hintergrundes des Störverhaltens, Prognose und Therapieplan

---

3) tiefenpsychologisch orientiert, gekürzt nach: RAUCHFLEISCH, U.: Testpsychologie – Eine Einführung in die Psychodiagnostik, S. 179–183, Göttingen 1980.

2. Die *Exploration* (Befragung, Erkundung) – wie die Anamnese diagnostisches Instrument während eines Gesprächs – wird immer mit dem zu Untersuchenden selbst (z.B. mit dem „verhaltensgestörten“ Kind) geführt. Das explorative Gespräch soll vorwiegend „objektive“ Daten (z.B. testpsychologische Befunde) ergänzen und bestätigen. Es soll dem Ratsuchenden oder Klienten einen persönlichen Gefühls-, Gedanken- oder Verhaltensspielraum eröffnen, indem er neutrale Fragen beantwortet; der (Berater oder) Therapeut kann aber der „Verlockung“ unterliegen, den Aussagen des Probanden subjektive Deutungen zu unterlegen und sie (un)absichtlich zu lenken.

3. *Interview:* Eine *standardisierte* Befragung erfolgt entsprechend vorher festgelegter Reihenfolge und Formulierung (Fragenkatalog) in „offener Form“ (d.h.: freie Beantwortung ist möglich) oder in „geschlossener Form“ (z.B. Mehrfachwahl-Methoden). Bei der *nicht-standardisierten* Form der Befragung wird die freie Exploration des zu Untersuchenden in der Art eines Gesprächs durchgeführt, das einem inhaltlichen „roten Faden“ folgt. Zwischenformen der Befragung (teil-standardisiert) bzw. Methodenwechsel gewährleisten wohl am ehesten, Auskunftsbereitschaft beim Befragten aufrechtzuerhalten. Dies gelingt in dem Umfang, in dem der Interviewer gemäß der ihm eigenen Sensibilität den Gesprächsverlauf auf Gefühle, Bedürfnisse, Einstellungen, Sprachverständnis, Einsichtsvermögen, Bildungsgrad, Konzentrationsfähigkeit, Belastbarkeit usw. abzustimmen vermag.

Psychologische Diagnostik: Von der Fragestellung zur Beratung

Situative und soziale Bedingungen bilden den *Anlaß* für psychodiagnostische Untersuchungen und Aussagen (z.B. in der klinischen, pädagogischen, forensischen und Betriebspsychologie). Solche Untersuchungen orientieren sich an *zukünftigen Veränderungsmöglichkeiten* auf seiten des Klienten. Diese *Hilfe zur Selbsthilfe* kann aber erst dann einsetzen, wenn der deutende Untersucher seiner eigenen Sichtweise durch *Selbstdeutung* inne wird und zu Lernprozessen zusammen mit dem jeweils „Anderen“ bereit ist. Die Bereitschaft zur *Selbstveränderung* lehrt, die psychischen Fehlhaltungen des Gegenüber als Symptome behinderter Sozialisation zu erkennen.

1. *Formulierung einer Fragestellung:* „Früher hat mein Kind mir alles erzählt, aber seit einem Vierteljahr weicht sie mir aus“, beklagt die Mutter einer 15jährigen. „Was soll ich bloß tun?“ Sie möchte eine Entscheidungshilfe oder direkte Hilfestellung bei einer scheinbar eindeutigen Fragestellung, die aber vom Psychologen oder von der Erzieherin erst in eine pädagogisch-wissenschaftlich faßbare und beantwortbare Frage übersetzt[4] werden muß. Die Untersuchung kann erbringen, daß die Mutter ihre eige-

4) s. dazu: HARTMANN, H.: Psychologische Diagnostik, Stuttgart 1973, S. 25/6.

ne Problematik oder Deutung einfließen läßt oder daß das Problem bei ihr seine Wurzel hat. Der Berater will (v)ermitteln, ohne Partei zu ergreifen, und ist dabei in Gefahr, von den beteiligten „Parteien“ ausgespielt oder in Konkurrenz zu einer von ihnen gedrängt zu werden. Der Untersucher muß nacheinander

1. die Frage des Laien in eine konkrete fachpsychologische Problemstellung übertragen,
2. die ermittelten Informationen (Anamnese) in Untersuchungshypothesen umwandeln,
3. die Untersuchungsmethoden zusammenstellen, die die Ausformung der vermuteten Störung bezeugen und psychodynamische u. -soziale Hintergründe enthüllen; herausarbeiten, welche Symptome einer gezielten Untersuchung bedürfen,
4. seine Befunde aus der Sprache der verwendeten diagnostischen Methoden und spezifischen theoretischen Erklärungsmodelle „rückübersetzen“ und
5. seine psychodiagnostische Sprache der Umgangssprache und den Bedürfnissen seines Auftraggebers (hier: der Mutter) anpassen.

Der Psychodiagnostiker muß die mehrdimensionale Problemlage und die Voraussetzungen zu deren Entstehung (Genese) kritisch würdigen, um Entscheidungsalternativen wissen und die wahrscheinliche zukünftige Entwicklung des Problems in Gedanken vorwegnehmen.

2. *Untersuchungssituation:* Das *Diagnostizieren* ist ein fortlaufender und sich entwickelnder *Prozeß sozialer Wahrnehmung und Kommunikation,* die *psychodiagnostische Untersuchungssituation* eine *Abfolge von sozialen Interaktionen* mit vorgeschriebenen Rollen. Der Diagnostiker als Autoritätsperson hat Entscheidungskompetenzen, die ihn zu Entscheidungsprozessen führen, die dem Untersuchten oder dem Fragesteller oft nicht durchsichtig sind, obwohl gerade er ganz persönliche Informationen über sich mitteilt. Die Untersuchungssituation wird häufig als Prüfungssituation erlebt, die Maßnahmen der Datenerhebung (Fragen, Tests) erhalten Leistungscharakter. In einer „warming up“ -Phase wird der Diagnostiker durch die Art seiner Gesprächsführung Aufregung, Angst u.ä. vor der unvertrauten Situation zu mildern suchen (z.B. unverbindliche Fragen, Aufklärung über seine Vorgehensweise, bei Kindern: Spielsituationen). Natürlich bieten auch zeitweilige Hemmungen, Einwände, Widerstände durchaus möglichen Erkenntniszuwachs.

3. *Antwort:* Einzelbefunde aus den verschiedenen Untersuchungsmethoden sind zu einem Gesamtbefund oder diagnostischen Urteil zu verknüpfen, so daß nicht nur Verhaltens*störungen* begreifbar, sondern auch *positive Eigenschaften* und Verhaltensweisen herausgestellt werden. Die dabei

zum Ausdruck kommende „reflektierende und relativierende Haltung des allseitig informierten Psychologen (ist) Voraussetzung für verantwortliches Diagnostizieren".[5]

4. *Gutachten:* Das *diagnostische Gutachten* (→ Kap. 13) erschafft eher ein Modell vom Klienten, eine Art „Wegekarte" und stellt eine Anleitung zum besseren Verstehen des Klienten dar. Jeder Schritt der Dateninterpretation und -gewichtung muß nachvollziehbar sein, um der möglichen Willkür von *Ermessensurteilen vorzubeugen.* Als zusammenfassende Darstellung der Untersuchungsergebnisse beinhaltet es wissenschaftlich untermauerte „Wahrscheinlichkeitsäußerungen mit Irrtumsrisiko", die korrekturfähig sind. Schriftliche Aussagen könnten mißverstanden werden und den Begutachteten als Negativwirkung durch seine Personalakten lebenslang „verfolgen" (→ Etikettierung, Kap. 8); sie sollten durch mündliche Stellungnahmen ergänzt oder ersetzt werden.

5. *Prognose, Planung und Bewährung:* Man kann nicht übersehen, daß Menschen ohne Vorausschauen in die Zukunft, ohne Vorausberechnen und Planen ihr Leben nicht gestalten könnten. Wissenschaftlichen Erkenntniswert erhält eine Prognose erst dadurch, daß sie die sich gegenseitig bedingenden Faktoren ausfindig macht und angemessen einschätzt, wenn sie also als Schlußfolgerung auf sinnvoll begründete *Prämissen („Voraus-Setzungen")* folgt. Man erwartet vom Psychologen oft Vorhersagen über große Zeiträume (z.B. Schullaufbahn, Therapieverlauf, Ehescheidungsfolgen) bei Menschen, die jeder für sich komplizierte, private, nur sehr unvollständig analysierbare und wandelbare Persönlichkeitssysteme darstellen. Der Klient soll durch den Rat des Diagnostikers individuelle Hilfe erhalten zur Bewältigung von praktischen Lebenssituationen (z.B. pädagogische Betreuung eines Schülers, Lösung von Familienkonflikten). Dazu bedarf er des Verstehens und Akzeptierens der Überlegungen des Diagnostikers, da er andernfalls dessen Rat nicht „benutzen" kann (z.B. spielen Eltern die Informationen gegeneinander aus, oder sie wollen sich nur ihr Bild vom Kind und von sich selbst bestätigen lassen).

6. *Beratung und therapeutische Handlungsanweisungen:* Die Gesamtschau der Befunde begründet das weitere Vorgehen im Rahmen psychologischer, pädagogischer und sonderpädagogischer Diagnostik. In partnerzentrierten Gesprächen (→ Kap. 14) erhalten Klienten wertungsfreie Auskunft über Störungen im Sozialverhalten oder Mängel in der Leistunsfähigkeit, über deren Ursachen und Wechselwirkungen untereinander oder mit Außenfaktoren. Außerdem sollen von Eltern, Kindern u.a. abgegebene Stellungnahmen auf der Basis ihrer Selbsterfahrungen und (Selbst-)Beobachtungen eingebaut werden und kooperative Wege zur Verminderung von Schwierigkeiten eröffnen.

---

5) HOLZKAMP, K.: Begutachung als Kommunikation, in: HOLZKAMP u.a. (Hrg.): Prognose und Bewährung in der psychologischen Diagnostik. Göttingen 1966, S. 19–40.

Abb.: Schematische Darstellung des diagnostischen Entscheidungsprozesses[6]

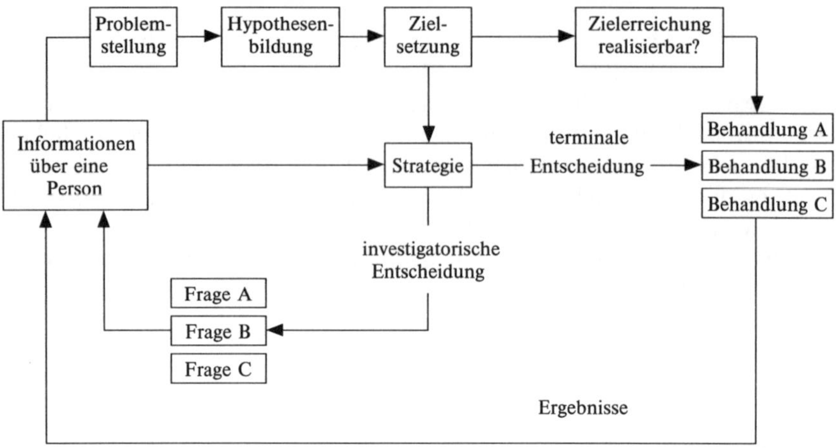

Der Arbeitsablauf des diagnostischen Problemlösungsprozesses beginnt mit den ungeordneten, subjektiv gefärbten *Eingangsinformationen* über eine bestimmte Person. Auf der Basis der in diesen Daten enthaltenen *Problemstellung* kommt es in kognitiven Verarbeitunsprozessen seitens des Psychologen zu Vermutungen (oft ganz anderer Art), zur *Bildung von Hypothesen.* Diese Hypothesen muß er daraufhin überprüfen, ob und inwieweit sie ein weiteres *praktisches Handeln ermöglichen. Hieraus leitet er eine Zielsetzung* ab; sie spielt eine Rolle für die im fortlaufenden Prozeß diagnostischer Urteilsbildung erforderlichen Einzelentscheidungen wie auch im Hinblick auf die in Frage kommenden *Behandlungsformen*: Benötigt der Untersucher zusätzliche diagnostische Informationen, oder stellt er sich auf praktisches Tun ein – d.h. auf eine therapeutische Technik, ein Beratungsgespräch, eine Umschulungsmaßnahme, eine Stellungnahme zur Glaubwürdigkeit (z.B. einer kindlichen Zeugin), Plazierung eines Stellenbewerbers usf. als Formen der Behandlung. Diese Entscheidung ist insofern endgültig (terminal), als ihr zugrundeliegende Untersuchungsbefunde nach Maßgabe der Gütekriterien (→ Kap. 2) mit hoher Wahrscheinlichkeit anzeigen sollten, daß gerade sie Erfolg im Sinne der Zielsetzung verspricht. Des weiteren ergibt sich aus der zentralen *Strategie (Planungsentwurf für das diagnostische Handeln*) die Notwendigkeit der *Entscheidung* für bestimmte Alternativen der *nachforschenden (investigatorischen)* Datenerhebung, also für den Einsatz diagnostischer Instrumente oder Vorgehensweisen (= *Fragen*) wie Testverfahren, Befragung oder Beobachtung.

6) leicht ergänzt nach: TACK, W.H.: Diagnostik als Entscheidunghilfe, in: PAWLIK, K.: Diagnose der Diagnostik. Stuttgart 1976, S. 105.

Psychodiagnostisches Handeln zielt immer auf konkretes, an der Realität orientiertes praktisches Handeln und bedarf dazu der gezielten Anwendung diagnostischer Mittel.

Klinische, psychologische und (sonder)pädagogische Diagnostik

Der Begriff „Diagnose" orientiert sich an der medizinischen Fachsprache. Das *medizinische Modell* betrachtet das Individuum als Träger der Krankheit: Symptome von gestörtem Verhalten lassen sich demnach als relativ überdauernde Merkmale wie solche einer körperlichen Erkrankung beobachten und kategorisieren. Das medizinische Modell der Diagnose ist indes für die pädagogische Arbeit unzureichend.

„Jede Form der Persönlichkeitsklassifikation hat diskriminierende, stigmatisierende und insofern das Individuum entwertende Züge, als seine Persönlichkeitsrechte dadurch bedroht sind. Jeder Mensch ist als einzigartig zu verstehen und in seiner Individualität zu akzeptieren. Es widerspricht der menschlichen Würde, klassifikatorische Etiketten auf Individuen anzwenden, da sich diese Etiketten allenfalls auf Gruppierungen von Patienten beziehen lassen."[7] Verhaltens- bwz. Normabweichungen lassen sich nicht auf individuelle Defizite zurückführen. Sie entstehen aufgrund interindividueller Differenzen infolge Mangelsituationen in der Lebensumwelt (z.B. Lernbehinderungen: sozioökonomische Unterschiede, soziale Wahrnehmungsbarrieren, Kommunikationserschwernisse aufgrund von Sprachcodes ...), sozialen Erwartungen (→ Etikettierung, Kap. 8) und nachfolgender unzureichender Selbstverwirklichung.

Pädagogisch-psychologische Diagnostik stützt sich auf *Interaktionsmodelle*, die ihren Ausgang nehmen in *psychosozialen Sichtweisen* und unterscheiden zwischen psychosozialen Entstehungsbedingungen (körperlicher, psychischer und sozialer Beeinträchtigungen) einerseits und den gesellschaftlich erfolgenden Etikettierungen („Abweichung", „Verhaltensstörung", „Krankheit", „Behinderung") sowie sozialen Reaktionen andererseits.

1. *„Verhaltensauffälligkeiten"* sind im wesentlichen einmalige, zufällige Verhaltensweisen, die einem Beobachter „auffallen" (→ soziale Wahrnehmung, Kap. 1), aus der Situation heraus als Fehlverhalten mißdeutet werden und deren Stellenwert in der Entwicklung überschätzt wird. In der experimentellen Durchgangsphase des Erlernens von Normen (bis zum 14. Lebensjahr) zählen „Fehlversuche" bis hin zu Gesetzesverstößen von Kindern zum normalen Sozialisierungsprozeß. *„Verhaltensstörungen"* sind Folgen von gestörter Erlebnis- und Konfliktverarbeitung und Interaktionsstörungen und führen zu Fehleinstellungen, die die Konflikte im situativen und sozialen Kontext noch verstärken.

---

7) BARKEY, P./LANGFELDT, H.-P./NEUMANN, G.: Pädagogisch-psychologische Diagnostik am Beispiel von Lernschwierigkeiten, Bern 1976, S. 33.

2. Soziale Probleme verbinden sich für den einzelnen mit psychischen Schwierigkeiten, und diese wiederum können in soziale münden. Das soziale Feld (Familie, Schule . . .) löst oft Störungen aus und verfestigt sie dann, insbesondere über Prozesse der Selektion, Aussonderung und Rollenzuweisung. Stigmatisierende Zuschreibungen (→ Kap. 8) und Rückkoppelungsprozesse von Ursachen und Folgen („Teufelskreis") beschränken den Handlungsspielraum des Individuums und führen zu abweichenden Selbstdefinitionen (z.B. „Karriere" von Schulversagern).

Die Kategorien der pädagogisch-psychologischen Diagnostik sind stets vorläufiger Art, hypothetisch und korrekturbedürftig. Pädagogisch-psychologische Diagnostik ist dynamisch und kreativ, weil sie Fähigkeiten mehr betont als Mängel, Entwicklungsmöglichkeiten mehr als einzelne „Auffälligkeiten". Der Diagnostizierungsprozeß ist ein sozial-kommunikativer Prozeß der Informationsverarbeitung und fortwährenden Neueinschätzung seitens Untersucher und Untersuchtem, darin ähnlich den Lernvorgängen im Verlauf der Sozialisation.

Eigenschaftsdiagnostik oder Situations- und Verhaltensdiagnostik?

Normorientierte, standardisierte psychodiagnostische Verfahren basieren auf der Vorstellung, daß Menschen über überdauernde, interindividuell unterschiedlich ausgeprägte Eigenschaften verfügen: *Eigenschaftsdiagnostik* versucht so, durch sozialen Vergleich Personen bezüglich bestimmter Merkmale in eine Rangordnung zu bringen und auf der Grundlage der Feststellung ihrer Verschiedenheit ihr unterschiedliches Verhalten zu erklären und vorherzusagen. Dazu genügt dann die einmalige Erfassung bestimmter, für die Beantwortung einer Frage bedeutsamer Merkmale.

Diagnostisches Vorgehen muß aus der Fülle denkbarer Eigenschaften die diese Persönlichkeit charakterisierenden auswählen (nach folgenden 5 Aspekten)[8]:

1. *Praxisbezogenheit:* Die Aussage jemand sei „intelligent", „gehemmt"..., muß ergänzt werden durch die Feststellung der Situationen, in denen er sich entsprechend verhält.
2. *Handlungsorientiertheit:* Die Ausprägung einer Eigenschaft, Behinderung, Verhaltensstörung usw. darf nicht für sich gesehen werden, sondern ist in ihrem tatsächlichen Einfluß auf das Verhalten des Individuums in der jeweiligen Problemsituation abzuschätzen.
3. *Persönlichkeitszentriertheit:* Es gilt, die persönlichkeits- bzw. tätigkeitszentralen Eigenschaften herauszufinden, die das Verhalten eines Individuums wesentlich bestimmen. Dieselbe Eigenschaft kann von zwei Menschen unterschiedlich eingesetzt werden. Periphere Eigenschaften

---

8) zusammengefaßt nach: WITZLACK, G.: Grundlagen der Psychodiagnostik, Berlin 1977, S. 50–58.

können bei Verhaltensstörungen ins Zentrum der Persönlichkeitsstruktur rücken und fehlangepaßte Verhaltenssteuerung verstärken.

4. *Sozialbezogenheit:* Es sind nicht nur für eine bestimmte Tätigkeit unmittelbar bedeutsame Eigenschaften zu ermitteln, sondern auch solche, in denen soziales Verantwortungsbewußtsein zum Tragen kommt (d.h. für den Führerschein: Fahrtauglichkeit *und* Gefährdungsbewußtsein, für die Erzieherin: Intelligenz *und* soziale Kreativität, Konfliktfähigkeit usw.).
5. *Entwicklungsbezug:* Gerade pädagogisch-psychologische Diagnostik sollte Eigenschaften als in kontinuierlicher Veränderung befindlich begreifen. Es kann nicht reichen, „fehlende Schulreife" festzustellen, sondern es müssen ein Erfassen der individuellen Lernvoraussetzungen und ein Einleiten konkreter Fördermaßnahmen folgen: Es ist also nicht nur das Leistungsniveau, sondern auch Leistungsentwicklung festzuhalten. Die „aggressiven" Ausdrucksformen eines Kindes sind andere als die eines Erwachsenen, „Intelligenz" eines Heranwachsenden ist anders als die eines alten Menschen, „neurotische" Verhaltensweisen verändern sich mit Intelligenz, Alter usw.

Der *situations- oder interaktionsdiagnostische Ansatz* stellt in Frage, daß Verhalten und Eigenschaften über Zeit und Situationen hiweg stabil bleiben und sich vorhersagen lassen. Sie verändern sich vielmehr mit den Umweltbedingungen. Hat der Schüler Mißerfolge weil er „faul" ist, oder haben situative Bedingungen wie Gruppenzusammensetzung, Lehrstoffdarbietung, Lehrer-Schüler-Beziehung entscheidenden Anteil? Signalisiert sein Verhalten etwas in seiner Lernumwelt Fehlendes und ist darum eine durchaus angemessene Reaktion? Zeigt der „Hilfsbereite" in jeder Situation soziales Verhalten? *Situations- oder Verhaltensdiagnostik* relativiert sinnvoll Aussagen der *Eigenschaftsdiagnostik:* Mit ihr erst gelangen wir über die Maßnahmen der *Selektion und Plazierung* in der Arbeitswelt und über die Alternative *Fördern oder Auslesen* in der (schul-)pädagogischen Praxis hinaus zum umfassenderen Bemühen um ein Aufeinanderabstimmen von Personen und Bedingungen. Das hieße dann: Schulumwelten z.B. an Lernbedürfnisse und Lernvoraussetzungen der Schüler anpassen, situatives Lernen in Kindergärten ermöglichen, Jugendarbeit aus dem Jugendzentrum hinausverlagern . . .

Allgemeine Probleme der Psychodiagnostik

Psychodiagnostik will jeden Menschen zugleich als Individuum und in seiner Abhängigkeit vom gesellschaftlichen Kontext erfassen. Psychodiagnostische Aussagen schlußfolgern von für die Beobachtung ausgewählten Verhaltensweisen auf intrapsychische Zusammenhänge, interindividuelle Unterschiede und Wechselwirkungen zwischen individuellen psychischen (Entfaltungs-)Prozessen und Umweltforderungen. Der Diagnostizierungsprozeß wird beeinflußt durch Rollenverständnis, Selbstbild, Theoriesicherheit, Vorurteile des Diagnostikers, durch Erwartungshaltungen, Abwehrmechanismen, Sympathie, Müdigkeit des Klienten, durch Kommunikations-und Wahrnehmungsbarrieren und Fehler bei der Auswahl und Durchführung von Untersuchungsverfahren. Die komplizierten Wahrnehmungs- und Verarbeitungsprozesse im Diagnoseprozeß lassen ahnen, warum diagnostische Aussagen oft mehr über den Beurteiler mitteilen als über den zu Beurteilenden. (KARL KRAUS: „Eine der verbreitetsten Krankheiten ist die Diagnose.")

Weitere Fehler, die in der Person des Untersuchers liegen:

- Je weniger er in der Lage ist, das beobachtete Verhalten zu entschlüsseln, desto eher wird er zu Deutungsschablonen Zuflucht nehmen (→ implizite Persönlichkeitstheorie, Kap. 7) und (die Ursachen für) ein Fehlverhalten einzig in der Person des Untersuchten sehen.
- Je nach eigener Lebensgeschichte, persönlichen Erfahrungen und Werthaltungen sowie intraindividuell unterschiedlichen Gestimmtheiten wird er wahrnehmend selektieren, gewichten und zu seinem Fremdurteil gelangen.
- Je nach fachlichem Wissensstand und Einfühlungsvermögen wird er das psychische Geschehen beim anderen „nachkonstruieren" können.
- Je nach persönlichkeitstheoretischer Ausrichtung wird er seine „Untersuchungsinstrumente" wählen.

Weitere Fehler, die durch Interaktionen zwischen Untersucher und zu Untersuchendem bedingt sein können:

- Die psychodiagnostische Situation stellt nur einen Ausschnitt aller denkbaren (Lebens-)Situationen und Handlungsweisen dar: Wie „hilfsbereit" ist das Individuum außerhalb der Untersuchungssituation? . . .
- Die Äußerungs- und Erlebnisweisen des zu Untersuchenden sind auch abhängig von der Untersuchungssituation: Inwieweit vermag er sich sprachlich mitzuteilen? Welche Erwartungen hegt er gegenüber dem Untersucher? Welche Erwartungshaltungen ruft dieser bei jenem hervor?
- Diagnostiker und zu Untersuchender sind nur begrenzte Zeit zusammen: Die diagnostische Aussage stellt nur eine „Momentaufnahme" dar. Hat das gezeigte Verhalten periphere „flüchtige" Bedeutung, oder ist sie Ausdruck tieferliegender Verhaltensbereitschaften? . . .

A 6

(1) Aus psychosozialer Perspektive sind die Grenzen zwischen Gesundheit und Krankheit fließend. Interaktionsmodelle der Diagnostik lassen das Zusammenwirken vielfältiger, eng aufeinander bezogener Faktoren und Funktionen und die komplizierten Wahrnehmungs-, Steuerungs-, Regel- und Rückkoppelungsprozesse im sozialen und si-

tuativen Kontext deutlich werden, die für ein labiles oder stabiles Gleichgewicht in Gruppen wie auch in Individuen sorgen. Die identifizierte Beeinträchtigung („Auffälligkeit", „Verhaltensstörung", „Abweichung", „Krankheit", „Behinderung") sollte als Symptom oder Signal zum Ausgangspunkt für psychodiagnostisches Hinterfragen werden, das den „roten Faden" ins „Labyrinth" der Ursachen und Folgen unvoreingenommen und systematisch verfolgt.

(2) Psychodiagnostische Aussagen dürfen nicht bloß Mängel feststellen und negative Entwicklungen hinnehmen, sondern müssen die Voraussetzungen für deren Zustandekommen beschreiben und Verbesserungs- und Fördermöglichkeiten aufdecken. Sie sollen die besonderen individuellen psychischen Lernbedingungen sowie Entwicklungspotentiale und -grenzen den gesellschaftlich-institutionellen, insbesondere den familiären Gegebenheiten und Erfordernissen gegenüberstellen. Und sie sollen die psychologisch-pädagogischen Informationen und theoretischen Forderungen des Diagnostikers außenstehenden Dritten zugänglich, verständlich, in ihrem Inhalt und Zustandekommen nachvollziehbar und annehmbar „präsentieren". Psychodiagnostische Aussagen haben zum Ziel, Handeln im Sinne von Veränderung zu ermöglichen und auch diese auf der Basis alternativer Hypothesen ständig zu überprüfen („Diagnostik der Diagnostik") in der Absicht, diese – wenn irgend möglich – zu widerlegen („falsifizieren").

(3) Im Prozeß des Diagnostizierens mit seinen fortlaufenden Kommunikationen und Interaktionen wirken Diagnostiker und zu Beurteilender wechselseitig aufeinander ein, wobei dieser allerdings in stärkerem Maße verändert wird. Jeder Diagnoseschritt wird dabei u.a. auch schon zur therapeutischen Einflußnahme, und die jeweilige psychodiagnostische „Feststellung" hinkt in gewisser Weise schon dem bereits erreichten Zustand hinterher.

Weiterführende Literatur:

P. BARKEY/H.-P. LANGFELDT/G. NEUMANN: Pädagogisch-psychologische Diagnostik am Beispiel von Lernschwierigkeiten. Bern 1976
I.K. BERG/N.H. REUSS: Lösungen – Schritt für Schritt. Dortmund 1999
E.W. KLEBER: Diagnostik in pädagogischen Handlungsfeldern. Weinheim; München 1986
W.J. SCHRAML: Das psychodiagnostische Gespräch. Frankfurt/Main 1988
G. WITZLACK: Grundlagen der Psychodiagnostik. Berlin 1977
U. UHLENDORF: Sozialpädagogische Diagnosen. Bd. III. Weinheim; München 1997

C. Probleme des Beobachtenden

7. Interpersonale Wahrnehmung, Wahrnehmungscodes und Eindrucksbildung

oder: (Selbst-)Täuschung kann gesund sein

L 7

Interpersonale Wahrnehmung wird mitbestimmt durch Mechanismen, die das Funktionieren des psychischen Haushaltes gewährleisten.

Wer eine Bedrohungssituation (an-)erkennt, kann sich ihr stellen und über deren Auflösung nachdenken; wer sie verleugnet, „ausblendet“, „die Augen verschließt“ vor ihnen, engt seine Wahrnehmung und Aufmerksamkeit ein und vergrößert (unbewußt) seinen „blinden Fleck“ (→ Kap. 1): Solche Gefährdung seines *Selbstbildes* wird zur Selbstbehinderung, die ein Selbstbild aufrechterhalten soll, das positive Eigenschaften und Werte beinhaltet und so Selbstachtung sichert.

„Solche *Abwehrmechanismen* sind nichts anderes als Tricks, mit denen wir unsere Aufmerksamkeit von den schmerzhaften Informationen wegdirigieren.“[1] Sie bilden den Hintergrund für Vorurteile und führen z.B. zur Aussonderung von behinderten, kranken und alten Menschen aus der Mitte der Gesellschaft oder zum krampfhaften Bemühen, jung zu sein. Sie sind unser Rüstzeug gegenüber einer angstmachenden Welt und helfen uns, unsere Sinne und Aktivitäten auf angenehme Aspekte der Realität zu konzentrieren.

Abwehrmechanismen sind keine willentlichen, bewußt eingesetzten Handlungen, sondern sie laufen zumeist unwillkürlich ab: Zum einen schützen sie uns vor gesellschaftlich verpönten Triebimpulsen und Einsichten, zum anderen bewirken sie eine Entstellung der Wahrnehmung der inneren (psychischen) und äußeren (sozialen) Realität. Abwehrmechanismen bestimmen bei Kindern die Wahrnehmung der Eltern und Er-

1) ERNST, H.: Lebenslügen: Die Psychologie der Selbsttäuschung, in: Psychologie heute. Redaktion: Wir Selbstdarsteller. Weinheim 1988, S. 119.

Abb.: Masken für das Ich – Rollendarstellung, Verstellung und (Selbst-)Täuschung

zieher insoweit, als sie sich deren dominierendem Verhalten „ausgesetzt" fühlen und noch nicht „geschult" sind in der Verarbeitung von Konflikten; mit der zunehmenden Verselbständigung wächst zwar ihre Fähigkeit zu aktiver Einflußnahme, aber auch die Verantwortung für die Folgen eigenen, womöglich „unbherrschten" Tuns. Die frühkindliche Verarbeitung der konflikthaften Erlebnisse und Wahrnehmungen beim Durchlaufen der Phasen der (psychosexuellen) Entwicklung wird in Interaktionen des Erwachsenen reproduziert und wird auch dort sein Wahrnehmungverhalten bestimmen.

Projektionen hemmen in zwischenmenschlichen Beziehungen die Einsicht in eigene unerwünschte Charakterzüge und behindern die Selbst- und Fremdwahrnehmung, indem sie den Blick auf momentan maßgebende Zusammenhänge verstellen, z.B.: Ein selbstunsicheres, aggressiv handelndes kleines Mädchen „entschuldigt" sich, das andere Kind „habe ihm sein Spielzeug wegnehmen " wollen. – Der autoritätsabhängige, leistungsschwache Schüler schiebt seine schlechte Leistungsbewertung auf den

Lehrer, weil der „ihn nicht möge". – Ein ausländischer Jugendlicher schlägt einen deutschen, weil der „ihn so spöttisch angeschaut" habe. – Der Mißtrauische erlebt die Mitmenschen als leichtgläubig und unterstellt ihnen betrügerische Absichten ... *Übertragungen* dieser Art entlasten auch von dem Druck zu immer neuer Meinungsbildung, machen die Welt überschaubarer und dienen somit der beschleunigten Aktivierung von (scheinbar) selbstbestimmtem Handeln. Erzieherinnen und Lehrerinnen werden oft für Kinder und Jugendliche zur *Projektionsfläche*: Auf sie werden bisher unbewältigte Probleme mit Bezugspersonen übertragen.

T 7

Personwahrnehmung und soziale Wahrnehmung – Personbeurteilung und soziale Urteilsbildung

Selektivität und Akzentuierung (→ Wahrnehmungsgesetze, Kap. 1) der Wahrnehmung, Vertrautheit mit bestimmten Reizmustern (z.B. Personen, Situationen, Wörter), Bedürfnisse und Erwartungshaltungen beeinflussen (soziale) Wahrnehmung. Jeder Mensch strebt danach, sich selbst dann ein vollständiges Bild von Mitmenschen zu machen, wenn er nur über unzureichende Informationen verfügt (→ Vor-Urteil, Kap. 8). Diese „Bilder" entstehen also stärker im Kopf der Beobachterin als durch Verwendung der vom Beobachteten „gelieferten" Informationen. Um diesen „Lücken-Text" auszufüllen, „erfindet" die Beobachtende z.B. zusätzliche Attribute oder verwendet subjektive Ordnungsschemata: Diese *„Personwahrnehmung"* ist also eigentlich schon *„Personbeurteilung"*, da wir dabei grundsätzlich die Ebene sinnlicher Informationsaufnahme verlassen und uns einen *Eindruck bilden* vom Mitmenschen, „Einstellungen vornehmen" und in Gedanken Urteile fällen. Wahrnehmung und Speicherung des Wahrgenommenen im Gedächtnis verbinden Prozesse der Erarbeitung von Informationen und des Entscheidens, die durch die Situation des Wahrnehmenden in der Phase des Wahrnehmens und des vergleichenden Erinnerns mitbestimmt werden.

Die Beobachterin sucht nach befriedigenden Belegen, die das Verhalten des anderen begründen, und schreibt ihm zu diesem Zweck Motive und Eigenschaften zu, schließt dabei von bestimmten beobachteten Merkmalen auf überdauernde Verhaltensbereitschaften. Unsere Eindrucksbilder setzen sich zusammen aus miteinander verflochtenen Eigenschaften, von denen einige zentraler sind als andere. Wir lernen den anderen stets nur vorläufig kennen; im Verlauf von Interaktionsprozessen können Beobachter und beobachtete Person sich einander annähern oder entfremden.

Passives und aktives Wahrnehmungsverhalten[2]

Wahrnehmen und tätiges Handeln bestimmen gegenseitig und gemeinsam ihre Qualität im Verhalten des einzelnen gegenüber seiner Umwelt (gemäß „Realitätsprinzip“). Bewußtsein der eigenen Stellung in der Welt und Befähigung zum aktiven Handeln beruhen darauf, daß ein *äußeres Signalsystem* (sensorisch) die Aufnahme von Informationen aus der Außenwelt organisiert und ein *inneres Signalsystem* (kognitiv) die Umwelteindrücke reflektiert. Hinsichtlich der Wahrnehmungsstichproben und ihrer Bewußtwerdung und Umsetzung in Handlung ergeben sich interindividuelle Unterschiede, die nicht zuletzt gesellschaftliche Rollenverteilungen und Verhältnisse spiegeln. *Passives Wahrnehmungsverhalten* wird in dem Maße von außen gesteuert, in dem der Wahrnehmende sich unfähig zeigt, zur bewußten Wahrnehmung der tieferen Wirklichkeit vorzustoßen: Werbung stimuliert das Konsumverhalten und macht blind gegenüber der eigenen Abhängigkeit. – Die Erzieherin erkennt nicht die wirkliche Situation des verhaltensauffälligen Kindes vor ihr, weil sie nur Rezepte anzuwenden gelernt hat.

Das Individuum, das *aktives Wahrnehmungsverhalten* zeigt, bestimmt als Subjekt die Ziele und Grenzen seines Wahrnehmens, Denkens und Handelns selbst. Es verwendet unbeabsichtigt erlangte Informationen, wie auch durch bewußt hinterfragendes Beobachten gewonnene Daten mit der Absicht, sie seinem Erfahrungsspeicher einzufügen, sie in veränderndes, praktisches Handeln umzusetzen und dafür Verantwortung zu übernehmen. Schon das kleine Kind vermag sich im selbstbestimmten, freien Spiel durch Beobachtungslernen angemessene Abbilder der erfahrenen Wirklichkeit zu schaffen und bewußt anzueignen. (ANDRE GIDE: „Verstehen heißt, sich fähig fühlen zu tun.“)
Im Alltag durchdringen sich passives und aktives Wahrnehmungsverhalten.

Wahrnehmungscodes, Verstehen und Verständigung

Jeder Verständigungsprozeß verfolgt das Ziel, Mehrdeutigkeiten zu reduzieren. Wir geben einander komplexe Zeichen: *verbale Sprache, paraverbale Zeichen* (Sprachintonation, Sprechpausen; Schriftbild; Lachen, Weinen, . . .) und *nonverbale Zeichen* (Gestik, Mimik; Kleidung, Kosmetik, Ambiente, . . .). Deuten wir diese Mitteilungen aber unterschiedlich, bereiten wir Mißverständnissen und Kommunikationsstörungen den Weg. Unsere Vertändigungsbemühungen können einerseits von der Annahme gemeinsamer Zeichenrepertoires ausgehen, müssen andererseits aber einkalkulieren, daß die Bedeutung und Verwendungsmöglichkeiten bestimmter Zeichen Ergebnis subjektiver, interindividuell unterschiedlicher Erfahrungen sind.

---

2) S. dazu: MAYRHOFER. H./ZACHARIAS, W.: Ästhetische Erziehung. Reinbek b. Hamburg 1976. S. 70–95.

Auf dem Wege *metakommunikativer Klärung* (→ Kap. 14) muß darum eine *Verständigung über* die von den Beteiligten verwendeten *Zeichen und Wahrnehmungscodes* (Code = System von verabredeten Zeichen) erfolgen. Wir vermögen das Tun des anderen erst dann in der Bedeutung zu erkennen, die es für ihn hat, wenn wir beobachtbares Verhalten mit Hilfe vergleichbarer Codes deuten: Wenn zwei Erzieherinnen ein Kind als „ängstlich" erleben, müssen sie damit nicht die gleichen Vorstellungen verbinden. Wenn eine („autokratische") Erzieherin einen Jugendlichen als „aggressiv", eine andere ihn als „kreativ" bezeichnet, sind die von ihnen verwendeten Wahrnehmungscodes verschieden. Sie begreifen dasselbe Geschehen aus unterschiedlichen Blickwinkeln sozialer Wahrnehmung. Auf solche in sozialen Interaktionen individuell „angeeigneten" Wahrnehmungscodes bauen in der Entwicklung der Persönlichkeit kognitive Deutungsschemata und Erklärungsmuster auf, die in mehr oder minder wiederkehrender Weise zu Fehlerquellen im Beobachter- und Beurteilerverhalten werden.

A. Fehlerquellen, die in der Person des Beobachters/Beurteilers begründet liegen:

1. *Emotionen, Bedürfnisse, Motive:* Elementarbedürfnisse verleihen Wahrnehmungsfeldern eine bestimmte Bedeutung: Der Hungrige nimmt vor allem Nahrung bewußt wahr, die übrigen Objekte dringen nicht in sein Wahrnehmungsfeld ein. Angst gaukelt uns in der Dunkelheit bei jedem Geräusch „Einbrecher" vor. Angst vor Krankheit richtet unser Augenmerk schon beunruhigt auf geringste Mißempfindungen. Minderwertigkeitsgefühle lassen kritische Anmerkungen als Vorwürfe und Schuldzuweisungen deuten.

Positive Vertrautheit und Bedürfnislagen eines Menschen vergrößern seine *Wachheit (Vigilanz) bzw. senken seine Wahrnehmungsschwelle* für die „Mangelware" oder für ihre Darbietung in Bild oder Wort. Zu einer Anhebung der Schwellenwerte oder *Wahrnehmungsabwehr*, also z.B. längeren Erkennungs- oder Reaktionszeiten, kommt es bei subjektiv bedrohlichem oder sozial tabuisiertem Reizmaterial (z.B. bei Inhalten wie „Folter", „Kindesmißbrauch", „Homosexualität", „Atomkrieg", „Umweltzerstörung" oder Bildern von erschreckenden Krankheitssymptomen bei Rauchern). Sog. „Filtertheorien" verweisen Annahmen angeblich *„unterschwelliger Wahrnehmung"* (eine Art „Nürnberger Trichter") in den *Bereich des Nicht-Beweisbaren*: Individuen *unterdrücken* nur in Abhängigkeit von augenblicklichen motivationalen Zuständen Reize oder nehmen sie leichter auf, der Organismus muß einfach den riesigen äußeren Informationszufluß ständig reduzieren, um das Aufnahmevermögen des Gehirns nicht vorzeitig zu erschöpfen und Speicherkapazität für als brauchbar eingestufte Reizmuster zu sparen.

Nicht nur *Primärbedürfnisse* bewirken ein Bevorzugen bestimmter Objekte oder Zeichen, sondern auch *sekundäre Bedürfnisse* (nach sozialer Anerkennung, Geselligkeit, Geld, . . .). Dies macht sich z.B. die kommerzielle Werbung zunutze. Oder: Auf soziale Anerkennung gerichtete Menschen entschlüsseln in Gruppenprozessen die geäußerten Signale (Zeichen) entsprechend ihren gerade vorherrschenden Bedürfnissen (bedürfnisrelevanten Codes) entweder als Beifall, Hilfestellung oder als abfällige Kritik (und „lauern“ dann auf „Fallen“), behindern damit aber zugleich die Aufnahme neuer Informationen und die notwendige Anpassung an reale Lebenssituationen.

2. *Halo-Effekt* (Hof-Effekt, „Überstrahlungsfehler“: THORNDIKE, 1920): Hiermit wird die Tendenz des Beobachters/Beurteilers bezeichnet, aufgrund entweder einiger weniger auffälliger Merkmale oder im voraus bekannter Tatsachen ein Gesamturteil über die Persönlichkeit zu formulieren. Sympathie-Antipathie, Liebe-Haß lassen so aufgrund weniger beobachteter Eigenschaften weitere derselben Art zusprechen oder auf der Basis eines allgemeinen Gesamteindrucks Teilurteile in gleicher Richtung abgeben, ohne im Besitz von Einzelbeobachtungen zu sein. So entstehen die gegenseitigen Fremdbilder von alten und jungen Menschen. – Körperbehinderte werden als nicht leistungsfähig eingestuft, und ihnen wird unterstellt, sie müßten unter ihrer Behinderung leiden: Doch erst das abwertende (Vor-) Urteil der Mitmenschen (als Ausduck der Behinderung der Nicht-Behinderten) untergräbt ihr Selbstverständnis als „Normale mit einer Behinderung“ (→ Etikettierung, Kap. 8). – Der in einem Augenblick Ungeschickte wird schnell als „unpraktisch“ eingestuft.

3. *Abwehrmechanismen*: (Anpassungs- bzw.) Abwehrmechanismen sind Folgen und Ursachen verzerrter Wahrnehmung der umgebenden Welt wie der innerpsychischen Prozesse und verkörpern doch zugleich den Versuch, diese zu korrigieren. Sie dienen der Aufrechterhaltung unseres Selbstwertgefühls und beeinflussen so Erfahrungsbildung und Persönlichkeitsentwicklung. Analyse und Verständnis dieser Mechanismen erlauben es uns, in einen Menschen hineinzublicken und ihn wie auch uns selbst besser zu verstehen. Nach psychoanalytischer Theorie werden unliebsame Triebimpulse, Gefühle, Wünsche, Konflikte, Vorstellungen, Phantasien ins Unbewußte zurückgewiesen und daran gehindert, ins bewußte Denken vorzudringen.

Projektion: Bedürfnisse aus der eigenen Innenwelt werden in die Außenwelt projiziert, statt sie bei sich selbst wahrzunehmen. Je weniger unsere Selbsteinschätzung mit unserem Idealbild übereinstimmt, desto eher mißbrauchen wir den anderen als Projektionsfläche: Wir entlasten uns (scheinbar) von unseren eigenen Angstregungen, indem wir z.B. die an uns nicht akzeptierte Aggressivität dem Mitmenschen unterstellen; wir sehen ihn durch die „Brille“ unserer eigenen Erlebnisse, Probleme und Bedürfnisse. Wir übertragen eigene Minderwertigkeits- und Schuldgefühle auf andere. Durch unsere Projektionen erleichtern wir die Projektionen und Gegenübertragungen bei anderen (häufig bei länger dauernder Nähe zwischen Untersucher und Untersuchtem beobachtbar). – Stark autoritäre Menschen „wissen“, daß die in der Bar auftauchende Frau „sich aufreizend verhält, männliche Annäherung herausfordert“. – Im frauenfeindlichen, „obszönen“ Witz wird für den Mann die bedrückend erlebte Arbeitswelt oder die Arbeitslosigkeit scheinbar erträglicher; seine Aggression verschafft ihm ein Gefühl von Überlegenheit und Potenz. – Wenn Kinder „petzen“, tun sie dies u.a., weil sie ihren Wunsch, verbotene Dinge zu tun, auf andere Kinder verlagern. – In Ehe und Familie wird der erwachsene oder kindliche Partner zur Projektionsfläche für Rollenzuweisungen.[3]

Abb.: Testen Sie Ihre Projektionen! Erfinden Sie verschiedene Dialoge!

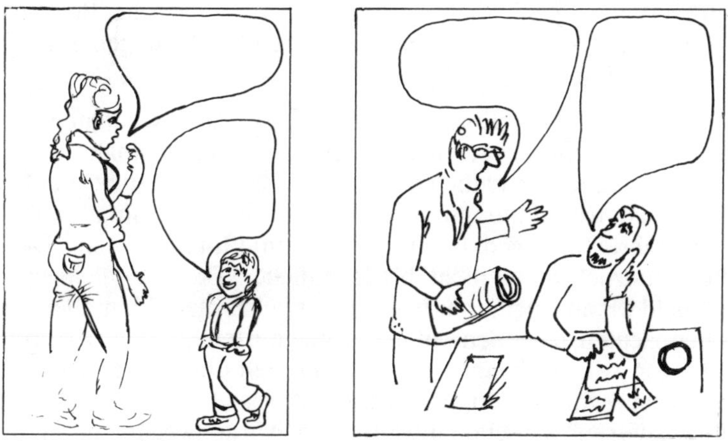

Rationalisierung: Im allgemeinen aufgefordert, unser soziales Tun zu rechtfertigen, „konstruieren“ wir gern „vernünftige“ Gründe, um (aus Erwachsenensicht) unvernünftige Handlungen, „verbotene“ Gedanken, vorurteilshafte Einstellungen ohne Schuldgefühle verwirklichen, im nachhinein „gutheißen“ oder wenigstens einer bedrängenden Situation Gutes abgewinnen zu können und uns so weniger verletzlich zu machen. – „Laissez-faire“-Erziehung wird bisweilen ausgegeben als partnerschaftliches Bemühen, den Kindern Spielraum zur „freien Entfaltung“ zu überlassen. – Eltern drängen vielfach ihr Kind in die „Rolle des idealen Selbst“[3] mit der Begründung: „Mein Kind soll es mal besser haben“, um in Wirklichkeit eigenen Selbstzweifeln zu begegnen.

Verleugnung ist ein Abwehrmechanismus, bei dem ein Teil der angstmachenden Realität, z.B. unliebsame Erfahrungen wie Enttäuschung, Angst, Schmerz nicht wahrgenommen werden (müssen). – Bisweilen will ein alter Mensch seine Angst vor dem Allein-sein nicht wahrhaben und reist z.B. viel: „Ich habe weniger Zeit als vorher im Berufsleben.“

---

3) s. dazu: 1. RICHTER, H.-E.: Eltern, Kind und Neurose. Reinbek b. Hamburg 1969. 2. STIERLIN, H.: Eltern und Kinder, Frankfurt/M. 1978.

4. *Erinnerungstäuschungen:* Bei Zeugenaussagen, Erinnerungsprotokollen und Beurteilungen kommt es oft zu Störungen bei der Einreihung von Beobachtungsereignissen im Gedächtnis, bei deren Gewichtung und bei der Wiederherstellung der richtigen Reihen- und Rangfolge. Durch Ungenauigkeiten und falsche Zuordnungen entstehende Erinnerungslücken werden – nicht zuletzt infolge beruflicher Routine – ausgefüllt mit „auf Erinnerungstäuschungen beruhenden Berichten erfundener Erlebnisse" (sog. „Konfabulationen") und vervollständigt mit freien erzählerischen Ausgestaltungen. Diese bedienen sich im wesentlichen willkürlich sowohl des mehr oder weniger vorhandenen individuellen Wissensfundus als auch der über Jahre hinweg gemachten Beobachtungsergebnisse und „Erfahrungen", vermischt mit Vermutungen. Solche ungesicherten Erinnerungen und zugefügten „Nachträge" als Teile systematischer Beobachtungen können zu folgenschweren pädagogischen Planungen und Erziehungsfehlern führen.

5. *Erster Eindruck:* Der „Erste Eindruck" als Vorabeinschätzung und Erwartungshaltung entsteht schon bei flüchtiger Kontaktaufnahme von Personen. Er bestimmt wesentlich das individuelle Vorgehen bei der folgenden Informationssammlung und organisiert Inhalt, Ausmaß und Form späterer Wahrnehmungen, Beobachtungen und Interaktionen. „Der vollständige Eindruck wartet nicht, bis „sämtliche " Ergebnisse eingegangen sind. Sobald wir an einem (uns bis dahin unbekannten) Menschen irgendetwas beobachten, beginnen wir, einen integrierten Eindruck zu formen."[4] – Sehen wir, wie einer einem alten Menschen über die Straße hilft, erscheint er uns sympathisch, läßt er ihn hilflos stehen, unsympathisch. In der Folge „wissen" wir schon im vorhinein, wie es „weitergeht": Wir deuten sein späteres Verhalten im Sinne des ersten Eindrucks und „übersehen" z.B. beim Unsympathischen Szenen der Hilfsbereitschaft oder unterstellen sogar „niedrige" Motive. – Dieses voreilige, anmaßende, erstaunlich geschlossene Gesamturteil orientiert sich an den für die eigene Person bedeutenden und überraschenden Merkmalen, veranlaßt uns zu Voraussagen über das künftige Verhalten des sozialen Partners und bestimmt die emotional-soziale und kognitive Beziehung zu ihm. Paßt sich der diesem Verhalten an und bestätigt somit unseren ersten Eindruck, wird die ursprüngliche (falsche) Wahrnehmung stabilisiert. So notwendig und unausweichlich der „Erste Eindruck" ist, um einen „Standpunkt", eine „Einstellung" zum Gegenüber zu finden, so groß ist auch die Wahrscheinlichkeit der Täuschung und Fehleinschätzung.

6. *Implizite Persönlichkeitstheorie* (CRONBACH, 1955). Der Begriff geht auf die Erkenntnis zurück, daß ein Gesamteindruck nicht durch Zusammenzählen von Eigenschaften entsteht, sondern sich ergibt aus dem Zusammen-vorkommen verfügbarer Eigenschaften, aus ihrer Reihenfolge

---

4) KRECH, D./CRUTCHFIELD, R. S.: Grundriß der Psychologie, Bd. 1. Weinheim 1971, S. 482.

und ihrer Zentralität: Für das subjektive Gesamtbild, aus dem sich unsere Eindrücke zusammenfügen, sind im Netz der untereinander zusammenhängenden Eigenschaften einige zentraler oder peripherer (randständiger) als andere. BeobachterInnen bevorzugen dabei noch „spezielle" Eigenschaften, die ihnen *subjektiv* besonders *wichtig* sind für Bewertungen anderer: „politisches Bewußtsein", „Diszipliniertheit" o.a. Eine einzige Beobachtung schon kann eine private „Persönlichkeitstheorie des Laien" hervorrufen.

Die typisierende Vorannahme von LehrerInnen, daß Leistungschwächen von Schülern im wesentlichen auf deren „Faulheit" zurückzuführen seien, entlastet LehrerInnen und Schule vom Nachdenken über unzureichende didaktische Fähigkeiten und mittelschichtsorientiertes Sprachverhalten des Lehrers, über häusliche und Entwicklungsschwierigkeiten der SchülerInnen.

Gute Schülerleistungen führen LehrerInnen gern auf die eigenen Anstrengungen zurück (→ Attribuierungstendenzen, Kap. 8). JONES u. NISBETT (1971) „fanden heraus, daß Beobachterinnen dazu neigen, als Ursachen für das Verhalten anderer Menschen häufig Eigenschaften anzunehmen (z.B. sie kann die Aufgabe nicht lösen, weil sie dafür nicht intelligent genug ist). Bei der Ursachenerklärung des eigenen Verhaltens neigen Menschen eher dazu, die Situation für das Ergebnis mitverantwortlich zu machen (z.B. ich kann die Aufgabe nicht lösen, weil sie zu schwer gestellt ist)."[5]

Naive Verhaltenstheorien beinhalten über die primär beschreibende „implizite Persönlichkeitstheorie" hinaus das Bemühen, jedes beobachtbare Verhalten „psychologisierend" mit Entwicklungs-, Erziehungs- und Motivationstheorien zu erklären.

B. Fehlerquellen, die wesentlich auf das Objekt zurückzuführen sind:[6]

1. a) *Versuchspersoneneffekt;* Das Wissen, Gegenstand von Beobachtung zu sein, beeinflußt das Verhalten des zu Beobachtenden.

   b) *Rollenselektion:* Sich beobachtet fühlende Personen „schalten" bewußt um und „spielen eine Rolle".

2. *Fehler der sozialen Erwünschtheit („social desirability"):* Dieser Begriff erfaßt die Tendenz, sich selbst in ein günstiges Licht zu rücken bzw. durch sprachliche oder Verhaltensäußerungen soziale Akezeptanz zu erreichen, insbesondere bei Selbstbeurteilungen (in Fragebögen) und in Verhältnis-

---

5) zit. n.: SCHWARZER, CHR.: Einführung in die pädagogische Diagnostik, München 1979, S. 17.

6) s. dazu: 1. PREISER, S.: Personwahrnehmung und Beurteilung. Darmstadt 1979, 2. FASSNACHT, G.: Systematische Verhaltensbeobachtung, München 1979. 3. DONAT, H.: Persönlichkeitsbeurteilung. München 1965.

sen sozialer Abhängigkeit. Dies trifft nicht nur den Beobachteten, sondern auch den Beurteiler, dessen gutachtliche Stellungnahmen ja auch Mitteilung über seine Person machen.

3. *Verfälschung durch Konformitätswirkung der Gruppe:* Der Mensch braucht (vom Anbeginn seiner Entwicklung) die Gruppe, die durch Kommunikation zwischen ihren Mitgliedern zunehmend Annäherung und Übereinstimmung herbeiführt, Vertrauen untereinander aufbaut sowie gruppenspezifische Normen und gemeinsame Ziele entwickelt. Je mehr die Gruppe stabile Harmonie erreicht oder aber sich gegen andere Gruppen oder Außenstehende abschottet und je weniger Selbstbewußtsein der einzelne in ihr besitzt, desto mehr wird er dazu neigen, sich mit den Gruppenwerten zu identifizieren und konform zu gehen mit deren Einstellungen und (Vor-) Urteilen. So vermeidet er Abgedrängt-werden in die Rolle des Außenseiters („Sündenbocks").

4. Die *Beeinflussung durch Autoritäten* (angesehene Einzelpersonen, Institutionen oder Mehrheiten) unterdrückt und ersetzt bei unsicheren Menschen in Prozessen sozialer Wahrnehmung und Entscheidung das mögliche eigenverantwortliche Handeln.

5. *Verfälschung der Beurteilung durch Sich-Einstellen des zu Beurteilenden auf den Beurteiler:* In Beobachtungs- und Beurteilungsprozessen stellen sich die Interaktionspartner aufeinander ein wie in einem sozialen Selbststeuerungs- und Rückkoppelungskreis: D.h., daß der Beobachter (Beurteiler) keine beonders herausragende Persönlichkeit sein sollte, da der zu Beobachtende aufmerksamer registrieren und vorbedachter handeln könnte.

C. Fehlerquellen, die wesentlich in der Aufgabe begründet liegen[7]

1. Der *Großzügigkeitsirrtum* oder *Mildefehler* bezeichnet die Tendenz von BeurteilerInnen, in den meisten Fällen eine zu gute Beurteilung abzugeben. Wir finden sie bei aggressiv-gehemmten Menschen, die fürchten, sie könnten etwas „Schlechtes" über einen Mitmenschen sagen und müßten sich dann dafür rechtfertigen. Des weiteren lassen Sympathie, Vertrautheit und Motivieren-wollen andere Personen oft besser beurteilen, ihnen positive Merkmale zuschreiben und negative übersehen. Selbstkritische, aber auch pessimistische Beurteilerinnen und diejenigen, die durch Kritik motivieren und sich nicht dem Vorwurf einer Bevorzugung aussetzen wollen, könnten dazu neigen, die umgekehrte Tendenz zu verfolgen. Dieser „Mildefehler mit negativem Vorzeichen" ist aber auch zu finden, wenn Bequemlichkeit BeurteilerInnen daran hindert, sorgfältig zu beobachten und zu beurteilen.

2. Unter *logischem Irrtum* (logical error, HASEMANN 1964) versteht man die Tendenz von Beurteilerinnen, Merkmalen, die sie bei Menschen für

---

7) „wie 6)"

(psycho)logisch zusammengehörig ansehen, auch ähnliche Wertungen zuteil werden zu lassen: Danach wären „Dicke immer gemütlich", „leistungsschwache Schüler faul", „Frauen passiv", „Arbeiter wenig intelligent" ... In ihrem auf Vorannahmen („implizite Persönlichkeitstheorie") errichteten logische Gebäude finden widerspüchliche Beobachtungen und Unklarheiten in den Befunden keine Verwendung.

3. Der *Irrtum des Mittelwertes* (error of central tendency, HOFSTÄTTER, 1957) beschreibt die Tendenz von Beobachterinnen, extreme Urteile zu vermeiden und sich bei der Beurteilung – vor allem ihnen nicht gut bekannter Personen – im unverbindlichen, „grauen" Mittelbereich zu bewegen, weil sie z.B. niemand bevorzugen oder benachteiligen bzw. sozial diskriminieren wollen oder weil sie meinen, über zu wenig Informationen zu verfügen. (Im Gegensatz dazu würde *Schwarz-weiß-Malerei* als die Tendenz, gehäuft Extremurteile abzugeben, z.B. Folge geringer Konflikttoleranz sein (→ Vorurteil, Kap. 8)).

4. *Einstellungsfehler:* Der Begriff *Kontrastirrtum* (contrast error, MURRAY, 1938) macht deutlich, daß BeurteilerInnen dazu neigen, bei sich selbst beobachtete Merkmale in der Persönlichkeitsbeurteilung anderer zu meiden. Im Unterschied hierzu können sich BeurteilerInnen auch mit den von ihnen beurteilten Personen identifizieren und annehmen, diese hätten die gleichen Motive und Wesensmerkmale, die sie selbst haben oder haben möchten = *Tendenz zum analogen Merkmal (Ähnlichkeitsfehler).*

5. Der *Fehler der Nähe* meint die Tendenz, Merkmale ähnlich zu beurteilen, wenn sie auf einem Beurteilungsbogen nahe beieinander stehen bzw. wenn die Beurteilerinnen zeitlich rasch aufeinanderfolgend Stellungnahmen abgeben müssen zu bestimmten Merkmalen.

6. *Gefahr der Vereinfachung:* Weil keine Beurteilung alle wichtigen Aspekte aufnehmen kann, sind z.B. Auswahl und Akzentuierung des Beobachtungsmaterials und Verkürzung der Aussagen unvermeidlich, wollen die BeurteilerInnen (bzw. AuftraggeberInnen) eine möglichst geschlossene Beurteilung.

7. Der *Verallgemeinerungsfehler* meint die Tendenz, von Beobachtungen einzelner Verhaltensweisen überdauernde Merkmale abzuleiten bzw. von konkret faßbaren Wesenszügen (z.B. Hilfsbereitschaft) auf umfassendere Persönlichkeitsmerkmale (z.B. Nächstenliebe) zu verallgemeinern.

A 7

(1) Jeder Beobachtungsakt ist ein Selektionsprozeß und das Ergebnis des Zusammenwirkens unserer persönlichkeitsbedingten Erwartungshaltungen mit den durch den Beobachtunsgegenstand bestimmten

Schwierigkeiten. „Größtenteils sehen wir nicht zuerst und definieren dann, wir definieren zuerst und sehen dann.“[8] Wie wir und was wir an der Außenwelt auffassen, wird bestimmt durch kulturelle Vorgaben und gesellschaftliche Rahmenbedingungen. Interpersonales Wahrnehmungsverhalten und somit Beobachter– und Beurteilergenauigkeit werden umso mehr durch weitgehend unbewußt ablaufende Mechanismen beeinträchtigt, je konflikthafter die kindliche Entwicklung abgelaufen ist.

(2) Gegenseitige Beobachtung und Beurteilung werden vollzogen auf der Grundlage wechselseitiger Beziehungen zwischen Beobachter und Beobachteten, zwischen Beurteiler und Zu-Beurteilendem in wechselseitiger Regulierung. Im kontinuierlich ablaufenden Prozeß gegenseitigen Wahrnehmens und Beurteilens ist es von Bedeutung zu klären, inwieweit die Beteiligten in der Lage sind, *perspektivisch wahrzunehmen* und zu denken, also sich in die Lage von anderen hineinzuversetzen und die Welt aus deren Perspektive zu erleben.[9]

(3) Angemessenheit interpersonaler Wahrnehmung wird bestimmt durch das Ausmaß, in dem zum einen die Fähigkeit vorhanden ist, sich selbt richtig einzuschätzen und dann die Eigenwirkung auf andere zu erfassen, und zum anderen schließlich das Einfühlungsvermögen (Empathie), die inneren Eigenschaften anderer Menschen und deren Selbstbeurteilung abzuschätzen.

(4) Frühe Sozialisation des Kindes wie auch fortlaufende Resozialisation des erwachsenen Individuums durch die Gesellschaft (Gruppen) in den Rollen, auf die erzieherische Früheinwirkungen das Individuums nicht vorbereiten können, zwingen den einzelnen dazu, stetig ein bestimmtes Verhaltensrepertoire durch ein anderes zu ersetzen und sichere Verhaltensmaßstäbe gemeinsam mit anderen zu bezeichnen. Wir finden unseren Standort in der Bezugnahme auf andere Menschen: Wir orten unseren Standpunkt als Erzieher in Bezug zu Kindern, als Lehrerin in Bezug zu Schülern, als alte Menschen in Bezug zu jungen. Je zutreffender unsere *Selbstwahrnehmung* ist, desto effektiver werden *soziale Wahrnehmung und Interaktion* verlaufen. Auf der Grundlage eines begründeten Wissens über das Verhalten von Menschen im allgemeinen wird das Ausmaß an *Einfühlunsgfähigkeit* in den einzelnen Menschen unsere Fähigkeit zur *Fremdwahrnehmung* und Beurteilung von anderen bestimmen.

(5) Ist unser *Selbstbild* gestört durch Mißtrauen, Abneigungen, Depression, Abwehrmechanismen, Vorurteile, neurotische Entwicklungen usw., suchen wir eher nach Bestätigung für unser *Fremdbild*, als daß wir unser Selbstbild umformen und uns mit uns selber auseinander-

---

8) zit. n. DONAT, H., a.a.O., S. 94

9) s. dazu: PREISER, S., a.a.O., S. 116 ff.

setzen, Prozesse der sozialen Wahrnehmung, der Kommunikation und Interaktion werden in der Folge verzerrt. Je stärker sich Menschen in abhängiger Position zueinander befinden, desto mehr Vertrauensbildung bedarf es.

„Einerseits ist der Blick des Anderen etwas, das mein Bewußtsein beherrscht und meine anderen Wahrnehmungen zum Verschwinden bringt, was eine Gefährdung meiner Möglichkeiten bedeutet . . . Andererseits beeinträchtigt der Andere durch seinen Blick meine Freiheit; ich bin für ihn zum Objekt geworden, und ich vermag dem nicht zu entgehen.“[10]

Weiterführende Literatur:

E. JAEGGI u.a.: Andere verstehen, Ein Trainingskurs für psychosoziale Berufe. Weinheim 1983

D. GOLEMAN: Lebenslügen und einfache Wahrheiten: Weinheim, 1987

M. HAGEMANN/C. ROTTMANN: Selbst-Supervision für Lehrende. Weinheim 1999

H.-E. RICHTER: Eltern, Kind und Neurose, Reinbek, b. Hamburg, 1969

10) s. dazu: MUCCHIELLI, A.: Die Abwehrreaktionen, Salzburg 1980, S. 25 ff.

8. Soziale Urteilsbildung, Einstellungen und Verhalten

oder: Vorurteile sind die Argumente der Dummen?

L 8

(a) Für den ratsuchenden Klienten ist der *professionelle* Helfer (Erzieher, Psychologin, TherapeutIn) nur eine Bezugsperson neben Eltern, Kindern, LehrerInnen, usw. Sie alle haben Erwartungen an ihn und lassen *Prophezeiungen* darüber erkennbar werden, wie er sich verhalten wird. Der Helfer erwartet, dem Klienten helfen zu können, und setzt damit ein wechselseitig sich verstärkendes Feed-back-System in Gang.

Abb.: „Etikettierung" und „Sich selbst erfüllende Prophezeiung"

Wenn der (angesehene) Helfer dem Klienten diese Erwartung vermittelt, wird die Interaktion und Beziehung zwischen ihnen verbessert: Der Klient reagiert mit Verringerung der Symptome (z.B. Ängste), d.h. er übermittelt dem Helfer seinerseits einen Eindruck von erwachender Hoffnung und Zuversicht. Diese „Vertrauensbeweise" und „Erfolgserlebnisse" des Klienten bestärken beim Helfer Anspruch und Erwartung, helfen zu können. Die dadurch vergrößerte Sicherheit oder Gewißheit bestätigt den Klienten, steigert seine „Mitarbeit" und hilft ihm, Angst- oder Vermeidungsreaktionen zu überwinden. Die zunehmende Unabhängigkeit und Bereitschaft zu Selbsterfahrung und Selbstveränderung auf Seiten des Klienten verbessern weiterhin die Einstellung des Helfers und seine positive Kommunikation (Lächeln, geduldiges Zuhören, Ermutigen, ...) ... Das heißt: Auch in der sog. „nicht-direktiven Gesprächstherapie" (→ Kap. 14) steuert der Therapeut schon durch seine positive Prognose, Sympathie und den Eigenkräften des Klienten vertrauende Sensibilität und Empathie.

Die Prophezeiung wirkt nach dem Prinzip des Vorbildes und setzt eine Verstärkungsspirale in Gang (*sich selbsterfüllende Prophezeiung*): Gemäßigte prognostische Erwartungen bewirken die größte Symptomverminderung, zu niedrig oder zu hoch angesetzte Ausgangserwartungen bringen dagegen geringe, oder sie führen sogar zu einer Zustandsverschlechterung, zu einer „sich selbst zerstörenden Prophezeiung".

(b) Die sozialen Interaktionsbereiche Schule und Hort, aber oft auch schon der Kindergarten, mit ihrem komplexen sozialen Bedingungsgefüge sind nicht nur Felder für *Projektionen*, sondern auch für *sich selbst erfüllende Prophezeiungen* und *Etikettierungen:* Die Vorherrschaft des Leistungsprinzips drängt Kinder aus *unterschichtspezifischer familialer Sozialisation* zur Identifikation mit schulischen Wert- und Verhaltensmustern und damit zur Entfremdung von ihren Familien, weil sie ihnen unbekannte Problemlösungsentwürfe verlangt. Und vorwiegend aus der *sozialen Mittelschicht* stammen Kinder, die in ihren familialen Bedingungen hohe elterliche Ansprüche bei zugleich Mangel der emotionalen Zuwendung erfahren und nun im sozialen außerfamilialen Interaktionsbereich kompensatorisch besonders intensiv nach Aufmerksamkeit und Anerkennung suchen. Von beiden Gruppen von Kindern könnten *„auffällige"* bzw. *„abweichende"* Verhaltensweisen ausgehen: „Unterrichtsstörungen" („Klassenclown"), „Abschreiben" („Lehrer täuschen"), „Vergessen von Hausaufgaben" („Faulheit") usw. Begreifen Lehrer und Erzieher (und Mitschüler) diese Verhaltensauffälligkeiten nicht als Versuche problemlösenden Verhaltens, sondern definieren es als irgendwie „vorsätzliches" Verhalten des einzelnen Schülers (→ medizinisches Diagnosemodell, Kap. 6), wird meistens eine negative *Etikettierung* erfolgen. Sie wird wesentlich deren Wahrnehmen, Denken und Handeln gegenüber diesem Schüler bestimmen: Im Sinne des *„Halo-Effekts"* (→ Kap. 7) wird zukünftig sein Gesamtverhalten negativ beurteilt werden; lassen eindeutig Beobachtungen Zweifel an diesem Gesamteindruck aufkommen, kann es zu *Rationalisierungen* (→ Kap. 7) kommen. Wenn Erzieher und Lehrer auf der Grundlage solcher „Wahrnehmungen" pädagogische Handlungspläne entwerfen, ergibt sich für den Schüler eine Diskrepanz zwischen seinen unerkannten Bedürfnissen und deren Forderungen. Mißtrauen gegen sich selbst und Desorientierung sind die Folge. Paßt der Schüler sich den Fremderwartungen an und verinnerlicht sie als *negatives Selbstbild*, wird sein negatives Verhalten fixiert. Mögliche Endpunkte solcher Entwicklung: Überweisung in ein Heim oder in eine Sonderschule für Lernbehinderte oder Verhaltensgestörte (*„Stigmatisierung"*).

T 8

Soziale Wirklichkeit und individuelle Perspektive: Attribuierungstendenzen

Da wir von der Stabilität der Persönlichkeitsmerkmale ausgehen, unterstellen wir sie als ursächlich für ein Verhalten: Die Ursache z.B. für „aggressives" Verhalten eines Menschen in der „Aggressivität" seiner Person „wahrzunehmen", erspart uns die Mühe, komplizierte soziale Wirklichkeit zu untersuchen und die Aufmerksamkeit auf jeweilige Situationsbedingungen zu richten. Unsere Welt erhält auf diese Weise nicht nur eine künstliche Stabilität, sondern auch Vorhersagbarkeit: Das Zuschreiben von überdauernden Persönlichkeitseigenschaften läßt uns glauben, von der sich so verhaltenden Person z.B. auch zu wissen, wie sie sich in gänzlich anderen Situationen verhält. Es führt dazu, daß wir von einzelnen beobachteten Persönlichkeitsmerkmalen auf andere schließen (→ Halo-Effekt, Kap. 7).

Soziale Situationen bestimmen unser reales Verhalten mehr als bestimmte „Eigenschaften" (z.B. Hilfsbereitschaft, Mut, Verantwortungsbereitschaft) und „Einstellungen", wenn es um menschlichen Beistand geht: In *Notsituationen* als nicht alltäglichen Gegebenheiten werden *soziale Hemmungen verstärkt*, die Anwesenheit anderer erhöht die *Bewertungsangst* (– man fühlt sich kontrolliert –), und ihre Passivität läßt die Gefahrensituation verharmlosen und Eigenverantwortung abschieben (sog. *„pluralistische Ignoranz"*) Das eigene „hilflose" Verhalten erfährt zusätzlich eine (Schein-) Begründung durch die allgemeine Hypothese, „daß die Leute das bekommen, was sie verdienen, und umgekehrt, daß sie das verdient haben, was sie bekommen"[1]. Solche Einstellung dient zugleich in gewisser Weise als Selbstschutz gegen die Vorstellung, man könne vielleicht selbst einmal in eine vergleichbare Notsituation geraten. Insbesondere autoritäre Persönlichkeitsstrukturen befördern Schuldzuschreibungen und Passivität, indem sie die Welt in „Gut" und „Böse" aufteilen und Schuldgefühle auf „Sündenböcke" abwälzen (→ Projektionen, Kap. 7), statt eigene Anteile an zwischenmenschlichem Fehlverhalten zu erkennen und so Einfühlungsvermögen (Empathie) und Unabhängigkeit des Beobachtungsverhaltens zu sichern und soziales Lernen zu ermöglichen.

„E.E.JONES u. R.E. NISBETT stellten die These auf, daß Personen vom Handeln *anderer* in besonderem Maße auf deren stabile Persönlichkeitseigenschaften schließen, zur Erklärung des eigenen Verhaltens jedoch vorwiegend Situationseinflüsse berücksichtigen"[2]. Damit der Beobachter

---

1) LENER, M. J. (1965), zit. nach: MANN, L.: Sozialpsychologie. Weinheim 1974 3. Aufl. S. 92.

2) STRACK, F./ERNST, H.: Versetz Dich mal in meine Lage, Psychologie heute 2/78, S. 61.

stärker situative und soziale Faktoren beobachten und in sein Urteil einbeziehen lernt, braucht er – mindestens zeitweise – ein Sehen „durch die Brille“ des anderen. Diese Aneignung und Übernahme seiner *Perspektive* erlaubt es, die Wahrnehmung von sozialen Verhaltensweisen und Interaktionen so zu erfahren, wie sie in der handelnden beobachteten Person ablaufen.

1. Der Beobachter hat keinen Zugang zu den entwicklungsgeschichtlichen Erfahrungen und Erlebnissen des Handelnden. Während der *Beobachtete* frühere Reaktionen in vergleichbaren Situationen zum Vergleich heranziehen und situative Einflüsse in den *Vordergrund* stellen wird, wird der *Beobachter* eher abstrakte Maßstäbe benutzen (Wie „man“ sich verhalten würde) und wahrgenommene Unterschiede in Verhaltensweisen als Folgen bestimmter Persönlichkeitseigenschaften deuten.
2. Beobachter und Handelnder *organisieren und akzentuieren* (→ Wahrnehmungsgesetze, Kap. 1), *Wahrnehmungsprozesse unterschiedlich*: Was aus der Perspektive des Beobachteten *„Figur“* (Vordergrund) ist – die jeweilig neue Situation mit ihren Besonderheiten –, ist aus derjenigen des Beobachters *Hintergrund*, denn er fixiert seine Aufmerksamkeit eher auf die Aktivitäten des Handelnden.

Das „kurzsichtige“ Schließen von Verhalten auf Eigenschaften ist Folge unserer erlernten und zugewiesenen *sozialen Rollen* („Lehrer“, „Schüler“, „Patient“..), deren „Texte“ unseren „Spielraum“ und unsere Entscheidungsfreiheit einengen und oft die „eigentlichen“ Persönlichkeitscharakteristika verdecken. Der Beobachter muß in solche Rollen schlüpfen und die damit verbundene *Perspektive* sich zu eigen machen, um zu erkennen, inwieweit der Rollenträger sich mit seiner Rolle und den ihr zugeschriebenen typischen Eigenschaften identifiziert und sein Verhalten von ihnen bestimmen läßt.

Personwahrnehmung und Attribuierungstendenzen

In F. HEIDERs *Attribuierungstheorie* wird interpersonale Wahrnehmung als „Wahrnehmung eines anderen Wahrnehmenden“ akzentuiert. Auch *Personwahrnehmung stützt sich danach auf Konstanzphänomene*: Einstellungen, Fähigkeiten, Motive, Eigenschaften als psychische Zustände, die erschlossen werden müssen, werden in verschiedenen situationsgebundenen Ausdrucksformen und Verhaltensweisen zu relativ unveränderlichen (konstanten) Wahrnehmungsbildern, d.h. aus *Personwahrnehmung als Beobachtung* wird *Personwahrnehmung als Eindrucksbildung*. „In solchen Konstanzerscheinungen drücken sich vermutete Regelmäßigkeiten (Redundanzen) des Verhaltens aus, die Voraussagen über das Verhalten des Partners erlauben . . . Voraussagen und Erwartungen und die damit zusammenhängenden Konstanzannahmen sind für das Sozialverhalten insofern bedeutsam, als sie das Verhalten des anderen (und das eigene(!))

erst sinnvoll zu interpretieren erlauben"[3] und so befähigen, die sozialen Beziehungen wirksamer zu kontrollieren.

Die Art und Weise, in der ein Beobachter/Beurteiler dem beobachteten Verhalten innere oder äußere Ursachen zuschreibt (*„Kausalattribuierung"*) und bestimmte Absichten oder Zielsetzungen vermutet, läßt Rückschlüsse auf dessen eigene Person zu. Lehrer neigen z.B. dazu, mangelhafte Schülerleistungen eher auf Ursachen im Schüler zurückzuführen, hervorstechende Leistungen aber eigenen Anstrengungen gutzuschreiben; der Schüler seinerseits kann sein Versagen entweder bei sich („innerer Ort") oder in der Antipathie des Lehrers („äußerer Ort") begründet wahrnehmen.

Wie in der *Fremdbeurteilung (Fremdattribution)* wird *Selbstbeurteilung bzw. Sich-selbst-kennenlernen (Selbstattribution)* dadurch möglich, daß wir von Verhalten auf zugrundeliegende Eigenschaften schließen: Selbstattribution des Beurteilers hilft uns indirekt, seinen Blickwinkel bei Fremdbeurteilungen und seinen Ort im gesellschaftlichen Kontext besser einzuschätzen. Das subjektive Bild von Mensch und Welt steht in Wechselbeziehung zu seinem Selbstbild (→ Kap. 1).

Beispiel: Je mehr einer seinen Erfolg eigenen Fähigkeiten zuschreibt und Mißerfolg auf Fremdverschulden schiebt, desto mehr kann sein Selbstvertrauen steigen; würde er aber Versagen und Fehler auf mangelndes Eigenbemühen usw. zurückführen (müssen), würden Enttäuschung, Schuld- und Minderwertigkeitsgefühle seine Selbstachtung mindern, und das umso mehr, je weniger er glaubt, die Ursachen beeinflussen zu können.

Der *Attributionsprozeß* braucht als *Ausgangspunkt „auffälliges" Verhalten:* Er setzt ein mit der Beobachtung augenblicklichen Verhaltens bei einem Individuum in einer Situation. Die Beobachtung enthält vielfältige, aber auch vieldeutige Informationen. Keine Situation läßt sich fixieren (– einen Film könnte man anhalten, zurückspulen oder seinen Ablauf verlangsamen –), unsere Attributionen erfolgen weniger wohlüberlegt als spontan. Die Attribution mündet in unsere „Einbildung", wir hätten das beobachtete Verhalten verstanden, wenn wir meinen, wir müßten nicht mehr nach dem „Warum" fragen: Haben wir das Verhalten aus der Person heraus erklärt (*persönliche Attribuierung*), bringen wir unsere „Erkenntnis" in Einklang mit unserer impliziten Persönlichkeitstheorie; haben wir dagegen Umwelteinflüsse verantwortlich gemacht (*Umweltattribuierung*), bleibt die Verbindung zur Realität klarer.

Persönliche Attributionen werden erleichtert, wenn wir glauben, daß sich die beobachtete Person 1. bemüht und 2. die Fähigkeit hat, ein Verhalten zu praktizieren, 3. je seltener das beobachtete Verhalten im allgemeinen auftritt und 4. je geringer die Besonderheit dieses Handelns ist.[4]

---

3) s. dazu: JAHNKE, J.: Interpersonale Wahrnehmung. Stuttgart 1975, S. 108ff.
4) KRECH, D./CRUTCHFIELD; R.S.: Sozialpsychologie (Grundlagen der Psychologie, Bd. 7). Weinheim 1985, S. 79/80

Beispiel: Wenn jemand, der mit überdurchschnittlichen Fähigkeiten ausgestattet ist, Mißerfolge hat, schreiben wir es oft seinem fehlenden Bemühen zu; zeigt derselbe eine bloße Ungeschicklichkeit, wird er uns häufig sympathischer, während dasselbe Mißgeschick bei einem anderen mit durchschnittlichen Fähigkeiten eher Abneigung provoziert.

Erwartungseffekte, Etikettierung, sich selbst erfüllende Prophezeiung und Stigmatisierung

Unter *Stigmatisierung* ist eine Attribuierung zu verstehen, bei der ein Mensch negativ abgestempelt und in der Folge in seinen sozialen Interaktionen behindert wird: Er wird zum „Außenseiter", weil er anders ist, als sozial definierte Normen vorschreiben. „Es wird angenommen, daß eine Normverletzung oder geringgradige Abweichung („primäre Abweichung") durch ständige sich gegenseitig verstärkende Wechselwirkung von Reaktionen und abweichendem Verhalten zu immer höheren Graden („sekundäre Abweichungen") ausgeformt wird" („abweichende Karriere").[5] Rollenverpflichtungen im Sinne „normalen Verhaltens" vermag er nicht zu entsprechen. Die anderen entwickeln ein *„abweichendes Fremdbild"*, dessen Distanz zu seinem *Selbstbild* immer größer zu werden droht. Abweichendes Verhalten und Etikettierung verschmelzen in der Deutung der anderen zu Wesensmerkmalen dieser Person: „Wer einmal lügt, . . ." Der „Teufelskreis" gegenseitiger Verstärkung mündet in der Fixierung abweichenden Verhaltens und in dem Sich-fügen, in der Verinnerlichung des negativen Selbstbildes und der Identifizierung des Betroffenen mit der ihm zugewiesenen Gruppe (z.B. „Behinderte", „Kriminelle", „Neurotiker"), die ihm hilft, seine Identität zu akzeptieren. „Wenn man einen Menschen so behandelt, als würde er generell und nicht nur im speziellen Fall von der Norm abweichen, erzeugt man damit eine *sich selbst erfüllende Prophezeiung.* Sie setzt verschiedene Mechanismen in Gang, die zusammenwirken, um den Betreffenden in das Bild einzupassen, das die Leute sich von ihm machen."[6] Positive oder negative Erwartungshaltungen der Art der *„sich selbst erfüllenden Prophezeiung"* spielen vorwiegend in Abhängigkeitsverhältnissen, insbesondere auch in helfenden (pädagogischen und therapeutischen) Beziehungen eine wesentliche Rolle.

Die Verstärkungsspirale der sich selbst erfüllenden Prophezeiung wird in dem Moment in Gang gesetzt, in dem das soziale Umfeld ängstlich-negativ (z.B. strafend) auf „auffälliges" Verhalten reagiert und die Aufmerksamkeit eng auf die (oberflächlichen) Ausdrucksformen richtet. Statt die Problemsituation des Heranwachsenden aufzuschlüsseln und sein „unangepaßtes" Verhalten (z.B. Stottern, Aggressionen) als seine Art der Anpassung und als mißlungenen Versuch der Konfliktlösung zu akzeptieren,

5) TROJAN, A:: Psychisch krank durch Etikettierung? München 1978, S. 11/12.
6) BECKER, H. J: (1973), zit. n.: SMALE, G.G.: Die sich selbst erfüllende Prophezeiung. Freiburg 1980, S. 37.

decken sie die Problematik durch „persönliche Attribuierung“ zu (→ medizinisches Krankheitsmodell, Kap. 6) und übersehen die vielschichtigen auslösenden sozialen Faktoren. Sie leiten aus ihrer Sicht Vorhersagen auf das künftige Verhalten des Betroffenen ab und bringen ihn durch ihre Etikettierung dazu, vermehrt gegen Regeln zu verstoßen, statt sein tatsächliches Potential an psychischen Kräften zu verstärken, die er bis dahin für falsche Lösungswege „vergeudet“ hat.

Die *sich selbst erfüllende Prophezeiung* ist insofern Teilbereich der *Etikettierung*, als sie sowohl die Entstehung positiv-angepaßten als auch negativ-abweichenden Verhaltens meint. Sie setzt schon ein, wenn der Erzieher z.B. aus seiner Erwachsenensicht kindliche Handlungen beurteilt, statt sich Wahrnehmen und Erleben des Kindes zu vergegenwärtigen.

Einstellungen und Verhalten

„Eine japanische Fabel erzählt von einer Gruppe von blinden Männern, die zum ersten Mal in ihrem Leben einem Elefanten gegenüberstehen. Durch Tasten versucht jeder der Blinden, von seinem Standort aus festzustellen, was er da vor sich hat. – „Es ist ein Ding wie ein Baumstamm“, sagt der, der den Rüssel zwischen den Händen hat. – „Nein, es ist eher wie ein Seil – oder wie eine Schlange!““ ruft der Blinde am Schwanzende. – „Eine Wand ist es, eine Wand, die atmet“, sagt der Blinde der seine Hände gegen die Flanken des Elefanten stemmt. – Man sagt, jeder Japaner kenne die Fabel aus seinem Lesebuch. Und die Kinder könnten daraus lernen, daß . . .

Abb.: Einstellungen und Beurteilungen

. . . man mit seinem Urteil zurückhaltend sein soll, solange man von dem, was man beurteilt noch nicht genügend weiß“[7]

7) GELBERG, H.-J.: (Hrsg.): Augenaufmachen (7. Jahrbuch d. Kinderliteratur). Weinheim 1984, S. 192

Einstellungen sind weder direkt beobachtbar noch meßbar. Aussagen über Einstellungen stützen sich auf Augenblicksbeobachtungen: Sprachliche o.a. Verhaltensäußerungen vermitteln uns Zugang zu (Gefühlen, Gedanken ... und) Einstellungen und bilden die Grundlage für die Beurteilung von innermenschlichen Vorgängen und für Verhaltensvorhersagen. Einige Verhaltensweisen geben uns zuverlässigere Hinweise als andere, und jede von ihnen kann auf eine unbestimmte Anzahl unterschiedlicher Einstellungen hinweisen.

Auch wenn zwei Menschen die gleiche Einstellung vertreten, können sie sich im Weg unterscheiden. Verhaltensäußerungen selbst können also nicht eindeutig für bestimmte Einstellungen „sprechen", vielmehr wird der Beobachter subjektiv irgendwelche Einstellungen „wiedererkennen".

Einstellungen sind stabile individuelle Orientierungssysteme: Sie erleichtern uns das Zurechtfinden in einer komplexen, sich ständig ändernden Welt, aber sie blenden auch mögliche sinnvolle Erfahrungen aus. Durch Kenntnis von Einstellungen und deren Entstehungsbedingungen gelangen wir zur Aufhellung von weiterreichenden Aspekten sozialer Beziehungen einer Person, als uns dies allein durch Analyse der sozialen Wahrnehmungsprozesse gelingen könnte.

Wir können Einstellungen keinen fest umgrenzten Bestand an Verhaltensweisen zuordnen. Die eigenen Lernerfahrungen bestimmen, welches *konkrete* offenkundige Verhalten zur mehr *abstrakten*, privaten Einstellung – z.B. zur demokratischen oder autokratischen Erziehung – „paßt". Sprachlich geäußerte Einstellungen und offen gezeigtes Verhalten müssen durchaus nicht übereinstimmen. Einstellungen sind so etwas wie vorweggenommenes Verhalten, und sie steuern Verhalten. Aber von der Einstellung zum nachfolgenden Verhalten kann es ein weiter Weg sein. Und mehrere Einstellungen können zur gleichen Zeit (konflikthaft) wirksam werden.

Beispiel: In Untersuchungen an Kindergarten-Erzieherinnen ließ sich zeigen, daß schulische Lernprozesse wahrscheinlich keine bedeutenden Änderungen ihrer Persönlichkeits- und Einstellungsstruktur und der verfestigten Sozialisationserfahrungen in Richtung auf demokratisches Verhalten erreichen, bisweilen kaum mehr, als das eher konservativ getönte Leitbild des Kindergartens (als „Bewahranstalt") und der Erziehungsaufgabe (als „Frauensache") aufbrechen. In der gesamten Lerngeschichte erworbene, weniger die im Verlaufe der sozialpädagogischen Ausbildung angenommenen sozialen Einstellungen finden wir also dort im praktischen Erzieherverhalten wieder. Gerade in Konfliktsituationen greifen Erzieher(innen) auf an sich selbst erfahrene Verhaltensweisen zur Bewältigung zurück oder lassen ihr tatsächliches Verhalten von Rückmeldungen der Leiterin, der Kolleginnen und Eltern bestimmen (→ Konformitätsdruck, Kap. 7). Einstellungsveränderungen als widerstandsfähige Sozialisationswirkungen können allein durch „Bewußtseinsänderung" in der Theorie nicht erzielt werden, sondern müssen durch Einübung offenen, experimentierenden Verhaltens in der Praxis gesichert werden.[8]

Definiton: „Einstellungen sind relativ lang andauernde, gelernte psychische und physiologische Bereitschaften, durchgängig und einheitlich bestimmte Klassen von Objekten wahrzunehmen, zu bewerten und sich ihnen gegenüber in bestimmter Weise zu verhalten."[9] Einstellungen sind relativ kurzzeitige (senso-motorische) Reaktionsbereitschaften (engl. „set") – z.B. kurzzeitige Konzentration auf eine Testaufgabe – oder überdauernde (emotional-kognitive) Handlungstendenzen (engl. „attitude") – z.B. soziale Einstellungen und Vorurteile, die oft lebenslang der Überprüfung von Fehleinstellungen, Einstellungsänderungen und dem Erwerb neuer Einstellungen hinderlich sind.

Indem das Kind zwischen „gut-böse", „richtig-falsch", „wichtig-unwichtig" unterscheiden lernt („Autonomiephase"), eignet es sich Maßstäbe seiner Umwelt und somit überdauernde Reaktionsbereitschaften an. Der Aufbau von Werthaltungen und Einstellungen geht Hand in Hand mit der Entfaltung sozialen Verhaltens und moralischen Urteilens.

Je zentraler der Ort der Einstellung im vernetzten System sämtlicher Einstellungen ist, desto größer ist ihr Widerstand gegen Veränderung, nicht zuletzt deshalb weil sie notwendig die Änderung angrenzender Einstellungen nach sich zieht. Die für eine Persönlichkeit besonders *charakteristischen Einstellungen* werden auch als *Eigenschaften* bezeichnet. Durch sie wird es dem Psychodiagnostiker (→ Kap. 6) möglich, Menschen zu beschreiben und Verhalten vorherzusagen.

Einstellungen sind durchgehend vorhanden, d.h. Denken, Fühlen und Verhalten stehen in Einklang oder werden möglichst zur Übereinstimmung gebracht:Die *„autoritäre" Persönlichkeit* nimmt ihre Mitmenschen „autoritär" wahr, bewertet und behandelt sie „autoritär" (Eigenschaften: unterwürfige Haltung gegenüber Autoritäten, Schwarz-weiß-Denken, pharisäische Selbstgerechtigkeit, verborgene Feindseligkeit, rassische Vorurteile u.a.[10]).

Einstellungen setzen sich zusammen aus *3 Komponenten*: „Beim Kind sind zuerst das Verhalten oder der Handlungsteil, dann die affektive und endlich erst später die kognitive Komponente zu beobachten."[11] Die *kogniti-*

---

8) s. dazu: BORNEWASSER, M.: Einstellungen und Verhalten bei Erzieherinnen im Kindergarten, in: MUMMENDEY, H.-D. (Hrsg.): Einstellung und Verhalten. Bern 1979, S. 31 ff.

9) HEINERTH, K. (Hrsg.): Einstellungs- und Verhaltensänderung. München 1979, S. 20.

10) s. verschiedene Theorien zur Einstellungsänderung: 1. MUCHIELLI, R./ ARDELT, E.: Einstellungen und Manipulation. Salzburg 1975, S. 49–56 – 2. MANN, L. a.a.O., S. 184 ff.

11) SCHRAML, W.J.: Moderne Entwicklungspsychologie. Stuttgart 1980, S. 365.

ve Komponente (Urteilsvermögen, Einsicht, Verständnis, Kenntnisse, Vorstellungen) veranlaßt positive oder negative Haltungen gegenüber Menschen, Situationen oder Sachverhalten, aber auch die Rechtfertigung z.B. feindlicher *Gefühle* (→ Rationalisierung, Kap. 7). Jede Einstellung ist schließlich verbunden mit konkreten *Verhaltensabsichten oder* offenem *Verhalten*, z.B. den Freund unterstützen, Fanatismus entgegentreten, Selbstkritik üben, Feindbilder abbauen, Zivilcourage zeigen . . . Der *Einstellung sinnverwandte Begriffe* sind: Meinung, Überzeugung – mit der Betonung der Gefühls- oder Verstandeskomponente – und Wert-Haltung – stärker die Handlungskomponente enthaltend. Dem Begriff Einstellung nahestehend sind *„Stereotyp"* und *„Vorurteil"*. „Bei *Sterotypien* handelt es sich um besonders starre, festgelegte Sichtweisen oder Einstellungen, die sich vor allem auf Gruppen und Klassen von Menschen beziehen."[12]

Sie ordnen unterschiedslos jedem Mitgied einer Gruppe (z.B. „den Beamten", „den Schülern", „den Frauen") dieselben Merkmale zu. Im Gegensatz zur positiven Überbewertung der Eigengruppe („Wir-Gruppe", „Ingroup": *Autostereotyp*) kommt es dabei zur meist negativen Überzeichnung des Bildes der Fremdgruppe („out-group", *Heterostereotyp*) und in der Folge zu *diskriminierendem Verhalten* (: ungerechte Behandlung, Ab werten, Verdächtigung . . .). Das Freund-Feind-Schema führt zur Wert steigerung der eigenen Gruppe im Sinne des *Figur-Grund-Verhältnisses* (→ Kap. 1). Übernehmen Angehörige der Fremdgruppe das abwertende Ste reotyp als Maß der eigenen Minderwertigkeit, versuchen sie sich aus de abgelehnten Gruppe abzusetzen, um Individualität und Identität wieder zugewinnen: Durch Veränderung des Wohnortes und des Namens „Schönheitsoperationen", Korrektur der Nase, Glätten der Haare wenden sie sich gegen ihre Bezugsgruppe (und entfremden sich sich selbst). Ins beondere die *Massenmedien* tragen dazu bei, kategorisierendes, stereoty pisches Denken aufzubauen und falsche Verallgemeinerungen aufrecht zuerhalten. Stereotype Überzeugungen und Zerrbilder von „Emanzen", „Faschisten", „Helden" und „Schurken" versichern uns, selbst recht und moralisch einwandfrei zu handeln. Demzufolge können *Stereotype aggressionsfördernd* wirken, indem sie helfen, Schwarz-weiß-Wahrnehmung, Denkschablonen und Beurteilungsschubladen zu verteidigen und Aggressionen zu rechtfertigen („autoritäre Persönlichkeit").

Einstellungen und Vorurteile in Wahrnehmen, Denken und Handeln des Menschen

Wir alle haben Vorurteile. Und jeder von uns wird täglich ebenso zum Objekt von Vorurteilen wie zu deren Auslöser. „Man kann *Vorurteile* definieren als eine Summe erlernter Ansichten, Einstellungen und Wertvorstellungen, die das eine Individuum anderen gegenüber besitzt, wobei sein Urteil (a) aufgrund unvollständiger Informationen gebildet wurde, (b) re-

---

12) MUCCHIELLI, R., a.a.O., S. 19.

lativ immun gegen anderslaufende Informationen ist und (c) in kategorischer Weise Menschen bestimmten Klassen oder Gruppen zuordnet, die (charakteristischerweise) negativ eingeschätzt werden."[13]

Soziale Vorurteile (als „stabil gewordene Wahrnehmungstäuschungen", A. MITSCHERLICH) haben die Eigenschaften von *sich selbst erfüllenden Prophezeiungen* indem sie die Wahrnehmung in Einbahnstraßen steuern und eine Anpassung des Vorurteilsobjektes an das Vorurteil verursachen. „Sozial" sind Vorurteile insofern, als sie 1. nur Menschen (gruppen) gelten, 2. sich erst im gesellschaftlichen Kontext herausbilden und 3. von vielen Personen geteilt werden. Ihre jeweiligen Ausdrucksformen spiegeln grundsätzlich Anteile früher Erfahrungen vor allem der Kindheit. Sie richten sich auf von der Gesellschaft bereitgesstellte Objekte.

Eigentlich ist jedes Urteil ein *Vor-Urteil.* Das *Vorurteil* kommt voreilig zustande, wird ungenügend (oder gar nicht) durch Informationen, Erfahrungen und Nachdenken unterstützt und verallgemeinert über viele Menschen oder Ereignisse hinweg. Jedes Vorurteil ist negativ, weil falsch, und der Vorurteilsträger kann den Wahrheitsbeweis nicht antreten. Dennoch ist es oft unumgänglich (als Hypothese), um einen Standpunkt zu finden.

Soziale Vorurteile dienen der Entlastung von Schuldgefühlen und Abwehr von Ängsten, die einen „Sündenbock" oder eine Minderheit als Opfer brauchen (→ Projektion, Kap. 7), jemand, den man für eigenes Versagen verantwortlich machen kann. Der Mensch fühlt sich in einigen *Eigengruppen „beheimatet",* die meisten Menschen aber bleiben ihm fremd. Das Fremde, Andere nimmt er oft – insbesondere in Krisensituationen – als bedrohlich wahr. Dies läßt ihn (Angehörigen von) *Fremdgruppen* negative Merkmale zusprechen, sie abwerten, um sich selbst zu erhöhen. *Ähnlich den neurotischen Verhaltensmustern* sind sie im emotionalen, unbewußten Bereich des Menschen verwurzelt und erfahren ebenso leidenschaftliche Rechtfertigungsversuche (→ „Abwehrmechanismen" Kap. 7). Aufgrund seiner Angstbereitschaft und „Intoleranz gegenüber Mehrdeutigkeit" mehrt sich der (autoritäre) Vorurteilsträger gegen die Wahrnehmung der Notwendigkeit einer Einstellungsänderung, die für sich schon seine labile psychische Sicherheit gefährdet. *Einstellungen wie Vorurteile* helfen dem Menschen bei der Befriedigung sozialer Bedürfnisse, indem sie einer oder mehreren *spezifischen Funktionen* dienen[14]:

1. Wissens- und *Orientierungsfunktion*: die Orientierungsfunktion entspringt dem Bedürfnis nach Sinngebung und Vereinfachung der mehrdeutigen, oft nicht überschaubaren Lebenswirklichkeiten. Sie führt zu Wahrnehmungs- und kognitiven Schemata mit den Zielen, Ungewißheit aufzuheben, „Wissen" zu erreichen, Vorhersage von Ereignissen und Zu-

---

13) ZIMBARDO, P. G./RUCH, F. L.: Lehrbuch der Psychologie, Berlin 1978, S. 487.

14) In Anlehnung an KATZ, D., s. dazu: MANN, L., a.a.O., S. 173 ff.

sammenhängen zu erleichtern. Darauf bauen unser Bildungswesen und die Autorität öffentlicher Institutionen auf, indem sie der Umwelt eine erkennbare Gliederung geben. Neue Erfahrungen können alte Vorurteile/ Einstellungen gradweise verändern – z.B. gegenüber einer Minderheit –, ohne damit eine Veränderung des Gesamtverhaltens zu bewirken – also Vorurteile gegenüber Minderheiten im allgemeinen zu verringern.

2. Nützlichkeits- und *Anpassungsfunktion*: Die Äußerung erwünschter und vorherrschender Einstellungen sichert soziale Anerkennung in der Bezugsgruppe und womöglich irgendwann erforderliche Unterstützung. „Indem eine Person die Einstellungen und Vorurteile seiner Gruppe übernimmt, helfen sie ihm, zufriedenstellende emotionale und soziale Beziehungen zu anderen Gruppenmitgliedern herzustellen und so der Gefahr einer Außenseitersituation vorzubeugen."[15] Zugleich wird das Auftreten gruppeninterner Konflikte entscheidend vermindert, so daß das einzelne Mitglied wie die Gruppe Geschlossenheit und Einigkeit beim Verfolgen von Gruppenzielen und Eintreten für Gruppeninteressen demonstrieren kann. Vor allem Personen (gruppen) in sozial wenig geachteten Positionen können durch Abwertung eines einzelnen („Sündenbock") oder durch Diskriminierung einer Fremdgruppe („Minderheit") ihr soziales Selbstbewußtsein stärken, ohne dafür eine Leistung erbringen zu müssen. Darüber hinaus werden Wert- und Ordnungsvorstellungen und somit bestehende Machtverhältnisse stabilisiert.

3. Selbstdarstellungs- und *Bewertungsfunktion*: Wertende Einstellungen und Vorurteile zu öffentlichen Themen stärken das Selbstbild und die soziale Identität, ohne sie könnte sich der einzelne als „unsicherer Kantonist" und ohne Halt in der Gruppe wiederfinden. Selbstdarstellungfunktion erhalten sie dadurch, daß das Individuum erworbene Einstellungen so abzuändern sucht, daß seine „Eigenständigkeit" sichtbar wird.: „ich stimme zwar im wesentlichen . . zu, aber . . .". Auf diese Art wird zudem erreicht, daß man einerseits nicht in Gegensatz zur Eigengruppe gerät, andererseits aber immer noch ein „Hintertürchen" offen läßt.

4. Ich-Verteidigungs- und *Selbstbehauptungsfunktion*: Insbesondere die psychoanalytische Persönlichkeitstheorie zeigt soziale Einstellungen und Vorurteile als Bestrebungen auf, unbewältigte, aus der Kindheit überkommene und im Erwachsenenalter weiterwirkende Konflikte und Ängste aufzuarbeiten. Das Ich bedrohende Minderwertigkeitsgefühle, sexuelle und soziale Bedürfnisse werden im Sinne der Ich-Verteidigung bei anderen wahrgenommen (→ Projektion, Kap. 7) und umso heftiger bekämpft, je mehr diese sich gegen solche Zuschreibungen verwahren.

---

15) BARRES, E.: Das Vorurteil in Theorie und Wirklichkeit. Opladen 1974, S. 109.

A 8

Vorurteile widerlegen genügt nicht!

(1) Erinnern wir uns: Unser über die Sinne erreichbares *Bild der Welt ist kein objektives Abbild der Realität.* Individuelle Lebensgeschichte und Erfahrungen formen unser Bild von der Wirklichkeit. Sinnvolles Wahrnehmen wird erst durch Bildung von Wahrnehmungsschemata und Konstanzmechanismen möglich, die über Organisationsprozesse im Sinne der Wahrnehmungsgesetze (→ Kap. 1) die unzähligen Sinnesreize begrenzen gemäß den in den Sozialisationsvorgängen geformten Wahrnehmungsmustern, Vorstellungs-, Wunsch- und Phantasiewelten.

Vorurteile lassen sich nur schwer verändern durch Lernprozesse, da sie nicht nur in der frühen Kindheit erworben wurden und emotional „unterfüttert" sind, sondern auch deswegen, weil „jede Generation die unerledigten Konflikte ihrer Vorfahren erbt" (H.-E. RICHTER).

(2) *Einstellungsänderung und Abbau von Vorurteilen* wird möglich durch Informationen (z.B. über Lebensweisen des anderen), Kontakte und Kennenlernen, Konformitätsdruck der Bezugsgruppe (des Vorurteilsträgers) und Verbesserung der Lebensqualität beider. Der Versuch, Vorurteile zu widerlegen, provoziert leicht (Schein-) Gegenargumente. Das Bemühen um *Einstellungsänderung* kann gut *bei uns selbst beginnen: Selbstanalyse* muß unerledigte Konflikte und verdrängte Bedürfnisse aufdecken und helfen, unsere Schwächen zu akzeptieren und Situationen zu hinterfragen, in denen unsere Vorurteile zum Ausdruck kommen. Wir müssen lernen, auf ein Urteil verzichten zu können. Jeder von uns hat das Recht, anders zu sein, zu denken, zu handeln, jeder Jugendliche, jeder alte Mensch, jeder Behinderte, . . .

(3) Unterdrückung der Entfaltungsmöglichkeiten der Menschen führt zu Selbstunsicherheit, emotionaler Verarmung, Aggressionsneigungen, also zu einem gestörten Selbstbild und zu einer *„Behinderung der Nicht-Behinderten"*: Diese führt zum Nicht-wahrhaben-wollen und Ausgrenzen von Behinderten; die bedrohliche Vorstellung von möglichen eigenen Behinderungen wird zum Vorurteil, zur Abwehr der Behinderten selbst.

Weiterführende Literatur:

R. MUCCHIELLI/E. ARDELT: Einstellungen und Manipulation. Salzburg 1975

G.G. SMALE: Die sich selbst erfüllende Prophezeiung, Freiburg, 1980

H. STIERLIN: Eltern und Kinder, Frankfurt/Main, 1978

A. UPMEYER: Soziale Urteilsbildung.Berlin, 1985

D. Aspekte des Beobachtungsgegenstandes

9. Räume als Beobachtungsgegenstand

oder: Die stumme Botschaft von Lebensräumen erfassen

L 13

L 9

Raum und Lernen sind vom Beginn der Entwicklung an eng miteinander verknüpft. Der Heranwachsende muß sich Raum schaffen für sein Leben, im konstruktiven oder destruktiven Sinn. Die Wohnverhältnisse, die ein Kind zuhause vorfindet, sind immer mitverantwortlich für sein späteres soziales Verhalten, sein kreatives Vermögen und seine Einfühlungsfähigkeit.

(a) Die elterliche Wohnung, mit den Augen eines Kindes betrachtet: „Kennzeichnend für die elterliche Wohnung sind aber, von einigen ganz seltenen Ausnahmen abgesehen, Unordnung, Schmutz, Verschwendung, Irrationalität. Die Eltern können nichts dafür. Eltern verwenden völlig falsche Ordnungssysteme, und sie klammern sich mit unendlicher Halsstarrigkeit daran. Zum Beispiel pflegen sie Gegenstände der gleichen Art alle an einem einzigen Ort aufzubewahren. Damit steht eins fest: Wo immer sie sich gerade befinden, sie haben nie alle die Dinge zur Hand, deren sie bedürfen. Jedes vernünftige Kind strebt danach, sich bald da, bald dort ein Lager anzulegen, das eine möglichst breite Palette nützlicher oder angenehmer Gegenstände enthält.

Die Wohnung der Eltern ist oftmals schmutzig. Sie schütten dort alle Arten von durchdringend riechenden chemischen Erzeugnissen aus... Eltern versperren ihre Wohnung mit allen Arten von unnützen Gegenständen, die zudem uninteressant, häßlich und für den Verzehr nicht geeignet sind. Diese Dinge sind häufig sehr teuer... Väter und Mütter spielen praktisch niemals mit diesem Zeug, aber sie legen unerbittlich großen Wert darauf . . ."[1]

(b) Weil Erwachsene im allgemeinen bei der Einrichtung von Räumen vorwiegend auf ästhetische Wirkungen oder Ordnungsgesichtspunkte achten, haben die Kinder ihre Not, sich im elterlichen Ordnungssystem zurechtzufinden. Sie müssen nicht nur die räumliche Anordnung von Möbeln beachten, um nicht „anzuecken", sondern auch im Jahre währenden Kampf um einen Sitzplatz auf diesen mächtigen Stühlen an Tischen der Erwachsenen bestehen.

Raum, das ist für Erwachsene zunächst meist *Ordnung* und irgendwann auch – zeitlich begrenzt – *Spielraum* für Kinder. Aber er hat selten die Qualität, ihnen ein großes Maß an selbstbestimmten Handlungsansätzen, Experimenten und Erfindungen zu eröffnen, in einer Auseinandersetzung mit Aspekten der Umwelt Erfahrungen zu sammeln und Fähigkeiten des Erkennens sowie des sozialen Verhaltens zu erwerben. Kindern und Jugendlichen überlassene Räume werden selten zu *Lernräumen*. Sie bleiben eher Schonräume und weitgehend unveränderbar. Lernen heißt dann Anpassen. Verhaltensänderungen werden von außen verordnet und fremdbestimmt. Spielende, lärmende, ihren Körper wie die Umgebung untersuchende Kinder verursachen dann nicht nur Unordnung, sondern sie stören, weil sie unterdrückte Bedürfnisse der Erwachsenen und daran festgemachte Ängste aktivieren und Abwehrmechanismen provozieren (→ Kap. 7).

---

1) v.d. BROUCK: Handbuch für Kinder mit schwierigen Eltern. Stuttgart 1981, S. 70/71.

Ordnungssucht läßt Kinder „zuhause keine Heimat finden“. Geborgenheit und Sicherheit kann ein familiäres *Wohnklima* vermitteln, das dem Bedürfnis nach *Kontakt* ebenso genügt wie demjenigen nach *Alleinsein.*

T 9

Persönlicher Raum und Aufenthaltsräume

Als „persönlicher Raum“ (Psychomilieu) wird der vom einzelnen gleichsam mitgeführte Raum bezeichnet. Es handelt sich dabei um etwas Ähnliches wie die in der biologischen Verhaltensforschung beschriebe Sicherheitszone (das „Territorium“ eines Tieres). Auch im menschlichen Bereich beanspruchen die Individuen ihren persönlichen Raum und achten auf die Einhaltung seiner Grenze –Erwachsene übrigens mehr als Kinder.

E.T. HALL (1966) differenziert 4 Distanzbereiche, die von uns Menschen, in Abhängigkeit von kulturellen und sozialen Einflüssen, aufgebaut werden[2]:

1. *intime Distanz:* Wahrnehmung von Geruch und Körperwärme, verzerrte visuelle Information
2. *personelle Distanz:* wahrnehmbares Feedback der Augenmuskeln bei Betrachtung des anderen
3. *soziale Distanz:* Gesicht des anderen ohne Augenbewegungen überschaubar
4. *öffentliche Distanz:* von Fremden zu respektieren und in direkter Beziehung zum öffentlichen Ansehen der Person stehend (3,60 m – 7,50 m)

Räume, z.B. Büros, können soziale Wahrnehmung, Einstellungen und Verhalten von Besuchern beeinflussen: Die Innenausstattung kann verhaltensverstärkenden Wert haben und Sich-wohl-fühlen, Gefühle des Akzeptiert-werdens und der interessierten Anteilnahme auslösen – oder aber das Bedürfnis ausdrücken, in Ruhe gelassen zu werden: der Schreibtisch als Barriere in der Mitte, pedantische Ordnung, wenig Bilder und Pflanzen.

Räume, das sind auch karg eingerichtete, nüchterne, steril wirkende Krankenzimmer mit nackten weißen Wänden und vollkommener Abschir-

2) SCHMALE, H.: Probleme der Umweltpsychologie, in: KAMINSKI, G.: Umweltpsychologie, Stuttgart 1976, S. 104.

mung von allen Außengeräuschen. Sie können bei Kleinkindern bei mehrwöchigem Aufenthalt zu Verhaltensstörungen und nachfolgender Entwicklungsverzögerung beitragen. „Die andauernde Aktivität des Gehirns ist ohne sensorischen Input ausgeschlossen und bei zeitweiliger sensorischer Isolierung in ihrer Leistungsfähigkeit beeinträchtigt.“[3] Und das wird ja schon offenbar in der Funktionslust, Neugier und Experimentierfreude des Kleinkindes. Aktivierung des Organismus mit dem Ziel der Reizzufuhr erfolgt bei unzureichendem oder monotonem Reizangebot in Form von Tagträumen, Phantasien, Halluzinationen, angstvollen Wahrnehmungsverzerrungen und sogar Selbst- und Fremdaggressionen (Beispiele: Fließbandarbeit, Hochhäuser im „Betondschungel“ der Großstädte, aber auch Schulgebäude).

Raum und Zeitraum

Raum und Zeitraum sind wesentliche Voraussetzungen für die Identitätsfindung. Der Säugling lebt im Hier und Jetzt. Dadurch, daß er aktiv auf seine Umgebung einwirkt und Veränderungen feststellt (an sich und den Objekten), lernt er, Räume zu entdecken und Zeit nach Gegenwart, Vergangenheit und Zukunft zu strukturieren. Er lernt schließlich, Zusammehänge zwischen Raum und Zeit, Ursache und Wirkung zu entdecken und sich dessen zu versichern, daß Gegenstände auch bei Ortswechsel konstante räumliche Formen behalten. „Das Kind ist nun fähig, ein verschwundenes Spielzeug zu suchen, da es weiß, daß Objekte weder aus dem Raum noch aus der Zeit verschwinden können. Es weiß zugleich, daß die Veränderung des Objektes im Raum einen bestimmten Grund hat, also nicht willkürlich oder zufällig ist, sondern auf Einwirkung zurückführbar ist.“[4] Es entwikkelt Orientierungsfähigkeit und Vorstellungsvermögen.

Jede Handlung, jeder Kontakt, jede Initiative, jede Kommunikation ist zu allererst gebunden an den Raum: Das Gehenlernen hilft dem Kind, das Sich-entfernen der Mutter nicht mehr nur passiv zu erleiden, sonder aktiv handelnd das Ausmaß an Entfernung zu beeinflussen. Mit zunehmender Sensibilität werden vertraute Gegenstände zu Anhaltspunkten bei Trennungserfahrungen (wie Weggehen der Mutter, Schlafen-gehen: Plüschbär, brennende Nachttischlampe) und zu Stützen bei der Eroberung neuer Situationen. Es lernt mit den Erwachsenen, den Raum auszuloten und dabei räumliche Bilder und zeitliche Vorstellungen zu entwerfen. Sobald das Kind laufend z.B. die Wohnung durchmessen kann, lernt es, das Heimliche hinter all dem unheimlichen Fremden zu entdecken;und es wird sich dabei seiner Begrenztheit und Einzigartigkeit als Individuum inne. Sein eigener Körper wird ihm zum Instrument und Lehrer in dem Maße, in dem es durch Selbsterkundung lustvoll Erfahrungen machen kann. Neugier

---

3) SEIFFGE-KRENKE, I.: Wahrnehmung (Arbeitsbuch Psychologie, Bd. 2), Düsseldorf 1981, S. 18.

4) VOLMERG, U.: Identität und Arbeitserfahrung. Frankfurt/M. 1978, S. 103.

verbindet mit den Lebewesen und den unbekannten Dingen des Lebensraumes. Kinder verstecken sich, bauen Höhlen, verkleiden und verhüllen sich, um (sich) wieder zu enthüllen und zu entdecken. Dagegen erfahren Kinder bei *früher Deprivation* Leere und fehlenden Halt. Denn sie vermögen in den ersten Lebensjahren Räume weder von sich aus zu strukturieren noch psychomotorisch zu beherrschen[5]. Hier liegen die Wurzeln nicht nur für Entwicklungsstörungen, sondern auch für Beziehungsstörungen.

Eigenraum und „Arbeitsräume" für Kinder

Das wesentliche Kriterium für die Beurteilung von Spielräumen für Kinder ist die Frage, welche Erfahrungen sie vermitteln. Der in der Phase des Autonomiestrebens einsetzende Bewegungsdrang des Kindes, seine „noch ungekonnte Aktivität ist unausgesetzt Stein des Anstoßes; einfach deshalb, weil die *Arbeitsräume* für kindliches Spiel sowohl in der Enge der Wohnung wie in der Enge großstädtischer Areale fehlen. Aber Eigenraum für das Kind ist nun unerläßlich, zudem braucht es Plätze, an denen es sich mit seinesgleichen treffen kann. Die kindliche Eigenwelt als ein Bereich sozial Schwacher wird rücksichtslos manipuliert."[6]

Wer Kindern stereotype *Spielplätze* aus dem Warenhauskatalog anstelle der verschwindenden natürlichen Bewegungswelt einrichtet, mit unveränderbaren Klettergerüsten, Schaukeln usw., am besten in Form eines „Zoos" aus Beton - und Eisenröhren-Tieren, täuscht sich und die Kinder und überträgt kurzsichtiges Konsumdenken auf Kinder. Seine Spielplatzumwelten sind nicht kindgerecht, sondern langweilen die Kinder, „denn sie finden ja keine Vielfalt vor, aus der sie nach eigenen Bedürfnissen die interessierende Realität auswählen"[7] und an der sie lernen können. Lernen aber bedeutet Veränderung des Verhaltens. Und Veränderung des Verhaltens muß wahrnehmbare Veränderung der Umgebung nach sich ziehen können.

Ghettoartige „Abenteuer- oder Park-Spielplätze" mit oftmals geradezu bürokratischen Regelungen legen die Tätigkeiten der Kinder eher fest, als ihnen Raum zu bieten. Die pädagogische Qualität von betreuten *Erlebnisspielräumen* zeigt sich daran, ob Heranwachsende sich zusammen mit anderen – Älteren und Jüngeren – experimentierend Wirklichkeit verfügbar machen und gesellschaftliche Erscheinungen schrittweise in ihr Spiel einbeziehen können. Können die gewonnenen Erfahrungen auf wirkliche Lebenssituationen übertragen werden? Helfen sie, die komplexe Lebenswirklichkeit aufzuschlüsseln?

---

5) s. dazu: ZLOTOWICZ, M.: Warum haben Kinder Angst? Stuttgart 1983.

6) MITSCHERLICH, A.: Die Unwirtlichkeit unserer Städte. Frankfurt/M. 1976 (13), S. 90/91.

7) MAYRHOFER, H./ZACHARIAS, W.: Aktion Spielbus, Weinheim 1973, S. 8.

Typisierung pädagogischer Räume

Beherrschung des Raumes entsteht durch Fortbewegung und durch das Entstehen eines Bildes von Vertrautheit. Leere, hohe Räume vermitteln das Gefühl der Kleinheit, enge Räume hemmen nicht nur den Bewegungsdrang ebenso wie den Rückzug in einen intimen Bereich, sondern sie engen auch das Fühlen und Denken z.B. der Erzieherinnen im Kindergarten ein (– „es könnte was kaputtgehen" –). Und sie behindern Kommunikation und Kooperation. D.h. auch: Sie bieten umso weniger wirkliche Entfaltungsmöglichkeiten, je weniger sie freie Bewegungsmöglichkeiten und geistigen Freiraum zur Verfügung stellen. In diesem Sinne gilt: Die Einrichtung pädagogischer Räume verkörpert schon den herrschenden Erziehungs- und Kommunikationsstil.

Je nach Veränderbarkeit von *Gruppenräumen* (auch im Kindergarten) können wir in Anlehnung an die typisierten Erziehungsstile von K. LEWIN auch Räume typisieren:

1. *„Sozial-integrative Räume"* gewähren den Nutzen größerer Handlungsspielräume und die Möglichkeit, kurzfristig oder auch zur gleichen Zeit zwischen verschiedenen Tätigkeiten und Verhaltensweisen zu wählen. In ihnen lassen sich Teile umfunktionieren: Wände verschieben, Regale als Raumaufteiler verwenden oder in Wände für Buden verwandeln, Wände zum großflächigen Anmalen oder Fenster als Gewächshäuser nutzen.

2. Im Gegensatz zur dort eher beratenden Rolle z.B. der Sozialpädagogin, übt diese im *„autoritären Raum"* Kontrollen aus, engt mit ihren Anweisungen die Vielfalt an Aktivitäten ein, „sorgt" für „ausstellungsreife" Ergebnisse beim Basteln, (die nur mit ihrer Hilfe so vollendet werden können) und läßt Beschäftigungen wie Malen, Werken zum Selbstzweck werden, statt sie in andere Situationen wie z.B. Rollenspiel einzubauen.

3. Der *„laissez-faire-Raum"* würde keine Strukturierung und Orientierung als Aufforderung oder Entscheidungshilfe vorgeben, sondern eher – wie ein überfülltes Spielzimmer – überfordern und dadurch ebenfalls einengen. Räume, auch Gebäude, haben kommunikativen Charakter: Sie vermitteln Geborgenheit, Vertrautheit, stimmen heiter, regen an, fördern die Konzentration oder beruhigen, erdrücken auch oder langweilen.

Privatheit und Öffentlichkeit von Räumen

Der erste Eindruck, daß Kinder sich in einem Raum wohlfühlen, kann täuschen: Zu viele Kindergärten z.B. sind nach ästhetischen Vorstellungen von Erwachsenen gebaut und so perfekt eingerichtet worden – „alles hat seinen Platz" –, daß Phantasie und Kreativität kaum Raum finden. Für Kindergärten ebenso wie für Freizeitstätten und Heime ist es aber wichtig, daß die Räume ein ausgewogenes Verhältnis von „privaten", „intimen" und „öffentlichen" Bereichen anbieten: Die räumlichen Voraussetzungen für ein dynamisches Miteinander von *„Privatheit"* und *„Öffentlichkeit"* helfen erst, individuelle Identität zum einen und Gruppenbewußtsein und Solidarität zum anderen wachsen zu lassen. Gruppeneinheiten eines Kindergartens als „gelbe“, „rote“, „Maikäfer“– oder „Rosengruppe“ unterschiedlich zu kennzeichnen, schafft noch keine Unverwechselbarkeit, fördert weder anteilnehmendes Engagement noch solidarisches Wir–Gefühl. Es bleibt äußerliche Dekoration, wenn den Gruppenmitgliedern nicht eine wirkliche Mitgestaltung nach eigenen Wünschen und Vorstellungen eingeräumt wird.

Schon das Kleinkind, erst recht der Jugendliche braucht eine Privatsphäre, in der er sich unbeobachtet, frei von Gruppen- und Rollenzwängen entfalten kann. Ein Mangel an *offenen Räumen* verhindert gruppendynamische Prozesse (Diskussionen, Planungen, Öffentlichkeitsarbeit) und bewirkt leicht Verfestigungen von Hierarchien und Abhängigkeitsverhältnissen und damit auch Ausgliederung von einzelnen Mitgliedern oder Teilgruppen aus dem „Blickfeld“.

Soziale Beziehungen hängen auch von räumlichen Faktoren ab: Z.B. lange Wege im Wohnbereich eines Heimes, Verteilung eines Gruppenbereichs über mehrere Stockwerke, Abschließen einzelner Gebäudetrakte, Nachbarschaft wichtiger Funktionsbereiche oder der Grad der Öffentlichkeit von Räumen für Gruppen und Besucher (im Heim z.B.) sind solche Faktoren.

Gebäude und gebaute Umwelt lenken, formen und bestimmen auch Verhalten und Erleben der Menschen in einer sozialpädagogischen Einrichtung. *Räume und Flächen* ermöglichen oder behindern zwischenmenschlichen Kontakt: Ihre überlegte oder nachlässige Gestaltung hat mit inhaltlich- pädagogischen Fragen zu tun. Nicht die reine Flächen- oder Raumgröße steht dabei im Vordergrund, sondern Flächenformen, Abstände, äußere Gestaltung und verwendete Materialien. Ähnliches gilt bei einem *Spielgelände*: Mit der Entscheidung für eine übersichtliche, für die Erzieherinnen jederzeit kontrollierbare Freifläche oder aber für ein gegliedertes, Hügel, Nischen und Verstecke bietendes Gelände wird u.a. auch schon über Lern- und Erfahrungsmöglichkeiten entschieden.

Institutionen und ihr sozialer Raum

Es geht nicht nur um die gebauten Räume; ebenfalls zu berücksichtigen ist der organisierte „soziale Raum“. Die Bedeutung dieses Aspektes möchten wir am Beispiel von Jugendfreizeiteinrichtungen erläutern.

Heranwachsende lernen Schule kaum als einen sinnvollen Lebens- und Erfahrungsraum kennen, in dem nicht nur allgemeine Kenntnisse von Veränderungsprozessen und mitmenschlichen Konflikten verbal vermittelt, sondern die Schülerinnen auf selbständiges Umgehen mit Veränderungen im eigenen Leben vorbereitet werden. Sie erfahren sie eher als einen Ort, an dem durch Hierarchisierung der Kompetenzen und Rollen, durch vorgeschriebene Kommunikationskanäle, durch stereotyp ablaufende Interaktionsformen, durch willkürliche Stundenplan- und Raumänderung usw. Leistungsdruck ausgeübt und Lernen instrumentalisiert wird. Umso notwendiger ist es für sie, Handlungsräume mitzugestalten und zu erweitern. Ihre Erwartungen an Jugendfreizeiteinrichtungen richten sich darauf, dort nicht primär „Beschäftigungs"-Angebote in Räumen zu finden, sondern Räume, die zum Ausgangspunkt für Aktionen außerhalb werden.

Identitätspobleme und damit die Frage nach dem eigenen Ort in der Gesellschaft finden wir bei Pädagoginnen und Sozialarbeiterinnen in der offenen Jugendarbeit und ihren Klienten in Jugendzentren, Jugendhäusern u.a. in mehrfacher Weise, da sie in den alltäglichen Handlungssituationen widersprüchliche Verhaltenweisen zur Deckung bringen sollen. „Bezogen auf die institutionellen Arbeitsbedingungen, die durch den Träger beeinflußt werden, gibt es Gegensatzpaare, z.B. auf der einen Seite flexible Arbeitsbedingungen, Freiräume. Möglichkeiten der Eigenkontrolle und der eigenständigen Bestimmung von Handlungsspielräumen . . . im Gegensatz dazu eine weitgehende Fremddefinition der Tätigkeit, verbunden mit starken institutionellen Einbindungen und Kontrolle des Arbeitsfeldes. Ein weiteres Gegensatzpaar wären einerseits vorhandene Kooperationsmöglichkeiten, Teamarbeit bzw. enger Arbeitskontakt zu Kollegen in anderen Jugendfreizeiteinrichtungen, also Vorhandensein einer kooperativen Infrastruktur, versus Hierarchisierung der Arbeit . . ."[8]. Die resultierenden pädagogischen und politischen Spannungen werden in ihrer Tragweite deutlicher, wenn man bedenkt, daß die Konzeptionen der Jugendzentren zunächst die übliche Trennung von „Arbeit" und „Freizeit" aufnehmen und daraus ihren Arbeitsauftrag beziehen. Des weiteren bestehen unterschiedliche Vorstellungen und Interessen zwischen Sozialarbeiterinnen und Jugendlichen über die Aufgaben des Jugendzentrums. Und schließlich: Mitarbeiterinnen (mit Hochschulausbildung und Privilegien) in einem *Arbeits*verhältnis und Jugendliche (in der Lehre oder arbeitslos, Hauptschule o.a.) in einem *Freizeit*verhältnis begegnen einander.

Das wesentliche Kriterium dabei: Ist die Arbeit der Jugendarbeiterinnen glaubwürdig? Wird in der Einrichtung versucht, die institutionelle Aufteilung und Abgrenzung der verschiedenen Lebensbereiche (Familie, Schule, Betrieb, Behörden, Verbände usw.) zu überwinden? Geht es darum, Alltagserfahrungen der Jugendlichen kennenzulernen, zu verstehen und mit ihnen zusammen zu bearbeiten? Öffnung der Jugendzentren für andere Lebensbereiche wie Umweltschutz, Kommunalpolitik, Projekte wie Stadtteilorientierung und Stadtteilzeitungen können helfen, den Bezug zur Lebenswirklichkeit wenigstens indirekt herzustellen. Die Begrenztheit

---

8) HAFENEGER, B./SANDER, E.: Verarbeitung des beruflichen Alltags von pädagogischen Mitarbeitern in der offenen Jugendarbeit. Zeitschrift „Neue Praxis" 1978, S. 383.

der institutionellen Jugendarbeit läßt sich auch daran aufzeigen, daß sog. „Lücke-Kinder" (– für den Hort zu alt und für Jugendzentren noch zu jung –) keinen Raum in der sozialen Umwelt vorfinden und in Ermangelung von Anreizen und Mitgestaltungsmöglichkeiten Supermärkte und Kaufhäuser unsicher machen.

A 9

Bei der Beurteilung von Räumen sind vor allem vier Gesichtspunkte zu berücksichtigen:

(1) Alle Lebewesen sind von ihrer Umwelt abhängig und beeinflussen sie ihrerseits. Umwelt ist immer zugleich räumlich und sozial.

Die (ursprüngliche soziologische) Erforschung sozial-räumlicher Strukturen wurde von Kurt LEWIN (in seiner „Feldtheorie") um die psychologische Dimension ergänzt. Er vertrat die Auffassung, daß psychische Vorgänge einen Gleichgewichtszustand und ein Zusammenspiel vieler Einflußfaktoren darstellen. Dieses von ihnen geformte *„psychologische Feld"* oder der *Lebensraum* bestimmt das Verhalten eines Individuums in einer konkreten Situation: Er umfaßt die Person und ihre „psychologische Umwelt" sowie die dynamischen Beziehungen zwischen beiden. In Weiterentwicklung dieses Ansatzes wurde unterschieden zwischen *„ökologischer Umwelt"* als dem „objektiven, vor aller Wahrnehmung vorhandenen Verhaltenskontext" und der *„psychologischen Umwelt"* als derjenigen, die von einem bestimmten Verhaltensträger wahrgenommen und – entsprechend seiner Wahrnehmung und deren Interpretation – beeinflußt wird.[9]

(2) Der Mensch nimmt durch Gestaltung seines Lebensraumes Einfluß auf die Umwelt. Menschliche Entwicklung ökologisch betrachtet, stellt eine fortschreitende gegenseitige Anpassung zwischen dem Individuum, das seine Fähigkeiten entfaltet, und den veränderlichen Eigenschaften der ihn umgebenden *Lebensbereiche* dar. Diese vielschichtigen Lebensbereiche (Wohnung, Kindergarten, Schule, Jugendzentrum, Fabrik, Büro, . . .) wirken als „Begegnungsstätten" mit ihren Beziehungen untereinander und durch ihre Abhängigkeit von größeren Zusammenhängen auf diesen Prozeß der Wechselwirkungen ein, einander gegenseitig umhüllend („Puppen in der Puppe"). Das entwicklungsfördernde Potential der unterschiedlichen Lebensbereiche wird gesteigert, wenn Heranwachsende ihre kognitiven Funktionen und sozialen Fertigkeiten einzuüben lernen. Die erforder-

---

9) BARKER, R. G. (1968), zit. nach FATKE, R.: Schulumwelt und Schülerverhalten, München 1977, S. 58.

liche Zunahme an Selbstverantwortung erwerben sie im Bewältigen möglichst vieler verschiedener Aufgaben und Konfliktsituationen. „Das Kind wächst in die Welt, und mit dem Aufwachsen wächst die Welt des Kindes. Raum um Raum, Zone um Zone wird erobert, vom relativ geschlossenen, ganzheitlichen zum ausschnitthaften Erfahrungsraum ... Deshalb ist es Aufgabe der Pädagogik, Erfahrungsräume zu strukturieren und Übergänge zu erleichtern. Eine kindgemäße Umwelt läßt sich insgesamt nicht herstellen, wohl aber Zonen geschützter Räume ...“[10].

(3) Die soziale (Um-)Welt ist einerseits Produkt des Menschen und wirkt andererseits als vergegenständlichte objektive Wirklichkeit auf den Menschen zurück. Dies wird besonders deutlich in den *Institutionen*: Institutionen entstehen aus gemeinsamem menschlichen Handeln dadurch, daß bestimmte Tätigkeiten in eine gesellschaftlich anerkannte starre Form gebracht werden. Sie unterliegen sozialer Kontrolle, und sie bieten Orientierung in mannigfaltigen Situationen. Da sie bereits vor jeder nachfolgenden Generation da sind und sie auch überleben, werden sie als „objektive Wirklichkeit“ quasi selbstverständlich, oft unkritisch hingenommen als „Autorität“ und auf Berechtigung oder Wirkung zu wenig hinterfragt.

In unserer Zeit mit ihrer bedrohlicher werdenden Zerstörung der Umwelt gewinnt der *private Raum* als Schutz und Ort des Rückzugs an Gewicht. Wir lernen, die Wohnung eines Menschen zunehmend als Ausdruck seiner *Identität* zu begreifen, je mehr er sie und in ihr persönliche Erlebensweisen und Vorstellungen gestaltet. Wenn ein Kind sich zuhause, in der kleinen Wohnung, nicht bewegen kann, will es das im Kindergarten und in der Schule. Dort „stört“ es aber leicht wieder die anderen Kinder und die durch zu viele Kinder überforderte Erzieherin, die „Angst hat, daß etwas passiert“. Vielleicht „provoziert“ es dadurch negative Sanktionen (→ Etikettierung, Kap. 8). Hiervon betroffen sind zahllose Kinder und Jugendliche, deren Spiel- und Handlungsräume und somit auch Erlebnis- und Verhaltensweisen in den vergangenen Jahrzehnten entscheidend eingeengt worden sind.

(4) Wo der Kindergarten und der Hort sich vornehmlich als Wegbereiter für die Schule ansehen und ihren Lebensbereich didaktisch bloß aus dem der Schule ableiten, wird die Gestaltung pädagogisch genutzter Räume auf ihre bloße *Funktionalität* begrenzt. Statt Erfahrungs- und Rückzugsräume zu schaffen, laufen wir Gefahr, Räume nur noch unter dem Gesichtspunkt ihrer Tauglichkeit für ganz bestimmte Handlungsweisen und Erziehungsziele zu betrachten. Das heißt dann: Wir streben danach, Räume nur noch *monofunktional* zu „verwerten“ und

---

10) MAHLKE, W./SCHWARTE, N.: Raum für Kinder. Weinheim 1989, S. 27 f.

optimal ökonomisch zu „benutzen", wie wir dies schon mit den „Räumen" unserer Umwelt tun. Das Ergebnis könnten dann leicht ein steriler „aufgeräumter" Kindergarten oder andere „Räume ohne Eigenschaften" sein, die weder die ganzheitliche Wahrnehmungsstruktur des Kindes noch seine psychischen Funktionen in ihrer Wechselwirkung „ansprechen" und gewissermaßen der Ganzheit menschlicher Persönlichkeit von Anfang an nicht gerecht werden könnten.

Weiterführende Literatur:

U. BRONFENBRENNER: Die Ökologie der menschlichen Entwicklung, Stuttgart, 1981

L. BÖHNISCH/M. RUDOLPH/B. WOLF (Hrsg.): Jugendarbeit als Lebensort. Weinheim 1998

W. MAHLKE/K. SCHWARTE: Wohnen als Lebenshilfe. Weinheim 1985

W. MAHLKE/K. SCHWARTE: Raum für Kinder, Weinheim, 1989

U. NISSEN: Kindheit, Geschlecht und Raum. Weinheim 1998

10. Interaktion als Beobachtungsgegenstand

oder: Was soll das Theater, das wir den ganzen Tag spielen?

L 10

Der eigentliche und ursprüngliche Gegenstand der Beobachtung sind unsere Interaktionen in konkreten Alltagssituationen. Die im folgenden dargestellte Szene ist deshalb besonders interessant, weil sie nicht nur einen beliebigen Prozeß der Interaktion zeigt, sondern zugleich auch erkennen läßt, was dieser Prozeß bewirkt, was die Beteiligten dabei lernen. Es handelt sich um eine Interaktion zwischen Vorschulkindern in einer kindergartenähnlichen Spielgruppe. (Das Protokoll wurde von der Videoaufzeichnung übertragen.)

„Die Jungen und Mädchen stehen in der Küchenecke und reden miteinander. Die Jungen haben zum Teil Stöcke in der Hand. Die Mädchen Töpfe oder andere Küchengeräte. Alfred, (5,5 Jahre), Leo (4,9 Jahre), Sonja (5,3 Jahre)

(1) Alfred (zu Sonja): „Machst du jetzt mit oder nicht?“
(2) Sonja kommt mit einem Topf in der Hand an Alfred vorbei. Sie schiebt mit dem Fuß einen Stuhl beiseite.
(3) Alfred greift hin und nimmt den Stuhl weg.
(4) Alfred: „Wir sind Kreuzritter sind wir.“
(5) Sonja: „Aber einer muß unser Vater sein.“
(6) Alfred: „Das bin ich.“
(7) Leo: „Ich bin das!“
(8) Alfred: „Nein, das bin ich.“
(9) Leo: „Ich!“
(10) Alfred: „Ich!“
(11) Alfred schießt einen Ball zur Seite. Leo klettert am Spielhaus die Leiter hoch.
(12) Leo: „Ich!“
(13) Alfred: „Ich!“
(14) Dieter schlägt mit einem Stock gegen das Spielhaus. Sonja und Alfred treffen sich am Fußende der Leiter.
(15) Leo: „Ich!“
(16) Alfred: „Ich!“
(17) Sonja (zu Leo): „Dann machste nicht mit.“
(18) Sonja geht ins Haus.
(19) Alfred (zu Leo): „Weißt du was, Leo, wenn du aber der Vater bist, machste nicht mit, aber . . .“
(20) Leo (ruft zu Sonja): „Machst du mit Sonja? Ja?“
(21) Alfred: „. . . aber wenn du der Vater bist, machste nicht mit, wenn ich

der Vater bin, kannste mitmachen."
(22) Leo (zu Sonja): „Ob du mitmachst?"
(23) Alfred: „Jaaa! die macht mit!"
(24) Leo klettert vom Haus wieder herunter und geht ins Haus zu Sonja.
(25) Leo: „Ob du mitmachst?"
(26) Alfred geht auch ins Haus.
(27) Leo: „Weißte was . . ."
(28) Alfred: „Aber nur wenn ich der Vater bin, machst du mit."
(29) Leo: „Wer?"
(30) Alfred: „Ich"
(31) Leo: „Ich mache mit, Sonja macht auch mit."
(32) Alfred: „Aber du machst nur mit, wenn ich der Vater bin."
(33) Sonja (zu Alfred): „Hier, nimm mal die Kissen mit raus."
(34) Alfred (zu Leo): „Ich bin der Vater, ja, dann machst du auch mit."
(35) Sonja (zu Alfred): „Hier, nimm mal die Kissen mit raus."
(36) Alfred nimmt die Kissen und wirft sie durch die Tür.
(37) Leo klettert im Inneren des Hauses nach oben und schaut durch das Dach.
(38) Leo: „Die Feinde kommen, ich hör sie."
(39) Alfred: „Nee, noch nicht."
(40) Leo: „Wenn se kommen . . ."
(41) Alfred: „Wir sind Ritter, nee, wir sind Kreuzritter."
(42) Leo (zu Alfred): „Vater, ich will raus, du mußt mir mein Schwert geben, mein Schwert."

Bis zu dem Zeitpunkt, mit dem dieser Protokollausschnitt beginnt, liefen in der Kindergruppe zwei Spiele parallel und unverbunden nebeneinander her. Die Jungen Alfred, Leo und auch Dieter spielten Ritter, oder, genauer „Kreuzritter" und die Mädchen Sonja und Swenja spielten „Familie". Nach einer gewissen Zeit äußerten beide Gruppen beinahe gleichzeitig das Interesse an einem gemeinsamen Spiel. Aber sie wußten offenbar beide nicht, wie sie angesichts ihrer verschiedenen Spielthemen dieses Interesse verwirklichen konnten. Besonders den Jungen fiel nichts anderes ein als die Mädchen immer wieder danach zu fragen, ob sie nun, bei den Jungen nämlich, mitmachen oder nicht."[1]

T 10

Interpretation des Beispiels[2]

Der vorliegende Protokollausschnitt beginnt noch mit einer solchen Frage (Alfred an Sonja gerichtet: (1) „Machst Du jetzt mit oder nicht?"). Sonja

1) M. PARMENTIER: Frühe Bildungsprozesse. München 1979, S. 44 f.
2) Die Interpretation folgt weitgehend PARMENTIER, a.a.O., S. 45 f.

antwortet nicht gleich, sie kann diese Alternative nicht akzeptieren. Eine Entscheidung in dem geforderten Sinne würde für sie in jedem Falle einen Verzicht bedeuten: Entweder auf ihr eigenes Spielthema („Familie“) oder auf das Zusammenspiel mit den Jungen. An beidem ist sie jedoch interessiert. Sie will „Familie“ spielen, und sie will zusammen mit den Jungen spielen. Sonja löst die Zwickmühle, indem sie die Rolle des „Vaters“ ins Spiel bringt. Diese Rolle verknüpft auf „natürliche“ Weise die bisher getrennten Spielbereiche. Der Vater ist ja Familienmitglied, und er kann Ritter sein. Die Jungen nehmen Sonjas Spielidee auch sofort an. Sie stiftet endlich die Gemeinsamkeit zwischen Jungen und Mädchen, die bislang alle vergeblich gesucht hatten. Doch die Vaterrolle schafft nicht nur Gemeinsamkeit, sie stiftet auch Zwietracht. Sie stürzt die beiden Jungen unversehens in einen Konflikt. Denn nur einer kann die Position einnehmen. Wer von beiden soll nun der Vater sein? Im weiteren Verlauf sind Alfred und Leo fast ausschließlich mit dieser Frage beschäftigt. Letzten Endes ist die Antwort deshalb so schwierig, weil sie von den beiden Jungen die Klärung ihrer Beziehung zueinander verlangt.

Alfred versucht eine Klärung herbeizuführen, indem er das Problem zuspitzt: (21) „. . . aber wenn Du der Vater bist, machste nicht mit, wenn ich der Vater bin, kannste mitmachen.“ – Alfred überläßt Leo zwar die Entscheidung darüber, in welche Richtung (bzw.Dimension) er seine Beziehung zu ihm definieren will. Doch er läßt keine Zweifel an seiner eigenen Strategie: Wie sich Leo auch immer entscheidet, für sich selbst fordert Alfred jeweils die bessere Position – entweder als derjenige, der in jedem Falle mitspielt (und Leo aus dem Spiel hinausdrängt, falls dieser die Vaterrolle beansprucht) oder als „Vater“ (der Leo als möglichem Kind übergeordnet wäre).

Leo ist durch Alfreds Äußerung vor eine sehr ungünstige Alternative gestellt: Entweder beansprucht er die Vaterrolle, dann macht er aber nicht mit; oder er macht mit, dann muß er sich aber mit der untergeordneten Position begnügen. Für seine Entscheidung ist vermutlich ausschlaggebend, daß er bei Sonja keine Unterstützung findet. Zum Schluß spricht er Alfred als „Vater“ an und läßt sich von ihm das Schwert aushändigen. Er entscheidet sich also für das Mitspielen und damit für die untergeordnete Position. Allerdings erklärt er sich selbst indirekt sofort auch als „waffenfähig“ („. . . Du mußt mir mein Schwert geben . . .“). Ein Hinweis darauf, daß er seinen gegebenen Spielraum möglichst weit ausdehnen will und zumindest in dem Punkt auf Gleichheit besteht, daß er auch ein Schwert tragen darf.

Grundbegriffe zur Analyse der Interaktion

Was hat sich hier abgespielt? Wenn ein Sozialpsychologe das wesentliche Geschehen erklären sollte, würde er vermutlich als erstes anführen: Die Kinder haben ihre Beziehungen zueinander „definiert“.- Sie haben u.a.

Fragen gestellt („Machst Du jetzt mit oder nicht?“, Forderungen erhoben („Aber einer muß unser Vater sein“) und Behauptungen aufgestellt („Jaaa, die macht mit!“). Durch diese Sprechhandlungen („Sprechakte“) haben die Kinder ihre Beziehungen „hergestellt“. Wohlgemerkt: Sie haben dabei nicht einfach bloß vorgegebene feste Rollen verteilt, sondern die Situation zunehmend strukturiert. Ihre Tätigkeit hat sich nicht darauf beschränkt zu wiederholen, was ohnehin schon als typische Position, als Vorstellung („Vater“, „Mutter“, „Kind“) oder als Handlungsschema da war. Sie haben sich stattdessen mit der Wirklichkeit ihrer Spielsituation auseinandergesetzt, sie haben sie in einem mühsamen Prozeß kreativ gestaltet.

1. Diesen Prozeß meinen Sozialpsychologen, wenn sie von der *„Definition der Situation“* sprechen. „Definieren“ heißt ja ursprünglich ‚Grenzen ziehen‘. Durch Grenzen werden Begriffe wie Gegenstände getrennt, unterschieden und Beziehungen festgelegt. Im Bereich der Interaktion geschieht das durch Wahrnehmen, Deuten und Argumentieren wie auch einfach durch direktes Handeln. Genaugenommen macht erst die definierte Situation aus einem Chaos von Gegenständen eine bedeutungsvolle, zusammenhängende Wirklichkeit, in welcher der Mensch auch sinnvoll handeln kann. Was in der sozialen Wirklichkeit vor sich geht, hängt davon ab, was die Menschen über eine Situation meinen, glauben, wissen, was für ein Bild sie sich von ihr machen. Nicht nur feste Normen, Wertvorstellungen oder Rollen bestimmen also, wie Menschen handeln, sondern zunächst einmal ihre Situationsdefinitionen.

2. Die wechselseitige Definition der Beziehung in einer Situation bedeutet auch, daß die beteiligten Personen sich voneinander abhängige Positionen zuweisen. Sie stehen unter wechselseitigem *„Statuszwang“*[3]. Besondere Bedeutung haben dabei zwei Dimensionen, in denen Statuszuweisungen vorgenommen werden können: zum einen die Richtung nach „oben“ (= erhöhen) und nach „unten“ (= erniedrigen) und zum anderen die Richtung nach „innen“ (einbeziehen, integrieren) und nach „außen“ (ausgrenzen, isolieren). Diese Richtungen lassen sich zu einem Kreuzdiagramm verbinden.

Abb.: Grundrichtungen des Statuszwanges

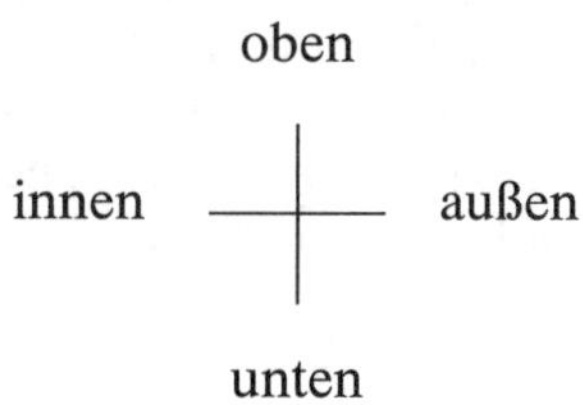

3) A. STRAUSS: Spiegel und Masken. Die Suche nach Identität, Frankfurt 1968, S. 80.

In jeder Interaktion treffen Strategien der Statuszuweisung in dieser oder jener Richtung aufeinander. Das komplizierte Spiel der Beziehungen in der Szene mit Alfred, Sonja und Leo läßt sich nun grafisch folgendermaßen darstellen:

Abb.: Alternativer Statuszwang:

Alfred (innen) —————— Leo (= „Vater") (außen)

oder

Alfred (= „Vater") (oben)

|

Leo (unten)

3. Fast alle Vorgänge im Alltag laufen unter Verwendung *bedeutsamer Symbole* ab. Die Menschen reden vor allem miteinander. Sie teilen sich etwas mit. Der sprachlich übermittelte Inhalt verändert aber schon seine Bedeutung, wenn jemand schreit oder flüstert. Menschen runzeln mißbilligend oder nachdenklich die Stirn, rümpfen die Nase, winken sich zu oder nehmen sich in den Arm. Ein zugeworfener Blick kann vom anderen als freundliche Beachtung, Aufforderung oder als mißtrauische Kontrolle verstanden werden. In all diesen Fällen machen Menschen sprachliche oder nichtsprachliche („natürliche") *Gesten*, die zu einem Zeichen bzw. Symbol oder Signal für ein gewünschtes oder tatsächliches Tun oder eine andere Absicht werden. Diese Gesten werden vom Interaktionspartner mehr oder weniger gut entschlüsselt, um daraufhin sein Handeln an ihnen auszurichten. Die bedeutsamen Symbole insgesamt sind das Material der *Kommunikation*: Durch sie werden Menschen zusammengeführt, sie ermöglicht gemeinsames Handeln und bewirkt mehr oder weniger Zusammenhalt unter den Menschen; aber durch sie werden die menschlichen Wechselbeziehungen auch ständig beeinflußt und verändert. Kommunikation ist für das menschliche Leben eben so grundlegend, daß sie praktisch ununterbrochen stattfindet – auch wenn wir uns dessen oft gar nicht bewußt sind. Begegnen sich zwei Menschen, so läßt es sich einfach nicht vermeiden, daß sie sich etwas vermitteln. (Auf den interessanten Bereich der verschiedenen Kommunikationswege, insbesondere auf die Körpersprache, kann hier aus Platzgründen nicht näher eingegangen werden. Wir verweisen auf die populärwisssenschaftlichen Bücher zu diesem Thema[4].

---

4) Z.B. M. ARGYLE/P. TROWER: Signale von Mensch und Mensch. Die Wege der Verständigung. Weinheim 1981.
J. FAST: Körpersignale. Reinbek 1989.
D. MORRIS: Körpersignale. München 1986.

Zum Verhältnis von „Interaktion“ und „Kommunikation“

Interaktion ist ein dynamischer Prozeß direkter wechselseitiger Beeinflussung zwischen mehreren Menschen, zu dem die Beteiligten ensprechend ihrer Persönlichkeit und ihrer sozialen Position beitragen. Interaktion umfaßt vor allem folgende Elemente:

- die Beziehung zwischen zwei oder mehreren Personen,
- die Bewertung dieser Beziehung durch die Interaktionspartner und
- die Übermittlung der besonderen Beziehungsmerkmale.

Interaktion wird durch die Kommunikation überlagert: Interaktionsverhalten ist in den meisten Fällen auch Kommunikation und darauf ausgerichtet, Nachrichten zu übermitteln. Im Rahmen der Interaktion ist Kommunikation ein Mittel, um Interaktionspartner zu beeinflussen. Interaktionssituationen haben überwiegend den Charakter von Gesprächen (= unmittelbarer persönlicher Kommunikation).

Der Begriff *„Kommunikation“* bezieht sich im wesentlichen auf die Inhalte einer zwischenmenschlichen Situation. Kommunikation umfaßt:

- die Übermittlung inhaltlicher Bedeutung vom „Sender“ an den „Empfänger“
- die Wahl bestimmter Übertragungswege (Kommunikationskanäle, Ausdrucksmedien) und
- die Übersetzung (Kodierung) der gedanklichen Absicht in bestimmte sprachliche oder nichtsprachliche Zeichensysteme.

4. Menschen handeln in der Mehrzahl der Fälle aufgrund der *Bedeutung*, die Dinge in der Umwelt für sie haben. Mit „Ding“ ist hier alles gemeint, das einem in einer Situation begegnen kann: Naturgegenstände, Gebrauchsgegenstände, andere hergestellte Waren, aber auch andere Menschen und Organisationen.

Natürlich kann das gleiche Ding, je nach den Absichten und Meinungen in der Situation, verschiedene Bedeutung haben (sogar für die gleiche Person). Für eine Interaktion ist es wichtig zu wissen, welche Bedeutung ein Handelnder selbst einem anderen „Ding“ zuerkennt, um zu verstehen, was der gerade tut. Die Bedeutung eines Dinges für eine Person stammt ganz überwiegend aus der Interaktion, d.h. aus der Art und Weise, in der andere Personen ihr gegenüber in bezug auf dieses Ding handeln.

5. Menschen müssen im Alltag ständig die Bedeutung *interpretieren*, die in sprachlichen und nichtsprachlichen Gesten eines anderen für sie zum Ausdruck kommt. Es ist selten hundertprozentig klar, welchen gemeinten Sinn die Handlung eines anderen hat. Z.B. ist in der anfängliche Szene protokolliert: „(2) Sonja kommt mit einem Topf in der Hand an Alfred vorbei. Sie schiebt mit dem Fuß einen Stuhl beiseite.“ Warum geht Sonja

mit einem Topf in der Hand an Alfred vorbei? Verfolgt sie eine bestimmte Absicht, oder kommt sie nur zufällig vorbei? Warum schiebt sie den Stuhl mit dem Fuß beiseite? Nur um Platz zu haben? Oder soll Alfred Gelegenheit erhalten, ihr behilflich zu sein? Soll Alfred diese Absicht bemerken? usw.

6. Eine befriedigende Interaktion besteht in der Regel darin, daß Menschen gemeinsam handeln. Voraussetzung dafür ist ein gewisses Maß *Gemeinsamkeit in der Einschätzung* der Situation. Diese Einschätzung ergibt sich daraus, daß die enstehenden Eindrücke in einem blitzschnellen Hin und Her entschlüsselt werden. Für die Gemeinsamkeit ist es nun wesentlich, sich in die Rolle des anderen versetzen zu können, d.h. zu erwarten, wie er reagieren wird, und abzuschätzen, welche Erwartungen an mein Handeln bei ihm bestehen.

7. Die Menschen erfinden ihre Handlungen selten völlig neu; fast immer gibt es *Erfahrungsbestände*, auf die mehr oder weniger zurückgegriffen wird. Das gilt vor allem beim gemeinsamen Handeln, das notwendigerweise auf der Grundlage früherer Handlungen der Interaktionspartner entsteht. Z.B. in der Spielszene existieren offensichtlich Rollenvorstellungen über Vater, Mutter und Kind, außerdem gibt es Vorstellungen über Kreuzritter und schließlich vielerlei Erfahrungen über vorhergehende gemeinsame Spiele. All diese früheren Erfahrungen fließen mit ein in den beschriebenen Interaktionsprozeß.

8. Menschen kommunizieren nicht irgendwie. Jede Interaktion geschieht in irgendeiner Situation und in einem Zusammenhang (Kontext), und die Situation und der weitere Zusammenhang bestimmen das Thema und die Art und Weise, wie die Interaktion abläuft.

Deshalb stößt die bloß psychologische Interaktionsanalyse rasch an ihre *strukturelle Grenze*: Sie konzentriert sich meistens auf das Geschehen in der aktuellen Situation und blendet das aus, was davor und drumherum liegt. Das ist zwar verständlich, weil diese oft übersehenen Faktoren auch viel schwieriger zu erfassen sind. Doch es ist zugleich eine mehr oder weniger eingeschränkte Betrachtungsweise. Zumindest in der grundsätzlichen Betrachtung ist zu berücksichtigen, daß Thema und Gestaltung der Interaktion durch eine größere Zahl innerer (persönlicher) und äußerer Bedingungen bestimmt werden. Insgesamt lassen sich vier Bereiche solcher Bedingungen unterscheiden:

- Erstens spielen bedeutsame, nachwirkende Erlebnisse und Personen im Rahmen der bisherigen *Lebensgeschichte* der Beteiligten eine Rolle.
- Diese Erlebnisse sind mehr oder weniger bestimmt durch *typische soziale Beziehungen und Interaktionsmuster* im Erfahrungsraum der Individuen (= der Sozialisation).
- Die beiden ersten Bereiche sind mehr indirekt abhängig von umgreifenden *gesellschaftlichen Prozessen* (z.B. der schichtspezifischen Kultur, be-

stimmten Lebensperspektiven, Lebenslagen und Konfliktsituationen).
- Schließlich geht es um die *vorausgegangene Entwicklung der Interaktion* und den für die aktuelle Situation bedeutsamen *Stand der sozialen Beziehungen* zwischen den Interaktionspartnern.

Bedingungen der Interaktion

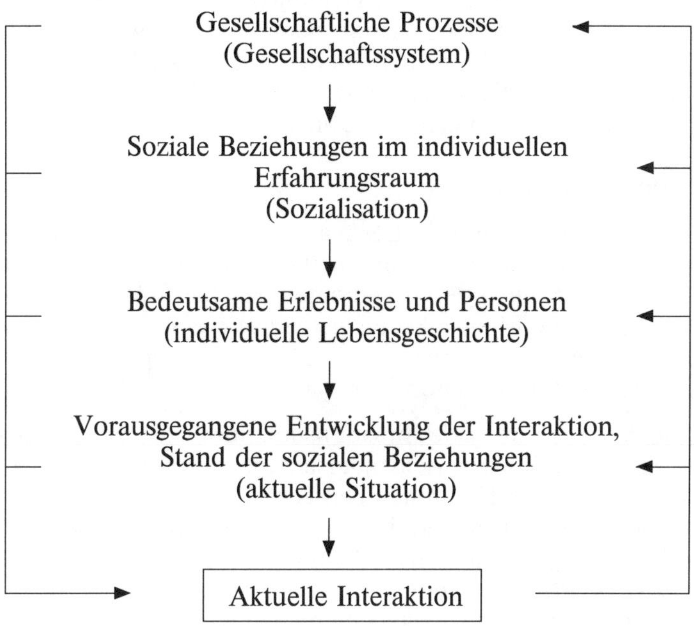

Entwicklung der Interaktion

Die Fähigkeit, mit anderen Personen zu interagieren, ist nicht angeboren; sie wird im Laufe der menschlichen Sozialisation erworben. Das wesentliche Merkmal der Interaktion besteht in einer wechselseitigen Beziehung. Die Form der Interaktion durchläuft im Zuge der kindlichen Entwicklung folgende Stufen:

- Kinder zwischen 6 und 8 Monaten lassen Gleichaltrige weitgehend unbeachtet. Soziale Kontakte ähneln in diesem Alter noch dem Umgang mit Spielzeug: Sie bestehen vorwiegend aus untersuchendem Schauen und Berühren (Explorationssstadium).
- Zwischen 9 und 13 Monaten vollzieht sich der Umgang noch wenig gekonnt: Der Kontakt zwischen Gleichaltrigen enthält häufig Streit um Spielzeug, einseitige oder gegenseitige Angriffe, seltener freundlichen Austausch von Spielzeug, Vormachen und Zusehen.

- Erst mit etwa 1,6 Jahren sind dann mehr positive Beziehungen und Spielgemeinschaften zu beobachten.
- Interaktives Verhalten im engeren und eigentlichen Sinne (mit wechselseitigen Beziehungen, Interpretieren von Situationen und Festlegen von Positionen) entwickelt sich etwa im Alter zwischen 3 und 5 Jahren. In dieser Phase findet ein qualitativer Umschwung in den sozialen Verhaltensweisen statt: Die ersten Formen sozialer „Verstärker" oder Belohnungen (wie Beachtung, Nachgeben usw.) werden eingesetzt und ausgetauscht. Die egozentrische Haltung des Kindes, das sich zunächst allein als Mittelpunkt der Situation sieht, wird überwunden, und auch taktische und kooperative Interaktionen mit Rücksicht auf andere sind möglich. (In diese Phase des Umschwungs und der sich erweiternden sozialen Kompetenzen gehört die anfangs dargestellte Spielszene.)

Interaktion und Lernen

Die Interaktion zwischen Alfred, Sonja und Leo zeigt, was sich in der Situationsdefinition ereignet: Die Interaktion wird verändert durch Interaktionen. Dabei vollziehen die Kinder einen beachtenswerten Lernprozeß. Sie entwickeln neue Möglichkeiten, gemeinsam eine komplizierte Situation zu definieren, und sie erweitern ihre Fähigkeiten, gemeinsam zu handeln und ihre Kommunikation zu gestalten.

Grundsätzlich bedeutet jede Situationsdefinition, die ein Mensch vornimmt, eine produktive Auseinandersetzung mit der Realität (die nur durch Gewohnheit und Routine überdeckt werden kann). Hinter jedem Versuch, eine Situation zu definieren, steht ja das Interesse, die Situation so aufzufassen, wie sie wirklich ist. Aber wie die Situation wirklich ist, das ist zunächst gerade unbekannt. Es läßt sich keine Situation unabhängig von ihrer Definition durch denkende und handelnde Menschen als Situation an sich erfassen. Der Lernprozeß einer Situationsdefinition bedeutet nicht, daß ein Abbild der Situation aufgenommen wird, sondern daß die Situation und die sozialen Beziehungen in ihr erst „hergestellt" werden. MICHAEL PARMENTIER spricht deshalb davon, daß die Persönlichkeit und Identität eines Menschen Ergebnis der eigenen Lernarbeit seien. Das Strukturieren der sozialen Wirklichkeit bedeutet für den Menschen zugleich seine eigene „Bildung": „Das Individuum ist der Inbegriff all der Situationsdefinitionen, die es im Verlauf seiner Lebensgeschichte vornimmt."[5]

A 10

(1) In der Praxis der sozialen Berufe dient die Beobachtung und Beurteilung alltäglicher Interaktionsprozesse unterschiedlichen Zwecken:

---

5) M. PARMENTIER, a.a.O., S. 25.

a. Der *Interaktionsprozeß* selbst steht im Mittelpunkt, und es geht z.B. darum, in Spielgruppen von Kindern oder in Arbeitsgruppen typische Verhaltensmuster, Störungen und Lösungen sowie die Beziehungen zwischen den unmittelbar Beteiligten zu erfassen und zu analysieren. Das Interesse bei diesen Untersuchungen kann pädagogischer oder arbeitsmethodischer Art sein.
b. Die Beobachtung kann auf das *Kommunikationsverhalten* einzelner Personen ausgerichtet sein: Welche Mittel und Kommunikationswege benutzen sie? Wie differenziert und erfolgreich ist ihre Kommunikation?
c. Die Absicht kann auch darin bestehen, die *Persönlichkeit* eines Menschen genauer kennenzulernen. Z.B. kann die Beobachtung der Interaktion dazu beitragen, zu verstehen und zu erklären, wie das Denken, Fühlen und Verhalten eines Menschen durch die tätsächliche oder bloß vorgestellte Gegenwart anderer beeinflußt wird. (Zur Beurteilung der Persönlichkeit vgl. Kap. 11!)
d. Die Beobachtung kann auch darauf ausgerichtet sein, die Beziehungen und das soziale Verhalten ganzer *Gruppen* kennenzulernen und zu erklären. (Dazu vgl. Kap. 12!)

(2) Die Kategorienbildung, die Techniken und möglichen Vorgehensweisen bei der Beurteilung der Interaktion sind bereits in den Kap. 3, 4 und 5 näher dargestellt.

(3) Die bisherigen Untersuchungen über die tiefere Struktur der Interaktion in sozialpädagogischen, schulischen oder Familiengruppen führten zu wenigen *Dimensionen*, die dafür entscheidend sind[6]:

- Erstens spielt der Gesichtspunkt der *Zugehörigkeit* eine wichtige Rolle. Auf die hier gemeinten Richtungen „innen“ – „außen“ wurde im Zusammenhang mit dem Statuszwang bereits hingewiesen.
- Auch der Aspekt des *Machtgefälles* wurde in diesem Zusammenhang schon erwähnt: Hier geht es um die Richtungen „oben“ – „unten“ und das Ausmaß an Selbstbestimmung (Autonomie) oder Zwang in der Interaktion. Oder hinsichtlich der Beziehungen formuliert: Wieweit bestehen gleichberechtigte oder herrschaftsbestimmte Beziehungen?
- Eine weitere Beobachtungsdimension beinhaltet die Frage, wieweit die Interaktion mehr *inhaltlich* durch Aufgaben oder Themen oder mehr *formal* (als ständig fortlaufende Regelung der Beziehungen) bestimmt ist.
- Schließlich ist auch die *Zeitstruktur* von Bedeutung: Gibt es eine feste, vorentschiedene Zeiteinteilung (wie in der Schule und der Arbeitswelt), oder sind die subjektiven Bedürfnisse der Beteiligten für die Zeiteinteilung entscheidend?

---

6) Vgl. U. PIONTKOWSKI: Psychologie der Interaktion, München 1982[2], S. 103 und K. MOLLENHAUER/M. BRUMLIK/H. WUTTKE: Die Familienerziehung. München 1975, S. 176–200.

Innerhalb dieser Dimensionen entwickelt jede Gruppe ihre spezifische Lösung, ihr *charakteristisches Interaktionsmuster:*

(4) Einzelne Dimensionen oder das charakteristische Interaktionsmuster werden vielfach auch *bewertet,* z.B. in pädagogischer oder therapeutischer Hinsicht. Solche Bewertungen sind nicht ein für allemal möglich. Sie stellen immer subjektive Entscheidungen dar. Aus der Beobachtung ergeben sich keine Antworten auf normative Fragestellungen (ob die beobachtete Interaktion so auch wünschenswert sei), bestenfalls können durch die Beobachtung Antworten vorbereitet werden.

Literatur zur Vertiefung:

MICHAEL ARGYLE/PETER TROWER: Signale von Mensch zu Mensch. Die Wege der Verständigung. Weinheim 1981

MICHAEL PARMENTIER: Frühe Bildungsprozesse. Zur Struktur der kindlichen Interaktion. München 1979

URSULA PIONTKOWSKI: Psychologie der Interaktion. München 1982²

FRIEDEMANN SCHULZ VON THUN: Miteinander reden 1: Störungen und Klärungen. Miteinander reden 2: Stile, Werte und Persönlichkeitsentwicklung. Reinbek 1990

11. Persönlichkeit als Beobachtungsgegenstand

oder: Etwas unfaßbar Komplexes faßbar machen

L 11

Oft wird unter „Persönlichkeit" einfach alles verstanden, was uns gestattet, Menschen voneinander zu unterscheiden. Wenn wir in diesem Sinne über Persönlichkeit reden, dann gebrauchen wir häufig abstrakte Oberbegriffe, die uns zunächst bequem und handlich erscheinen:

(a) – Ulli hat Angst, Jan ist mutig;
– ich bin heute ziemlich depressiv gestimmt; letzte Woche war ich „gut drauf";
– Petra ist kreativ; Heike ist angepaßt . . .

Doch schon während wir solche Sätze bilden, wissen wir im allgemeinen, daß es sich um vereinfachende Zuschreibungen handelt (vgl. A 5). Sie entsprechen selten dem, was wir denken und mitteilen wollen. Sobald wir uns ernsthafter auf psychische Prozesse einlassen, erkennen wir rasch, wie grob und unangemessen oder wie schief diese Oberbegriffe sind. Das wird schon deutlich, wenn wir solche Aussagen mit Beschreibungen auf der Grundlage von Beobachtungen vergleichen.

(b) Der 10jährige Niko beschreibt seine Mutter z.B. folgendermaßen: „Meine Mutter sieht unheimlich gut aus. Sie ist zwar schon 31, aber sie hat immer noch absolut tolle Anziehsachen, und sie ist echt schlank und sportlich. Sie interessiert sich für alles. Wenn ich nach Hause komme, fragt sie nach allem, was gewesen ist. Sie behält auch, was ich ihr mal erzählt habe. Und sie hat immer gute Laune, meckert fast nie . . ."

Niko geht nach einer gwissen *Systematik* vor. Er beschreibt zunächst die körperlichen Eigenschaften und verbindet das mit einem Hinweis auf das Alter. Dann geht er auf „innere" Merkmale über, indem er Verhaltensweisen schildert, in denen bestimmte Wesensmerkmale zum Ausdruck kommen. Für systematische Schilderer wie Niko gehört eigentlich zur Persönlichkeit alles, was man über eine Person sagen kann: körperliche und seelische Eigenschaften, Verhaltensweisen, die Lebenswelt und die menschlichen Beziehungen, Einstellungen und das dem Alter angemessene Leben und Handeln.

(c) Weniger systematische Beobachter weisen oft ohne langes Überlegen auf eine Eigenschaft hin, die ihnen besonders auffällig und charakteristisch erscheint. Die 18jährige Tanja charakterisiert z.B. ihre Mutter folgendermaßen: „Also, meine Mutter ist eine unheimlich selbstsüchtige Person. Sie hat immer die absoluten Ansprüche an uns Kinder gestellt, und wenn wir was machten, das ihr nicht paßte, redete sie oft überhaupt nicht mehr mit uns. Sie verlangte von uns, daß wir ihr für alles mögliche dankbar sein sollten. Mein ganzes Leben hindurch hat sie mir Schuldgefühle aufgeladen . . .“

In dieser Beschreibung wird die ganze Persönlichkeit zunächst auf einen *Hauptnenner* gebracht. Die Beurteilerin beschränkt sich auf das, was sie zum Thema machen möchte. Danach geht es dann um die *Wirkung* der Persönlichkeit, die Tanja erlebt hat.

(d) Daß selbst solche gegliederten und eventuell recht systematischen Beschreibungen nur einen begrenzten Wert haben, wird einleuchtend, wenn wir sie mit sorgfältigen Selbstbeobachtungen vergleichen. Manfred Sader verdeutlicht das mit einem Gedankenexperiment:

„Vergegenwärtigen Sie sich eine selbsterlebte Episode, etwa eine Diskussion von 10 Minuten Dauer oder ein anderes Erlebnis von kurzer zeitlicher Erstrekkung. Nun stellen Sie sich vor, Sie seien imstande, alle diejenigen Gedanken aufzuschreiben, die Sie während dieser Zeit gedacht haben. Alle Gefühle sprachlich zu beschreiben, die Sie gehabt haben, alle Assoziationen wiederzugeben, die wenn auch nur flüchtig, durch Ihr Denken gehuscht sind. Dabei ergäbe sich vermutlich schon für einen Zeitraum von wenigen Minuten ein ziemlich umfangreiches ‚Protokoll‘. Dabei ließe sich vermutlich eine Vielzahl von Einzelgedanken unterschiedlichster Art unterscheiden, gewissermaßen Inhalte oder Themen oder Teilstücke. Diese können verbal expliziert worden sein, sie können klar und deutlich gedacht worden sein, sie können aber auch vage und verschwommen bleiben; schließlich können sie auch, gewissermaßen als Hintergrund, als Bezugssystem, als unausgesprochenes Argument ganz im vorsprachlichen Bereich bleiben[1].“

Dabei ist zu beachten: Es handelt sich hier noch um ein einfaches Beispiel, das sich nur über kurze Zeit erstreckt und einen ziemlich einheitlichen Inhalt hat. Schon wenn wir uns Zusammenhängen zuwenden, die sich über einen Tag erstrecken oder über den Zeitraum mehrerer Monate, werden die Prozesse noch weit komplizierter. Vor allem aber erhöht sich die Komplexität seelischer Prozesse dadurch fast ins Unermeßliche, daß die angesprochenen Themen und Dimensionen ja nicht isoliert für sich stehen, sondern daß Themen mit anderen Themen, Themen mit Dimensionen und diese Dimensionen wieder mit anderen Dimensionen in vielfältiger Weise verbunden sind.

T 11

Kein Zweifel: Diese Komplexität überfordert unser Bewußtsein. Wir sind auf Vereinfachungen angewiesen.

1) M. SADER: Psychologie der Persönlichkeit. München 1980, S. 79 f.

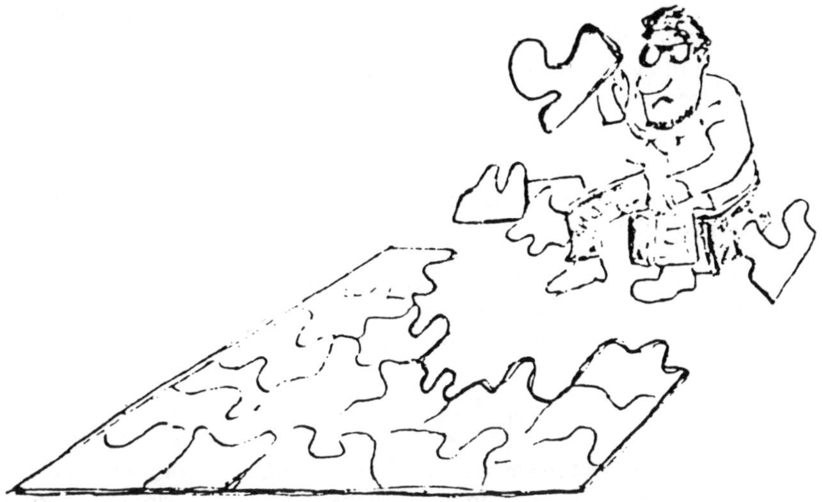

In der älteren Persönlichkeitspsychologie wurden verschiedene Hilfen angeboten, um dem Erfasser einer Persönlichkeitsbeschreibung die Orientierung zu erleichtern. Es handelt sich dabei um verschiedene Theorien und Modellvorstellungen der Persönlichkeit, die zum Teil als Typenlehren, zum Teil als Schichtenmodell oder als Strukturmodelle zu kennzeichnen sind. – Wir sehen in ihnen heute insgesamt keine große Hilfe mehr: Meistens verabsolutieren sie einzelne Gesichtspunkte und Erfahrungen und kommen dadurch zu einseitigen und unangemessen vereinfachten Darstellungen.

Der Begriff der Persönlichkeit in der neueren Persönlichkeitspsychologie

Spätestens seit den 70er Jahren sind die Forscher denn auch bescheidener geworden. Sie sind sich weitgehend einig darüber, daß eine umfassende Theorie der Persönlichkeit eine Illusion ist. Jede wissenschaftliche Untersuchung wie auch jede theoretische Darstellung kann immer nur einzelne Fragestellungen und Sichtweisen verfolgen; ein absolut vollständiges und damit auch endgültiges wissenschaftliches Gesamtsystem ist nicht möglich. In ihm müßten ja nicht nur alle bedeutsamen Motive und Faktoren (wie z.B. Angst, Aggression, Intelligenz, Leistungsmotivation, Sexualität, Abwehrformen, Selbstbewußtsein usw.) einen angemessenen Platz erhalten, sondern auch in all ihren Zusammenhängen erforscht werden. Das ist grundsätzlich nicht vorstellbar.

Die Zahl der unterschiedlichen Denkansätze und der an verschiedenen Orten zu verschiedenen Zeiten gewonnenen Forschungsergebnisse ist so groß, daß als zusammenfassender Begriff der Persönlichkeit nur die kleinste gemeinsame Basis formuliert werden kann:

Persönlichkeit ist eine bei jedem Menschen einzigartige, dynamische Grundlage des Verhaltens. Die Persönlichkeit wird nicht einfach mit der Gesamtheit des Verhaltens gleichgesetzt, es geht vielmehr um relativ feste, den Zeitablauf überdauernde Merkmale.

(Über den wissenschaftlichen Forschungsstand und die wesentlichen Ansätze der neueren Persönlichkeitspsychologie orientiert die Darstellung von SADER/WEBER, 1996.)

Bevor wir uns der Abfassung von Persönlichkeitsbeschreibungen zuwenden, scheint es uns zweckmäßig, zumindest mit einigen Thesen auf den Inhalt von „Persönlichkeit" einzugehen.

Grundaussagen über Aufbau und Entwicklung der Persönlichkeit

Eine Reihe von Aspekten spielt in den Persönlichkeitstheorien wie bei der Beschreibung einer bestimmten Persönlichkeit immer wieder eine besondere Rolle:

1. Da ist zunächst das umfassende *Handlungssystem* (Aktionssystem), aus dem das Handeln eines Menschen insgesamt hervorgeht. Ihm liegt das komplizierte psychosomatische Geschehen zugrunde, in dem die körperlich und seelisch bedingten Vorgänge integriert werden.
2. In mehr oder weniger starkem Maße sind die Persönlichkeitsprozesse ständigem *Wandel* unterworfen. Diese Veränderungen vollziehen sich teilweise als Entwicklung und Lernen, teilweise in anderer Form (wie z.B. Erkrankungen und sonstigen Störungen des regelmäßigen Ablaufes). – In jedem Falle müssen wir *statische* (als überdauernd angenommene) und *dynamische* (eher vorübergehende und situationsabhängige) Merkmale der Persönlichkeit unterscheiden.
3. Die Persönlichkeitsprozesse verlaufen *zeitbezogen*: Die Persönlichkeit ist durch ihre Vergangenheit wie durch ihre Zukunft mitbestimmt, während sie in der Gegenwart lebt. Rückblick und Vorausblick beeinflussen individuell in unterschiedlicher Weise aktuelle Erlebnisse und die Bewältigung von Lebensproblemen.
4. Einen besonders komplizierten Teil der Persönlichkeit stellt das Gefüge der *Motivation* dar. In einer eigenartigen Mischung bestimmen bewußte und unbewußte Motive das seelische Geschehen.
5. Die Persönlichkeitspsychologie kann sich nicht darauf beschränken, die Person und ihre Eigenschaften oder Verhaltensweisen zu erfassen; sie muß auch die *Situation* einbeziehen. Dabei ist nicht entscheidend, wie die Situation gegenständlich-objektiv beschaffen ist, sondern wie sie subjektiv erlebt und gedeutet („definiert") wird: Wir reagieren so, wie uns die Situation erscheint. – Da Person und Situation bzw. Umwelt nicht zu isolieren sind, ist der angemessene Gegenstand der Beurteilung: die Person-Umwelt-Interaktion.

6. Aus den Motivationen eines Menschen und aus den Situationen, in denen er lebt, ergibt sich das vielfältige und komplizierte Gefüge der *Ziele*, mit denen der Mensch fast ununterbrochen beschäftigt ist. Obwohl diese Zielsetzungen im Hinblick auf Beständigkeit, Vielseitigkeit, Bewußtheit und Selbständigkeit (Autonomie) große individuelle Unterschiede aufweisen, gibt es doch kein menschliches Dasein, in dem nicht Zielgerichtetheit eine grundlegende Rolle spielt. Selbst wenn wir spielen oder uns erholsam entspannen, befassen wir uns mit Zielen, die zumindest das augenblickliche Alltagsleben betreffen.
7. Wie sich Erwartungen und Lebensauffassungen in den verschiedenen *Altersstufen* verändern, ist in der Forschung noch wenig geklärt. Doch von wann ab hat ein Mensch überhaupt Lebensziele? Von Beginn des Lebens an besitzt der Mensch Grundtendenzen, die auf Erfüllung lebenswichtiger Bedürfnisse abzielen. Von etwa 4 Jahren an erkennen wir Lebensziele in dem Sinne, daß das Kind bewußt oder halbbewußt Vorstellungen von sich selbst in die Zukunft projiziert. Zielsetzungen, die das Leben als Ganzes umfassen, treten kaum vor dem Jugendalter (Pubertät) auf. Hier wird zum ersten Mal die Lebenszeit in ihrer gesamten Ausdehnung ins Auge gefaßt.
8. In vielen Persönlichkeitstheorien wird das *Selbst* als Zentrum der Persönlichkeit angenommen. Es wird davon ausgegangen, daß wir ein festes Bild von uns selbst brauchen. Der Begriff des Selbst bezeichnet das, was die personale Identität eines Menschen ausmacht, also das, was er letzlich ist und will, was seine innere Einheit bedeutet. Die Fragen, ob es solch ein letztes Zentrum der Persönlichkeit überhaupt gibt (oder nur veränderbare Selbst-Bilder), wie es abzugrenzen ist und wie es eventuell funktioniert, sind vorläufig noch umstritten und werden in den verschiedenen Theorien unterschiedlich beantwortet[2].
9. Der seelisch gesunde Mensch, dessen Persönlichkeit gut organisiert ist, hat im allgemeinen eine mehr oder weniger deutliche Vorstellung davon, was seine Haupt- und Nebenziele sind und was die näher oder ferner liegenden. Die *Ordnung seiner Ziele* ist relativ fest gefügt, zugleich aber auch elastisch. Der seelisch Gesunde kann sich – je nach erlebten Erfüllungen oder Enttäuschungen – umstellen und anpassen. Dagegen wird der seelisch nicht gut organisierte oder seelisch kranke Mensch von Konflikten zerrissen; oft strebt er scheinbar gleichzeitig nach mehreren Zielen, von denen keines mit den anderen vereinbar ist.
10. Der vorherrschende Denkansatz der Beurteilungspraxis von Psychologen wie von Sozialpädagogen oder von Laien geht von einem *Subjekt-Objekt-Verhältnis* aus: Hier steht der Beurteiler – mit Abstand ihm gegenüber befindet sich der Beurteilte. Das ist zwar naheliegend; denn dabei wird die Subjekt-Objekt-Beziehung, wie sie uns aus den

2) Vgl. S. H. FILIPP (Hrsg.): Selbstkonzept-Forschung, Probleme, Befunde, Perspektiven. Stuttgart 1979 oder M. SADER, a.a.O., Kap. 8!

Naturwissenschaften vertraut ist, auf den Bereich der Personenwahrnehmung übertragen. (Wenn ich als Biologe Schmetterlingsflügel untersuche, dann sind diese allein der Untersuchungsgegenstand; ich selbst stehe außerhalb des Denkansatzes.). Doch die psychologische Forschung hat in den letzten Jahrzehnten in vielen Bereichen sehr deutlich gezeigt, daß dieser isolierende Denkansatz zu eng ist: Der Beobachter ist in vielerlei Weise selbst Teil des Beobachtungsfeldes. Diese Erkenntnis verändert zum einen den Stellenwert von Beurteilungs- wie von Forschungsergebnissen (Diese sind immer an konkrete raum-zeitliche Bedingungen gebunden!); zum anderen legt sie als Folgerung nahe, daß wir unsere Wahrnehmung planmäßig ergänzen und unsere Beurteilungskriterien reflektieren und bewußt anwenden müssen.

A 11

Wir haben zu beschreiben versucht, wie komplex das ist, was wir „Persönlichkeit“ nennen, und wie schwierig es ist, dieses komplexe Gebilde zu erfassen. Eine allumfassende psychologische Theorie oder ein Gesamtsystem zur Beurteilung der Persönlichkeit, so hatten wir betont, gibt es nicht – und diese sind auch nicht zu erwarten. Deshalb kommt es darauf an, die Aufgabe der Persönlichkeitsbeurteilung zweckmäßig und sachgemäß zu vereinfachen, ohne allerdings bei einem oberflächlichen und willkürlichen Verfahren zu landen. Gefragt sind also plausible *Regeln, wie ich beim Vereinfachen vorgehen kann.*
(1) *Der Zweck* sollte das Vorgehen bestimmen. Diese Grundregel allen Beobachtens und Beurteilens gilt auch bei der Persönlichkeitsbeurteilung.

In der Praxis der sozialen Berufe, wie sie sich z.B. in Kindertagesstätten, Heimen, Erziehungsberatungsstellen oder in der Familienhilfe abspielt, geht es häufig darum, auffallende Verhaltensweisen, Probleme oder Krisensituationen zu erfassen und zu beurteilen. Wieweit leidet ein Kind (oder seine Umgebung) so unter Angst, daß sich etwas ändern muß, daß die Angst behandlungsbedürftig ist? Oder: Wie sollen die Bezugspersonen (in der Familie, Schule, in sozialpädagogischen Einrichtungen) auf Schulschwierigkeiten, Stehlen oder ein gewalttätiges Verhalten reagieren? Sind heilpädagogische oder therapeutische Maßnahmen erforderlich?

Der Beurteiler sollte Beobachtungssituationen sowie Dimensionen und Kategorien für die Beschreibung auswählen, die für die jeweilige Fragestellung bedeutsam und lohnend sind. Welche Maßstäbe der Beurteilende anlegt, sollte sich ebenfalls nach der Problemstellung richten. Und schließlich sollte der Zweck der Beurteilung auch Einfluß darauf haben, wie die Beobachtungsdaten interpretiert werden.

(2) Aus der modernen Persönlichkeitspsychologie (WALTER MISCHEL, HAROLD H. KELLEY) kommt die Empfehlung, Vorstellungen über den allgemeinen Aufbau oder die Struktur der Persönlichkeit zunächst einmal beiseite zu lassen. Stattdessen sollten einfach grundlegende *Kategorien der allgemeinen Psychologie* (wie z.B. Gedächtnis, Denken, Lernen, Wahrnehmung, Motivation) und aus der *Sozialpsychologie* (wie z.B. Einstellungen, Beziehungen, Kommunikation, Interaktion, Rollenverhalten, soziale Normen) für die Persönlichkeitsbeurteilung verwendet werden. (Allerdings ist damit nicht gemeint, daß die Frage nach dem inneren Zusammenhang einer bestimmten Persönlichkeit nicht auch weiterhin wichtig wäre!)

(3) Wenn wir bei der Persönlichkeitsbeurteilung vereinfachen, vernachlässigen wir Wesentliches. Soweit es uns möglich ist, sollten wir uns allerdings darüber klarwerden, *daß* wir vereinfachen und welche Faktoren oder Merkmalsbereiche wir vernachlässigen und welche wir in den Mittelpunkt stellen. Damit erfassen wir den Rahmen unseres Beurteilungsansatzes, und diese *Rahmenreflexion* bei der Einschätzung der Ergebnisse kann uns vor ungerechtfertigten Verallgemeinerungen bewahren oder sie wenigstens in erträglichen Grenzen halten.[3]

(4) Es sollte berücksichtigt werden, welche *Informationsquellen* die Grundlage einer Persönlichkeitsbeurteilung bilden. Grundsätzlich kommen folgende verschiedenartigen Informationsquellen infrage:

Aussehen: Körperbau, Gesichtsausdruck, Kleidung, Haartracht usw.
Physiologische Daten: z.B. Blutdruck, Atem- und Pulsfrequenz, Muskelspannung und -kraft, elektrische Aktivität des Herzmuskels (EKG), elektrische Hirnaktivität (EEG), Krankheiten
Ausdrucksverhalten: Mimik, Gestik, Körperhaltung, Gang, Stimme, Schrift, Sprech- und Schreibstil usw.
Sonstiges Verhalten: sprachlicher und nichtsprachlicher Kontakt, zielgerichtete Handlungen usw.
Leistungen: Arbeitsergebnisse, Denk- und Gestaltungsprodukte
Lebenslaufdokumente: persönliche Daten, Urkunden, Zeugnisse, Gutachten, Behördenakten usw.
Umweltdaten: Wohngegend, sozio-ökonomische Daten, Familienverhältnisse, Ausbildung und Beruf, Gruppenzugehörigkeiten usw.
Indirekte Verhaltenskriterien: Zimmer- bzw. Wohungseinrichtung, bevorzugte Freizeitstätten, eventuell Automarke, Urlaubsort usw.
Selbstauskünfte und Selbsteinschätzungen einer Person („Mein kleiner Bruder ist ein Blödmann, aber meine Eltern mögen ihn lieber als mich.")
Fremdbeurteilungen durch Dritte (z.B. durch Lehrer, Sozialarbeiter usw.)
Ergebnisse psychologischer und pädagogischer *Tests.*

Alle diese verschiedenen Arten von Daten lassen sich in drei Gruppen einteilen:

3) M. SADER, a.a.O., S. 98.

1. Daten, die aus dem *Alltagsleben* der betroffenen Person stammen und ohne deren Zutun oder Beobachtung gewonnen wurden;
2. *Selbstauskünfte:* die von der betreffenden Person erfragt wurden (Interview, Bearbeitung eines Fragebogens, Selbsteinschätzungen usw.);
3. *Testdaten:* Ergebnisse mehr oder weniger objektiver Tests, die von Fachpsychologen durchgeführt und ausgewertet wurden.

Für alle Informationen über das (beobachtete) Verhalten oder das (subjektiv geschilderte) Erleben einer Person gilt: Sie können immer nur *im Zusammenhang mit ihren Entstehungs- und Beobachtungsbedingungen* interpretiert werden. Das heißt z.B.: Leistungen sind von der Aufgabenstellung, den Hilfsmitteln und Hilfeleistungen abhängig (bei einer Kritzelzeichnung ebenso wie bei einem Diktat oder einer Planung für ein Projekt); der Ausdruck wird beeinflußt von der Beobachtungssituation, etwa davon, ob die betroffene Person weiß, daß sie beobachtet wird, von wem und zu welchem Zweck. (Vgl. Kap. 4!)

(5) Bei Persönlichkeitsbeurteilungen im Rahmen sozialer Arbeit werden zwar Auffälligkeiten und Störungen häufiger eine wichtige Rolle spielen oder sogar Anlaß für die Beurteilung sein. Doch gleichzeitig kommt es auch in diesen Fällen darauf an, daß die Auffälligkeiten oder abweichenden Aspekte in eine umfassende Beurteilung der Persönlichkeit eingeordnet werden. Es darf weder allein um die Auffälligkeiten gehen noch um eine Schwarzweißmalerei, bei der Stärken und Schwächen „ausgewogen" gegenübergestellt werden. Entscheidend ist vielmehr, daß der Beurteilende sich um die *Vervollständigung* der eigenen Wahrnehmungen und Urteile bemüht.[4]

(6) Der Beurteiler sollte auch sein Bedürfnis unter Kontrolle halten, das „Normale" oder „Gesunde" *scharf* vom abweichenden, gestörten bzw. behandlungsbedürftigen Verhalten und Erleben *abzugrenzen.* Das gilt jedenfalls so lange, bis er die betreffende Persönlichkeit besser verstanden hat. Nicht jede ängstliche Äußerung eines Kindes z.B. ist ein Zeichen für eine dringend erforderliche psychotherapeutische Behandlung.

(7) Wie bei allen Verhaltens- und Erlebnisstörungen ist bei der schwierigen Grenzziehung vom normalen zum abweichenden Verhalten die *Betrachtungsweise des Beurteilers* besonders wichtig. Er ist aufgrund der eigenen Entwicklung, seiner Persönlichkeitsausstattung (Einstellungen, Wahrnehmungscodes, Eindrucksbildung, vgl. Kap. 7 und 8!), aber auch durch Ausbildung und Lebenserfahrung mehr oder weniger sensibel und empfänglich für bestimmte Merkmale oder Bereiche einer Persönlichkeit. Jeder besitzt ein persönliches, individuelles Raster seiner subjektiven Wahrnehmungen. Von einem Angehörigen der sozialen Berufe ist zu erwarten, daß er durch systematische Selbstbeobachtung, in Teamgesprächen oder in der Supervision dieses persönliche Raster zu erfassen und

4) Vgl. K. DÖRNER/U. PLOG: Irren ist menschlich. Wunstorf 1978, 30–38!

sich bewußtzumachen sucht. Wenn wir z.B. unsere eigenen Ängste kennen, können wir die Angst anderer besser verstehen und brauchen keine zwanghafte Abwehr dagegen einzusetzen.

(8) Bei der Klärung von Auffälligkeiten sind sowohl die sozialpädagogischen Mitarbeiterinnen als auch die Eltern darauf angewiesen, fachliche Dienste hinzuziehen. *Besondere Fachkompetenz* wird benötigt, um einerseits die Schwere einer Angst z.B. richtig abzuschätzen und andererseits zu erkennen, welche Umgangsweisen erfolgversprechend sind.

Diagnostische oder therapeutische Fachleute verfolgen unterschiedliche methodische Zugänge zur Behandlung von Persönlichkeitsproblemen. Besonders verbreitet sind heute 1. der tiefenpsychologische (psychoanalytische) Zugang, 2. der verhaltenstherapeutische und 3. der systemische (familientherapeutische) Zugang. Je nach dem gewählten Zugang sind die Fachdienste an unterschiedlichen Informationen und Beurteilungen interessiert.

(9) Außer der Betrachtungsweise des Beurteilers und den gesamtgesellschaftlichen Normen spielt in dem Aspekt „Was ist normal?" auch die *subjektive Norm des Betroffenen* eine Rolle. Er besitzt ein individuelles Maß für das Noch-Erträgliche, für den Leidensdruck: Wieviel Angst z.B. ist für mich ertragbar? Wo leide ich so stark darunter, daß ich mich selbst (z.B. durch Therapie) zu verändern wünsche?

(10) Einzelne Auffälligkeiten sollen nicht als individuelles Symptom überbewertet werden. Um sicherzugehen, sollte man jedes Problem eines zu Erziehenden oder eines Ratsuchenden zunächst ganz bewußt im *Gesamtzusammenhang seines Sozialsystems* betrachten. Damit ist gemeint, bei seinen Beobachtungen und Überlegungen über die Person hinauszugehen, z.B. bei der Angst eines Kindes zu berücksichtigen, wieweit sie aus der Kindergartengruppe oder aus Familienbeziehungen heraus zu erklären ist, wieweit sie also Ausdruck gestörter Beziehungen ist.

Ein Schema für die Erhebung des psychischen Befundes bei Kindern ist im Anhang zu finden!

Literatur zur Vertiefung:

DÖRNER, KLAUS/PLOG, URSULA: Irren ist menschlich. Oder: Lehrbuch der Psychiatrie/Psychotherapie. Wunstorf 1978

IRSKENS, BEATE U.A.: Auffällige Kinder. Beobachtungen – Erklärungen – Handlungsstrategien. (= MSP1) Frankfurt 1978

SADER, MANFRED/WEBER, HANNELORE: Psychologie der Persönlichkeit. Weinheim; München, Neuausg. 1996

12. Die Gruppe als Beobachtungsgegenstand

oder: Verstehen, was die Dynamik der Gruppe ausmacht

L 12

Sozialpädagogische Mitarbeiterinnen haben es bei ihrer Arbeit überwiegend mit Gruppen zu tun. Diese Gruppen sind einerseits als soziale Gebilde mit eigenen, jeweils typischen Regeln, Verhaltensweisen und einer spezifischen Entwicklung zu sehen. Sie bestehen andererseits aus einzelnen Kindern, Jugendlichen oder Familien. Sozialpädagogen müssen also sowohl die Gruppe als Ganzes als auch den einzelnen mit seinen individuellen Problemen im Auge haben.

Dabei sind die beiden Faktoren, Gruppe und einzelnes Mitglied, natürlich nur theoretisch zu trennen. Im konkreten Gruppenleben beeinflussen sie sich gegenseitig in einem komplizierten und intensiven Wechselspiel. Darauf beruht gerade der Einfluß der Gruppe auf die Persönlichkeitsentwicklung der Mitglieder.

Doch als Ausgangspunkt für weitere Überlegungen zunächst eine konkrete Gruppensituation:

> In einem abseits vom Zentrum gelegenen Wohnviertel einer Mittelstadt, begrenzt vom Güterbahnhof einerseits und Industrieanlagen andererseits, bemühen sich eine Kindertagesstätte und ein Freizeitheim um die Kinder und Jugendlichen des Quartiers. Das Viertel wird von den Behörden als „sozialer Brennpunkt" angesehen. Die überwiegende Zahl der Bewohner sind Obdachlose, d.h. sie haben keinen regelrechten Mietvertrag und nur ein Nutzungsrecht in städtischen Barackenwohnungen. Die Lebensumstände der meisten Familien sind gekennzeichnet durch niedriges Berufsniveau, niedriges Einkommen, enge Wohnungen, Beziehungskonflikte der Erwachsenen, nicht selten chronische Krankheiten, vielfach eine größere Kinderzahl und in fast allen Familien ständige Konflikte zwischen Erwachsenen und Kindern. Bei den Gleichaltrigen in der Schule gelten die Kinder des Viertels als „dreckig", „laut" und „streitsüchtig", bei den Eltern und bei manchen Lehrern als „störend", „brutal" oder „schwererziehbar", im Jugendamt verwendet man meistens das Etikett „auffällig" oder „dissozial" für sie.
>
> Bei diesen in mancher Hinsicht sehr selbständigen und cleveren Kindern gibt es nun in jedem Jahr besondere Schwierigkeiten beim Übergang von der Hortgruppe der Tagesstätte in das Freizeitheim. Zwischen beiden Einrichtungen besteht eine gewisse Zusammenarbeit. Nach Vollendung des 12. Lebensjahres soll sich im Laufe des nächsten Jahres möglichst der Wechsel ins Freizeitheim vollziehen. (Der Zeitpunkt wird von den Betreffenden frei gewählt.) Durchschnittlich wechseln die Mädchen im Alter von 13,0 Jahren, die Jungen mit 12,6.
>
> Besonders bei den Mädchen ist eine starke Abwehr gegen das Freizeitheim zu beobachten. Bei ersten Besuchen sind die Mädchen unsicher und ängstlich, ei-

nige scheinen ihre Angst durch ein besonders aufgedrehtes Verhalten gegenüber den Jugen zu überdecken. Spiele und Bastelanregungen lehnen sie rigoros ab. Sie kopieren in übertriebener Weise das passive, auf die Jungen fixierte Verhalten älterer Mädchen. Auch die Jungen versuchen sich dem direkten pädagogischen Einfluß zu entziehen und das „coole" Verhalten älterer Jungen nachzuahmen.

In einem gemeinsamen Teamgespräch mit den Mitarbeitern beider Einrichtungen werden die Angst wie die problematische Nachahmung der älteren Jugendlichen als Signale einer Überforderung gedeutet. Die bei den Kindern des Viertels allgemein zu beobachtende Scheu vor neuen Situationen tritt hier verstärkt auf, da sie sich vor einer bedeutsamen Schwelle sehen; sie spüren, daß mit dem Wechsel ins Freizeitheim ihre Kind-Rolle beendet ist. Es fällt ihnen einerseits schwer, weiterhin Beratung und Schutz durch die sozialpädagogischen Mitarbeiter anzunehmen; andererseits sind sie auf die neue Rolle des Jugendlichen aber nur unzureichend vorbereitet. Von den Erwachsenen ihrer Familien und der Nachbarschaft kennen sie nur Vorbilder aggressiven Streitverhaltens oder überraschender kumpelhafter Verbrüderung (besonders gegen Außen-Gruppen).

Die Subkulturen, die sich in ihrem Viertel herausgebildet haben, sind geprägt durch geringe sprachliche wie nicht-verbale Ausdrucksmöglichkeiten, durch Normen der Stärke („Der Stärkere hat immer Recht!") und durch eine ausgesprochen konservative und rigide Auffassung der Geschlechterrollen (z.B. mit einer Männlichkeit der Aggressivität, des Geldhabens, Sich-leisten-könnens; einer Weiblichkeit der Attraktivität, des Umworbenwerdens und der Abhängigkeit). Beispiele abgestufter, flexibler Formen von Freundschaft, Partnerschaft und Zärtlichkeit haben sie so gut wie überhaupt nicht kennengelernt. Auch fehlt ihnen nicht selten ganz schlichtes Wissen über sexuelle Probleme (z.B. Verhütungsmittel). So sehen sie sich verwirrenden Ansprüchen von verschiedenen Seiten gegenüber (Eltern: „Wehe, du kommst mit einem Kind nach Hause!" – Jugendlicher gegenüber dem Mädchen: „Blöde Fotze, mit dir ist aber auch gar nichts los!" – Und die Mitarbeiter erwarten von ihnen aktive Mitarbeit bei der Organisation und Programmplanung des Freizeitheimes.)

T 12

Die Lebenswelt der Mitglieder und der Erfahrungsraum der Gruppe

Eine bekannte Forderung der Gruppenpädagogik lautet: „Anfangen, wo die Gruppe steht!" Das ist zweifellos in jedem Fall richtig und sinnvoll. Nur darf es nicht einseitig psychologisch verstanden werden, nicht nur als Frage nach dem Entwicklungsstand der einzelnen Gruppenmitglieder (Was interessiert die einzelnen? Was können sie verstehen, praktisch und gefühlsmäßig bewältigen?). All diese Funktionen sind ja nicht nur Ausdruck einer seelischen Verfassung der Gruppenmitglieder; sie haben gleichermaßen soziale Hintergründe und hängen von äußeren Lebensumständen ab. In dem Bericht wird angedeutet, wie die Mitarbeiter die Verhaltensweisen der Kinder auf dem Hintergrund der Lebenswelt und der bisherigen Erfahrung der Gruppenmitglieder zu verstehen versuchen. Die Überlegungen der Mitarbeiter könnten in zwei Richtungen gehen. Einerseits könnten sie versuchen, sich die *inneren* Voraussetzungen der betroffenen Kinder zu vergegenwärtigen. Sie könnten sich klarmachen, was die Kinder bisher gelernt haben, um die problematische Situation zu bewältigen, und was ihnen dazu noch fehlt. Andererseits könnten sie die *äußeren* Determinanten in ihrer Bedeutung einzuschätzen versuchen: die Lebensumstände der Familien, die Subkulturen der Bezugsgruppen, die Schule, die beiden sozialpädagogischen Institutionen mit ihren unterschiedlichen Konzepten und Erwartungen. Diese Klärung der Situation könnte dann übergehen in die Einschätzung der eigenen Möglichkeiten der Mitarbeiter.

Zunächst einmal geht es um die *Lebenswelt* der Kinder:

- Welche Erfahrungen machen die Betroffenen in ihren Familien? (Damit ist zunächst die Frage nach dem Einkommen gemeint und nach den Möglichkeiten des Konsumierens. Denn die Sozialpädagogen haben in den letzten Jahren gelernt, wie wichtig die Kenntnis der ökonomischen Situation für das Verständnis eines Menschen ist. Dann aber auch: Welche Bedürfnisse hat die Familie entwickelt? Welche kann sie sich erfüllen – welche nicht? Wie sind die Beziehungen der Familienmitglieder untereinander gestaltet?)
- Welche sozialen Kontakte unterhält die Familie? Wie verbringt sie ihre Freizeit? An welchen Bezugsgruppen und Vorbildern orientiert sie sich?
- Welche unterschiedlichen Erziehungsbedingungen lassen sich in den Elternhäusern feststellen?
- Welche Arbeitsplätze haben die Eltern? Was wissen die Mitarbeiter über die Arbeitsbedingungen der Eltern? Wo sind sie auf Vermutungen angewiesen?
- Unter welchen räumlichen Bedingungen wachsen die Kinder auf (Wohngebiet, Wohnung, Einrichtung)?
- Welche Einschätzungen oder Vorurteile über bestimmte Familien kann der Mitarbeiter bei sich selbst, bei Eltern oder bei Kindern feststellen?

Mehr oder weniger geprägt durch ihre Lebenswelt, kommen die Kinder in den Hort bzw. ins Freizeitheim. Hier erleben sie einen neuen, *gemeinsamen Erfahrungsraum:*

- Welche Erfahrungen machen die Kinder bzw. Jugendlichen in den sozialpädagogischen Einrichtungen: – mit Erwachsenen – mit anderen Kindern/Jugendlichen – mit Räumen und Sachen? Welche Erfahrungen decken sich mit denen im Elternhaus, welche sind anders?
- Wo gibt es Konflikte zwischen Erziehungszielen der Eltern oder Normen der Gruppen und denen der Mitarbeiter?

Mit den Antworten auf diese Fragen können wesentliche Faktoren erfaßt werden, auf die sich das Verhalten der Kinder zurückführen läßt. Die Fragen zielen vor allem auf *sozio-ökonomische* und *sozio-kulturelle Determinanten.* Damit sind gesellschaftliche Faktoren, Voraussetzungen des sozialen Zusammenhangs gemeint, die relativ dauerhaft die Lebenswelt der Betroffenen bestimmen und in das Gruppenleben hineinwirken[1].

Die Gruppe als soziales Gebilde

Auf einer zweiten Ebene ergeben sich weitere Gesichtspunkte für die Analyse der Arbeitsvoraussetzungen. Denn: Sozialpädagogische *Gruppen* stellen nicht nur eine Ansammlung einzelner Kinder oder Jugendlicher dar, sondern sind *soziale Gebilde* mit jeweils besonderen Strukturen. Die Gruppe kann als System mit eigener *Dynamik* betrachtet werden. Sie entsteht und entwickelt sich nach eigenen Gesetzmäßigkeiten, sie verändert sich oder löst sich auf.[2]

Die vielfältigen Gruppen im sozialpädagogischen Bereich werden zu den „Kleingruppen" oder „Primärgruppen" gerechnet. Sie lassen sich insgesamt nur schwer überblicken und ordnend beschreiben. Für eine vorläufige Einteilung ist es sinnvoll, von den in den Gruppen vorherrschenden *Aktivitäten* auszugehen. Dabei ergeben sich vier verschiedene Typen von Gruppen mit folgenden Hauptakzenten[3]:

1. Gruppen als Erfahrungs- und Übungsfelder grundlegender sozialer Fähigkeiten (z.B. Kindergartengruppe)
2. Gruppen als Organe therapeutischer Hilfe für ihre Mitglieder (z.B. Schularbeitenkreise, Selbsterfahrungsgruppen, Elterngruppen behinderter Kinder),
3. Gruppen als Einheiten des sozialen Handelns (demonstrative Öffentlichkeitsarbeit, Ökologie-Bewegung, Initiativgruppen zum Aufbau eines Jugendzentrums oder eines Abenteuerspielplatzes) und
4. Gruppen als Organe der Begegnung und Gemeinschaft (z.B. Jugendclubs in einem Freizeitheim).

Für den sozialpädagogischen Mitarbeiter stellt die Gruppe nicht nur eine Lösung dar, sondern auch ein Problem. Die Entwicklungspsychologie, die Gruppenpsychologie und die Soziologie haben eine Vielzahl wichtiger Gesichtspunkte und Fragestellungen erarbeitet, mit denen sich die Ent-

---

1) Eine weiterführende Untersuchung dieser Gesichtspunkte bietet z.B.: M. MEINHOLD/W: HOLLSTEIN: Erziehung und Veränderung. Neuwied 1975, Kap. 2.

2) Vgl. S. BERNSTEIN/L. LOWY (Hrg.): Untersuchungen zur Sozialen Gruppenarbeit in Theorie und Praxis. Freiburg 1969.
C: RITTELMEYER u.a.: Erziehung und Gruppe. München 1980.
M. SADER: Psychologie der Gruppe. München 1979[2].

3) C. RITTELMEYER, a.a.O., S. 32 ff.

wicklung, das Gruppenleben und die aktuelle Gruppensituation erfassen und beschreiben lassen: Z.B. muß jede Gruppe selbst ausprobieren und bestimmen, wieviel Nähe und Distanz, wieviel Grupppendruck und Verbindlichkeit in ihr herrschen sollen. – Jede Gruppe macht sich ein Bild von sich selbst, das dann auf ihr Handeln wiederum stark zurückwirkt. – Jede Gruppe hat zentrale Themen und entwickelt Verhaltensweisen zu diesen Themen oder Problemen. (Als solche Themen kann man z.B. beobachten: Unabhängigkeit von Erwachsenen, Spielmöglichkeiten, Pop-Musik, Motorräder, Drogen, Sexualität, Männlichkeit – Weiblichkeit, Machtausübung, Geborgenheit und Zärtlichkeit, Identitätssuche usw.) – Jede Gruppe begrenzt ihre Erfahrungswelt. Sie bewegt sich in bestimmten Räumen und Gebieten. Sie entwickelt bis zu einem gewissen Maße eine eigene Kultur: Ihre Mitglieder sprechen (zumindest in der Gruppe) eine bestimmte Sprache, sie betonen bestimmte Formen von Kleidung, Schmuck oder Frisur. Es scheint ihnen dadurch leichter zu fallen, sich ihre Umwelt verständlich zu machen und ihre Entwicklungsprobleme zu lösen. – Die Gruppe definiert sich als eine Einheit, als „Wir" im Vergleich und in Abgrenzung zu anderen Gruppen.

Meist hat die Popularität eines Mitgliedes in seiner Gruppe auch mit seiner Fähigkeit und Sensibilität zu tun, die jeweiligen Motive der anderen wahrzunehmen und auszudrücken: Dadurch gewinnt es die Anerkennung der anderen.

Gruppe und Persönlichkeit

Für den einzelnen kann die Gruppe ein Experimentierfeld mit enormen Möglichkeiten zur Selbsterfahrung und Selbstfindung sein. Denn das Leben in der Gruppe vollzieht sich immer als eine Art von Antworten. Mit meinem Antwortverhalten reagiere ich auf einen Partner, der selbst anspricht – sei es, daß er fragt, wünscht, fordert, befiehlt usw.

Für Kinder bringen Erlebnisse in der Gleichaltrigengruppe deshalb eine ganz neue Dimension in ihr Leben: Nicht mehr die Erwachsenen allein bestimmen, sondern die Freunde, die Kindergruppe, die Schulklasse nehmen Einfluß. Sie bieten Orientierung und neue Normen; sie definieren selbst die gemeinsamen Situationen und Beziehungen; Maßstäbe und Werturteile der Erwachsenen können infrage gestellt werden. Die Gruppe relativiert die Macht der Eltern und anderer Erziehungspersonen. Gruppen bringen den Mitgliedern soziale Anerkennung ein, die ein hohes Maß an Gleichberechtigung ermöglicht. Gruppen lassen zum einen Durchsetzungsvermögen zu und zwingen häufig zum Rivalisieren, zum andern erlauben sie Großzügigkeit und schärfen den Blick für Gemeinsames. Indem der Einzelne teilnimmt, wird er Teil der Gruppe; andererseits muß in der Gruppe vieles geteilt werden: Teilnehmen *und* Teilenkönnen gemeinsam schaffen die Grundlage für erlebte Gemeinsamkeit und Solidarität. (Natürlich muß hier zwischen freiwilligen und zwangsweise gebildeten Gruppen unterschieden werden.)

Der einzelne erwirbt nicht nur soziale Erfahrungen in der Gruppe, sondern er „internalisiert“ auch Verantwortlichkeit, Solidarität (hier verstanden als wechselseitige Erfüllung der gegenseitigen Erwartungen der Mitglieder) und anderen Normen der Gruppe. Diese Normen werden allmählich Bestandteil der Persönlichkeit des einzelnen Gruppenmitgliedes, d.h. zu seinen „eigenen“ Normen und Anschauungen. Was der einzelne denkt, fühlt, redet oder tut, orientiert sich umso stärker an der Gruppe, je intensiver er sich mit der Gruppe identifiziert.

Bezugsgruppen

Diejenige Gruppe, die unser Verhalten bestimmt, mit der wir uns identifizieren, bezeichnet die Soziologie als „Bezugsgruppe“. Es kann sich dabei um die Gruppe handeln, der wir aktuell angehören. Das muß aber nicht zwangsläufig so sein. Bezugsgruppe kann auch eine Gruppe sein, zu der wir früher gehörten, oder eine, zu der wir uns hingezogen fühlen (obwohl sie außerhalb unserer Reichweite liegt), oder eine, mit der wir uns selbst nur gern vergleichen. Schließlich können Bezugsgruppen sogar *imaginär* sein. Das heißt: Sie existieren nur in irgendwelchen Büchern, Filmen und in unserer Phantasie. Trotzdem können sie höchst bedeutsam sein.

Für unser Verhalten können auch *negative Bezugsgruppen* bestimmend sein. Damit sind Gruppen gemeint, deren Zielen oder Normen gegenüber wir fast automatisch das Entgegengesetzte tun. Sicher kennt jeder solche Beziehungen: Sagen die Mitglieder der einen Gruppe „Ja“, sagen die Mitglieder der anderen sicherlich „Nein“ – unabhängig davon, ob das Gesagte sonst vielleicht für ganz vernünftig gehalten wird.

Auf solche negativen Bezugsgruppen stoßen wir auch innerhalb der Familie. Z.B. können Kinder und ihre Eltern in gewissen Altersstufen füreinander negative Bezugsgruppen sein.

Ein weiteres Problem bei der Beziehung zu Bezugsgruppen stellt die sog. *„marginale“* (am Rande befindliche, randständige) *Position* dar. Diese Position ist mißlich: Marginale Gruppen bzw. marginale Personen sitzen gleichsam „zwischen den Stühlen“. Ein Mitglied nimmt z.B. in einer Gruppe eine Randposition ein, bei der es zwischen verschiedenen Normensätzen und zwischen verschiedenen Bezugsgruppen steht; seine Position und seine Rolle sind von daher unsicher und gefährdet.

Die meisten Menschen unseres Kulturkreises durchlaufen in ihrem Leben mehrfach solche Marginalpositionen mit ihren besonderen Konflikten. Als *die* typische Marginalsituation kann wohl die Pubertät angesehen werden: Nicht mehr Kind, noch nicht erwachsen, lebt der Jugendliche in einem unsicheren Zwischenzustand. Manchmal hilft er sich, indem er demonstrativ erwachsen auftritt. Bei den Jugendlichen des einleitenden Beispiels werden an sich schon konfliktträchtige Lebensumstände durch einen typischen Marginalkonflikt überlagert und verstärkt.

A 12

I. Fragebogen zur Reflexion von Gruppensituationen und -prozessen

1. Zur Lebenswelt der Gruppenmitglieder

- Wie sehen die durchschnittlichen Wohn- und Arbeitsverhältnisse im Einzugsgebiet der betreffenden sozialpädagogischen Einrichtung aus? Welche Kultur- und Freizeitangebote sind vorhanden?
- Was weiß ich über die Mitglieder meiner Gruppe? Alter, Geschlecht, Dauer der Zugehörigkeit? In welchen Verhältnissen leben die Gruppenmitglieder in ihren Herkunftsfamilien (Pflegefamilien/sonstigen Wohnsituationen): Berufliche und gesellschaftliche Stellung der Eltern, Wohngebiet, Wohnung, Einkommen, Befriedigung von Bedürfnissen, Freizeitinteressen, soziale Kontakte, soziale Auffälligkeiten usw.?
- Welche gemeinsamen Probleme, Konfliktlagen gibt es in den Familien meiner Gruppe/ der Einrichtung?
- Welche Fragen, Probleme, Unsicherheiten oder Ängste äußern die Kinder/Jugendlichen von sich aus?
- Welche Zukunftserwartungen äußern/haben die Gruppenmitglieder? Welche Lebenschancen sehe ich/sehen die anderen Mitarbeiter für sie?

2. Zur sozialen Struktur der Gruppe

- Durch welche typischen Aktivitäten ist die Gruppe charakterisiert?
- Welchen Anteil hat evtl. ein Leiter/Berater am Gruppengeschehen? Nach welchen Grundsätzen arbeitet er/sie?
- Welche Phasen sind in der bisherigen Entwicklung der Gruppe zu erkennen? Welche Umstände, Ereignisse, Personen beeinflußten die Entwicklung?
- Welche typischen Verhaltensweisen werden in der Gruppe erwartet (als konformes Verhalten)? Wie werden dabei von wem welche Normen durchgesetzt?
- Wie äußert sich das Wir-Bewußtsein in der Gruppe? – Hat die Gruppe gemeinsame Interessen? Sind diese bewußt?
- Wie sind die Beziehungen der Gruppenmitglieder untereinander? (Wer spricht, spielt, arbeitet, streitet sich mit wem wie oft?)
- Welche relativ festen Untergruppen bestehen? Welche Wirkung haben diese auf die Gesamtgruppe?
- Wie werden Konflikte innerhalb der Gruppe behandelt?
- Wer nimmt in welchen Bereichen an der Führung der Gruppe teil? Wer macht Vorschläge? Wie werden diese behandelt? Wie werden Entscheidungen gefällt?
- Zu welchen anderen Gruppen oder Institutionen bestehen Beziehungen welcher Art (Intergruppen-Beziehungen)?

- Wer hat welche Position inne und spielt welche Rolle?
- In welchem Maße identifizieren sich die Mitglieder mit der Gruppe?
- Wer hat welche Bezugsgruppen?

3. Zu Konfliktsituationen

- Welche Gruppenmitglieder/Teilgruppen befinden sich in einer Marginalposition oder in einer anderen Konfliktsituation?
- Worin besteht die Krise, der Konflikt?
- Wie reagieren die beteiligten Personen/Gruppen/Teilgruppen in der problematischen Situation?
- Wie erleben die beteiligten Personen/Gruppen/Teilgruppen die problematische Situation? Wie äußern sie sich selbst über ihre Gefühle? Worin unterscheiden sich ihre Perspektiven (Sichtweisen)? Wie wirken sich diese verschiedenen Perspektiven aus?
- Wodurch wurde die problematische Situation (das problematische Verhalten) ausgelöst?
- Welche vorhandenen Fähigkeiten, welche „Stärken" (Einstellungen, Wissen, Ausdrucksmöglichkeiten) können den Betroffenen helfen, die problematische Situation zu bewältigen? Welche Defizite, welche „Schwächen" erschweren dies?
- Welche Erwartungen haben einzelne Personen oder Gruppen darüber, wie sich die Betroffenen in dieser Situation verhalten sollten?
- Welche Interessen verfolgen die sozialpädagogischen Mitarbeiter?

II. Methoden und Hilfsmittel der Gruppenbeobachtung

(1) Sensible Gruppenleiterinnen mit geschulter Wahrnehmungs- und Beurteilungsfähigkeit werden auch Interaktionen, Beziehungsstrukturen und Stimmungen in Gruppen aufspüren und richtig beurteilen können. Eine Reihe von Situationen des Gruppenlebens bietet sich in besonderem Maße als Beobachtungssituation an, da in ihnen die Beziehungen der Gruppenmitglieder deutlich zum Ausdruck kommen: Da ist als erstes das Spiel zu nennen, in dem sich nicht nur Persönlichkeitszüge der Spielenden zeigen, sondern auch Beziehungen, Untergruppen und Interaktionsmuster innerhalb der Gruppe. Ähnliches gilt für Sachdiskussionen, Programm- oder Planungsdebatten. Auch schriftliche, geheime Wahlen zu bestimmten Ämtern können Sozialbeziehungen und die Anerkennung bestimmter Schlüsselpersonen in der Gruppe deutlich machen.

Doch das Beobachten eines einzelnen Beobachters stößt früher oder später an eine grundsätzliche Grenze. Deshalb sind Verfahren der Gruppenbeobachtung eine wichtige Ergänzung. Im folgenden beschreiben wir eine kleine Auswahl spezifischer Methoden und Hilfsmittel zur Beobachtung des Gruppenprozesses und der Gruppenstrukturen, deren wesentliches Merkmal die Beteiligung der Gruppe selber ist. Sie liefern insofern nicht einfach weitere Informationen neben der Verhaltensbeobachtung eines einzelnen; sie können vielmehr gerade auch individuelle Hypothesen oder Vermutungen über Gruppenstrukturen bestätigen, widerlegen oder korrigieren. Natürlich können sie auch neue Hypothesen liefern.

Und sowohl für Mitarbeiterinnen wie für Gruppenmitglieder können diese Methoden und Hilfsmittel auch dazu beitragen, die Wahrnehmungsfähigkeit weiter auszubilden und zu verbessern.

(2) *Gruppenprozeß-Feedback.* Feedback bezieht sich meistens auf die Beziehung zwischen zwei Personen: Jemand teilt seinem Gegenüber mit, wie er dessen Verhalten in einer bestimmten Situation erlebt und empfunden hat. – Hier geht es um eine andere Form, bei der die ganze Gruppe beteiligt ist. Beim „Gruppenprozeß-Feedback" geht es um die Frage, wie die einzelnen Mitglieder sich im Augenblick in der Gruppe fühlen oder wie sie den letzten Abschnitt ihrer gemeinsamen Aktivität erlebt haben. Solch ein Feedback kann angebracht sein, wenn das Gruppengeschehen aus irgendwelchen Gründen nicht befriedigend verläuft. Zwei Beispiele zu dieser Methode:

1. „Satzergänzungen: Diese Methode hat den Vorteil, daß sie Ergebnisse hervorbringt, die recht gut vergleichbar sind und viel Gesprächsstoff für die Auswertung liefern: Der Gruppe werden eine Reihe von Satzanfängen vorgelegt, die sie gemäß ihrer derzeitigen Stimmungslage spontan ergänzen soll. Zunächst schreibt jeder für sich seine Ergänzungen auf einen Zettel, dann werden die verschiedenen Halbsätze zu jeweils einem Satzanfang auf je einem Plakat gesammelt. Solche Satzanfänge können zum Beispiel sein:

– Alles in allem fühle ich mich im Augenblick . . .
– Am liebsten möchte ich jetzt . . .
– Auf keinen Fall will ich jetzt . . .
– Was mich geärgert hat, war . . .
– Gut gefallen hat mir, daß . . .
– Besonders bemerkenswert finde ich, daß . . .
– Das Verhalten des Leiters war für mich . . .
– Mein Eindruck von den anderen ist im Augenblick . . .
– Gebracht hat mir das Ganze . . .

Die Liste dieser Satzanfänge kann beliebig verändert, ergänzt und auf die jeweilige Situation zugeschnitten werden.[4]."

2. „Stimmungsprofil: Das Stimmungsprofil besteht aus einer Liste von Begriffspaaren, die einander entgegengesetzte Gefühle und Stimmungen beschreiben. Mit dieser Methode läßt sich die Stimmungslage jedes einzelnen, aber auch der gesamten Gruppe ziemlich genau erfassen, was zum Beispiel dann von Vorteil sein kann, wenn eine Gruppe eine totale Flaute

4) W. BERNER: Jugendgruppen organisieren. Ein Handbuch für Gruppenleiter und Mitglieder. Reinbek 1983, S. 399.

hat, ohne wirklich zu wissen warum. Die Begriffspaare sind einander gegenübergestellt; zwischen diesen Extremen sind verschiedene Abstufungen eingezeichnet, so daß sich eine Skala ergibt, auf der man seine derzeitigen Stimmungslagen durch Ankreuzen einordnen kann:

Für das Stimmungsprofil können fotokopierte Vordrucke ausgeteilt werden, die nach folgendem Muster erstellt sind. Noch günstiger ist es aber, die Vorlage mit dickem Stift auf ein großes Plakat zu zeichnen; dann kann jedes Gruppenmitglied sein Stimmungsprofil in die gemeinsame Tabelle

	1	2	3	4	5	6	7	
beteiligt	O	O	O	O	O	O	O	unbeteiligt
zufrieden	O	O	O	O	O	O	O	unzufrieden
aktiv	O	O	O	O	O	O	O	passiv
fröhlich	O	O	O	O	O	O	O	traurig
gelassen	O	O	O	O	O	O	O	angespannt
heiter	O	O	O	O	O	O	O	ernst
integriert	O	O	O	O	O	O	O	ausgeschlossen
stark	O	O	O	O	O	O	O	schwach
klug	O	O	O	O	O	O	O	doof
interessiert	O	O	O	O	O	O	O	gelangweilt
sicher	O	O	O	O	O	O	O	unsicher, bedroht
friedlich	O	O	O	O	O	O	O	aggressiv
vertrauensvoll	O	O	O	O	O	O	O	mißtrauisch
geordnet	O	O	O	O	O	O	O	zerfahren
großzügig	O	O	O	O	O	O	O	streng
beweglich	O	O	O	O	O	O	O	starr

eintragen. Das kann entweder ohne namentliche Kennzeichnung durch einfache Kreuzchen oder Klebepunkte geschehen oder dadurch, daß jeder die Anfangsbuchstaben seines Namens als persönliche Markierung verwendet. Für die Auswertung bieten sich zwei Schwerpunkte besonders an: Erstens die Eigenschaftspaare, wo die Selbsteinstufungen der Gruppenmitglieder sehr weit auseinandergehen, zweitens die, wo die Selbsteinstufungen nahe an die Extremwert herangehen. Relativ wenig geben dagegen die Punkte her, wo sich die Kreuze etwa in der Mitte sammeln: Entweder spielt dieser Punkt im Augenblick keine große Rolle, oder die Offenheit der Antworten ist nicht allzu groß.[5]“

(3) *Schriftliche Befragung*: Die Vorteile dieser Methode sind:

- geringer Zeitaufwand
- kein Einfluß des Fragenden oder der Gruppe auf die Antwort des Einzelnen
- stärkeres Durchdenken der Fragen; der Befragte hat für jede Frage Zeit.

5) W. BERNER, a.a.O., S. 399 f.

Solche Befragung wird häufiger angewandt, um problematische Gruppensituationen zu klären oder Gruppenunternehmungen (Vorhaben, Projekte, Reisen usw.) auszuwerten.

Für eine Hortgruppe von 9-10jährigen würde z.B.die einfachste Form einer Auswertungshilfe aus einem Zettel mit drei Fragen bestehen:

„Hat dir das Vorhaben Spaß gemacht? Was hat dir gefallen, was nicht?
Wie hat die Gruppe zusammengearbeitet?
Wieviel ist für das Thema herausgekommen?"

Im anschließenden Gespräch könnte dann ein genaues Bild des Vorhabens und seiner Auswirkungen gezeichnet werden.

(Anregungen zu differenzierteren schriftlichen Befragungen finden sich in der Literatur zur Gruppenpädagogik und angewandten Gruppendynamik[6].)

(4) *Gruppendiskussion.* Untersuchungseinheit ist auch hier die jeweilige Gruppe als Ganzes. Es geht nicht um ein Bild der individuellen Meinung, sondern um die Prozesse der Meinungsbildung: Im Gegensatz zur schriftlichen Befragung wird nicht untersucht, wie die individuellen Meinungen verteilt sind, sondern welchen Verlauf der Gruppenprozeß (=Diskussionsprozeß) nimmt. Die individuelle Meinung wird häufig durch gruppendynamische Gesetzmäßigkeiten (wie Herausbildung einer vorherrschenden Meinung, Polarisierungen, Anpassung, Einfluß durch Meinungsführer) beeinflußt. Insgesamt werden „tieferliegende" Meinungen aktualisiert, spontane Reaktionen hervorgerufen, bedeutsame Einstellungen, Werte und Konflikte im Prozeß der Diskussion erkennbar.

Vorgehen: Die Gruppe diskutiert über ein festgelegtes Thema, das entweder direkt das Gruppenleben betrifft oder im weiteren Sinne aktuell ist. Es ist zweckmäßig, einen Impuls, einen „Grundreiz" zu geben, der dann die gemeinsame Ausgangsbasis bildet, an die die Diskussion anknüpfen kann. Dieser Impuls kann aus einer zugespitzten Hypothese, einer Zeitungsnachricht, einem Film oder auch aus vorher erhobenen (schriftlichen) Stellungnahmen der Gruppe bestehen.

Die Diskussionsleitung sollte zurückhaltend ausgeübt werden. Die Leiterin oder der Leiter nimmt nur die Wortmeldungen entgegen, hält eigene inhaltliche Stellungnahmen zurück, stellt eventuell nicht- direktive Nachfragen („Würdest du das bitte noch einmal erläutern?") und weist höchstens auf denkbare Gegenargumente hin, falls die Diskussion sehr einseitig verläuft. In der Anfangsphase sollte die Diskussion locker gelenkt werden, damit sich die Grundzüge der Gruppenmeinung unbeeinflußt entwickeln können, in der zweiten Hälfte kann etwas straffer gelenkt werden.

---

6) Z.B. RALF DANTSCHER: Arbeitsmaterial für die Gruppenarbeit. Gelnhausen, Freiburg, Stein 1977[2].

(5) *Soziometrie*: Unter „Soziometrie" werden verschiedene Verfahren verstanden, mit denen die Beziehungen der Gruppenmitglieder, d.h. die Binnenstruktur der Gruppe ermittelt werden können. Es handelt sich um quantitative Verfahren (wörtlich meint „Soziometrie" = das Messen der sozialen Ebene). Die Beziehungen werden nur unter den Aspekten: Bevorzugung – Gleichgültigkeit – Ablehnung in einer Wahlsituation erfaßt. Die Soziometrie kann recht präzise Auskünfte liefern über

1. die Struktur einer Gruppe (Integration, Geschlossenheit, Cliquenbildung usw.),
2. die Stellung der einzelnen Gruppenmitglieder und
3. zwischenmenschliche Beziehungen (wie Sympathie/Antipathie).

Die Methode wurde ursprünglich von dem Arzt und Psychiater J.L. Moreno[7] 1934 entwickelt. Moreno sah in der Methode mehr als nur ein Mittel zur Gruppenanalyse; aufgrund der Ergebnisse und ihrer Weitergabe an die Gruppe wollte er zu deren Selbsterkenntnis, zur Verbesserung ihrer Zusammenarbeit und zu therapeutischen Wirkungen beitragen.

In einigen Büchern wird die Soziometrie als „Test" bezeichnet. Das ist unzutreffend, tatsächlich handelt es sich um eine Form der schriftlichen (seltener mündlichen) Befragung.

Voraussetzungen für die Anwendung der soziometrischen Methode:

1. Das Verfahren setzt eine nicht zu große Gruppe voraus (bis zu 20 Personen).
2. Die Mitglieder müssen durch direkte Interaktion miteinander bekannt sein.
3. Die Untersuchung bezieht sich nur auf einen oder mehrere ausgewählte Aspekte der Beziehungen bzw. der Gruppenstruktur.
4. Wegen der geforderten spontanen Wahlen stellen die Ergebnisse ein Augenblicksbild dar: Es bleibt offen, wie lange schon oder wie lange noch die dargestellten Beziehungen gelten.
5. Die Gruppenmitglieder müssen fähig sein, die gesamte Gruppe mit ihren Beziehungen zu überblicken. (Das ist z.B. bei Kindergarten-Gruppen in der Regel nicht gegeben.)

Vorgehen: Jede Gruppe läßt sich nach unterschiedlichen Gesichtspunkten untersuchen, z.B. nach gefühlsmäßiger Anziehung, Beliebtheit, Leistung, Arbeit usw. Es hängt vom Zweck der Befragung bzw. vom Interesse der Gruppenarbeiterinnen ab, welche dieser Dimensionen untersucht werden soll. Es ist immer zu beachten, daß die ausgewählte Dimension nur über einen Teil der Beziehungen Aufschluß gibt; das Ergebnis kann nicht als allgemeine Struktur der Gruppe angesehen werden.

Die Schwierigkeit besteht nun darin, die ausgewählte Dimension in eine konkrete Frage umzusetzen. Diese Frage, *Kriterium* genannt, kann auf ge-

---

7 Dt.: Die Grundlagen der Soziometrie. Köln 1967².

wünschte Beziehungen oder auf tatsächliches Verhalten gerichtet sein. Sie wird an alle Mitglieder der Gruppe gestellt. Sie sollte eindeutig, leicht verständlich und von allen beantwortbar sein. Solche Fragen sind z.B.:

Mit wem spielst du am meisten?
Neben wem möchtest du sitzen?
Wen möchtest du gern einmal nach Hause einladen?
Mit wem möchtest du in einem Zelt/einem Zimmer schlafen?

Als nächstes muß die *Art der Wahlen* festgelegt werden: Sollen die Gruppenmitglieder nur positive Wahlen vornehmen (Zuneigung), nur negative Wahlen (Ablehnung) oder beides? – Negative Wahlen können problematische Folgen haben; andererseits liefern sie aber differenziertere, deutlichere Ergebnisse.

Mit dem Problem der Wahlen ist weiter die Frage verbunden: *Wie viele* Wahlen sollen getroffen werden? Eine festgelegte Zahl hat zwar den Vorteil einer einfacheren Auswertung, aber den Nachteil, daß Befragte eventuell zu Nennungen gedrängt werden, die sie eigentlich gar nicht geben können (weil sie z.B nicht mit geforderten 3, sondern nur mit 2 Mitgliedern zusammen arbeiten möchten, weil sie niemanden ablehnen, wie es aber erwartet wird, usw.). Die Wahlen sollten nach den vorliegenden Erfahrungen eher bei den positiven als bei den negativen begrenzt werden. Die Anzahl hängt von der Gruppengröße ab; fünf ist wohl eine sinnvolle Obergrenze.

Beispiel: Zur Veranschaulichung einer soziometrischen Befragung dient hier eine Hortgruppe von 10 Kindern im Alter zwischen 8 und 10 Jahren (6 Jungen, 4 Mädchen). Die Gruppenerzieherin forderte die Kinder auf, auf einen Zettel zu ihrem eigenen Namen die Namen von zwei Kindern zu schreiben, die sie zu ihrem Geburtstag einladen würden. Ein Pfeil soll anzeigen, welche Kinder gewählt werden:

Christine ————————► Hanna, Stefanie

Auf die negative Frage: „Wen würdest du nicht zu deinem Geburtstag einladen?“ soll das Kind einen Namen nennen. Zur Unterscheidung soll der Pfeil gestrichelt sein:

Christine — — — — —► Jan

Die Auswertung einer soziometrischen Befragung kann mit Hilfe von Matrizen, Diagrammen („Soziogramm“) oder Indexberechnungen erfolgen. Indexberechnungen vernachlässigen wir hier, da sie nur in der sozialwissenschaftlichen Forschung üblich sind. Wir beginnen mit einer *Matrix* (die manchmal auch „Urliste“ genannt wird): Die Ergebnisse aller Wahlen aller Kinder werden in die Liste eingetragen. Links stehen die Namen aller Wähler, über den Spalten die Kennzahlen der Gewählten von 1 – 10 (in unserem Beispiel). Eine positive Wahl wird mit einem senkrechten Strich eingetragen, eine negative mit einem waagerechten Strich. Die Spaltensummen unten geben an, wie oft ein Kind positiv oder negativ genannt wurde. Damit erhalten wir ein Maß für die Beliebtheit der einzelnen Kinder.

Anschaulicher als die Matrix ist das gezeichnete *Soziogramm.* Es erleichtert die Interpretation der Ergebnisse, da es die Beziehungen der Gruppenmitglieder zeichnerisch darstellt.

In unserem Beispiel haben die Symbole folgende Bedeutung:

○	Mädchen	————►	positive Wahl
△	Junge	— — — —►	negative Wahl

Damit das Schaubild übersichtlich und aussagefähig wird, sollten folgende Regeln eingehalten werden:

- Möglichst wenig Überschneidungen der Beziehungslinien
- Gruppenmitglieder mit vielen positiven Wahlen in die Blattmitte rükken
- wechselseitig verbundene Gruppenmitglieder nahe zusammenrücken (aber nicht näher als ca. 2 cm)
- Beziehungslinien nicht zu dicht an einem anderen Personensymbol vorbeiführen
- Schnittwinkel von Beziehungslinien sollten nicht zu spitz sein
- geometrisch regelmäßige Figuren (Quadrat, Dreieck), wo möglich, bevorzugen.

In einem sorgfältig durchgearbeiteten Soziogramm kann man gewisse soziometrische Muster erkennen, wie z.B.:

Untergruppen/Cliquen: wenige Mitglieder mit wechselseitigen Wahlen von und zu anderen Mitgliedern. In unserem Beispiel sind zwei solche Gruppierungen erkennbar: die Jungengruppe G, F, Ma, J und die Mädchengruppe S, H, C.

Paare: zwei Mitglieder mit wechselseitigen Wahlen (in unserem Beispiel sechsmal zu finden)

Star (oder Führerin, die/der Beliebteste, Geschickteste): vereinigt viele positive Wahlen auf sich; die restlichen Mitglieder wählen sich nur wenig gegenseitig. G hat deutlich diese Position, weniger deutlich S.

Isolierte: Mitglieder, die sehr wenig oder keine positiven Wahlen erhalten. In unserem Beispiel haben T, D, Mi diese problematische Position.

Wenn diese besonderen Muster und Positionen festgestellt sind, ist die Auswertung jedoch noch keineswegs erledigt. Viel wichtiger als das Augenblicksbild der sozialen Beziehungen ist für Mitarbeiterinnen der sozialen Arbeit in vielen Fällen der Hintergrund der Beziehungen oder Isolierungen: Sind z.B. die beiden mit den meisten positiven Wahlen eher

Führer, Stars oder besonders beliebt oder alles zugleich? Bemerkenswert, daß die beiden „Stars“ sich gegenseitig wählen; es käme auch Konkurrenz zwischen ihnen in Betracht. Oder: Wie kommt es zu der problematischen Isolierung von T, D, Mi? Wie empfinden sie ihre Position? Gibt es Unterschiede in ihrer Position? Oder: Wer ist von dem Ergebnis überrascht – enttäuscht oder erfreut? Wer möchte, kann an seiner Stellung etwas ändern?

Abb.: Beispiel einer soziometrischen Matrix

		Gewählte									
Wähler		1	2	3	4	5	6	7	8	9	10
Christine	1					|	—			|	
Denis	2			|	|				—		
Frank	3				|			|	—		
Gerrit	4		—	|						|	
Hanna	5	|							—	|	
Jan	6				|			|		—	
Marco	7			|		—	|				
Miriam	8		—		|					|	
Stefanie	9				|	|			—		
Tobias	10				|			|	—		
Spaltensumme +		1	0	3	6	2	1	3	0	4	0
Spaltensumme –		0	2	0	0	1	1	0	4	1	0

Ein schwieriges pädagogisches Problem stellt die *Auswertung durch die Gruppe* oder mit der Gruppe dar. Bei jüngeren Kindern könnte man ein Gespräch an beobachtetes Zusammenspiel, an Sitzordnungen oder auch Aspekte von Antipathie oder Isolierung anknüpfen. Ganz allgemein gesehen und besonders für Jugendliche, besteht die Hauptaufgabe darin, die Gruppe zu den Fragen anzuregen: Worauf ist die soziale Struktur der Gruppe wohl zurückzuführen? Wie wäre sie auf welche wünschenswerten Ziele hin zu verändern? Ein weiterer Aspekt: Aus der psychonanalytischen Forschung ist bekannt, daß hinter Sympathie und Antipathie konkrete „Übertragungen“ oder „Identifikationen“ stecken, die sich im Laufe der frühkindlichen Sozialisation gebildet haben (vgl. Kap. 7!). Wie kann ich diesen Gesichtspunkt angemessen berücksichtigen?

Abb.: Soziogramm einer Hortgruppe

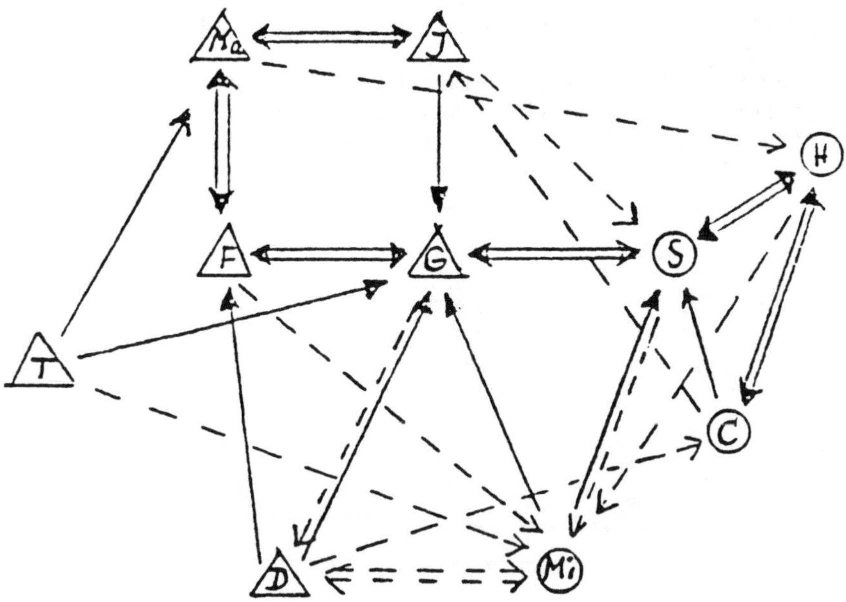

Zur Diskussion: Für manche Erzieherinnen oder Sozialpädagoginnen besitzt das Soziogramm große Faszinationskraft (Bekommt man doch so ein „schönes“, klares Bild der Gruppe!). Abgesehen von der Tatsache, daß es sich nur um ein – allzu leicht überschätztes – Augenblicksbild handelt, bietet das Verfahren auch Anlaß zu kritischen Fragen:

– Wie kann vermieden werden, daß sich einzelne wegen ihrer Position verteidigen müssen? Wie kann ich vermeiden, daß einzelne das Ergebnis als wissenschaftlichen Nachweis für ihre Unbeliebtheit nehmen?
– Besteht bei einer soziometrischen Befragung nicht die Gefahr, gerade das festschreiben zu lassen, was man verändern möchte?
– Lasse ich mir eventuell etwas sagen oder aufschreiben, was ich nicht weitersagen will?
– Kollidiert nicht eventuell das Schutzbedürfnis des Einzelnen mit dem verständlichen Wunsch der Gruppe, wissen zu wollen, was denn nun „rausgekommen“ ist?
– Für praktische Entscheidungen (die Zusammensetzung von Arbeitsgruppen, Belegung von Zelten oder Zimmern, Sitzordnungen usw.) scheinen einfache, direkte Wahlen meistens zweckmäßiger: Sie sind praktika-

bel, leichter korrigierbar, können diskutiert werden, die Kriterien der Entscheidung können erklärt und kontrolliert werden.

Literatur zur Vertiefung einzelner Aspekte:

DANTSCHER, RALF: Arbeitsmaterial für die Gruppenarbeit, Gelnhausen, Freiburg, Stein 1977[2]

DOLLASE, RAINER: Soziometrische Techniken, Weinheim 1973

RITTELMEYER, CHRISTIAN u.a.: Erziehung und Gruppe. München 1980

SADER, MANFRED: Psychologie der Gruppe. Weinheim, 6. Aufl. 1998

E. Anwendungen von Beobachtungsergebnissen in der sozialpädagogischen Praxis

13. Entwicklungsberichte und Gutachten

oder: Aufschreiben, ohne festzuschreiben

L 13

(a) Beispiel eines *Entwicklungsberichtes* aus einem Erziehungsheim für Mädchen:
„Name: Ina S.
geb.: . . . . . (15 Jahre alt)

Äußeres Erscheinungsbild: Ina ist ein sehr gepflegtes Mädchen, das immer ordentlich gekleidet ist. Ihre Kleidung ist zurückhaltend modisch und steht ihr gut. Sie schminkt sich kaum und hat insgesamt eine unauffällige Erscheinung.
Ina ist ca. 1,70 m groß und etwas pummelig. Ihre Figur entspricht der einer erwachsenen Frau. Sie hat halblange gepflegte Haare und einen reifen (nicht mehr kindlichen) Gesichtsausdruck. Nach dem äußeren Eindruck kann man sie für eine 18jährige halten. In den letzten Monaten war Ina nicht ernsthaft krank.

Persönlichkeitsbild: Als ich vor einem halben Jahr meine Arbeit in der Gruppe begann, war Ina mir gegenüber von Anfang an offen und leicht zugänglich und schilderte mir schon bald ihre ganze Problematik. Sie hat auch weiterhin Vertrauen zu mir und läßt sich in Alltagsangelegenheiten von mir beeinflussen.
Ina ist stark von ihrer Stimmung abhängig und versinkt oft über Stunden in eine traurig-melancholische Stimmung. Dann ist sie nur schwer ansprechbar. Ebensowenig ist sie ansprechbar, wenn sie sehr wütend ist. Allerdings wenn sie sich dann wieder beruhigt hat, kann man sich mit ihr über ihr Verhalten unterhalten. Wenn sie wütend oder traurig ist, spricht Ina wie ein kleines Kind.
Ina ist sehr passiv und nur schwer und mit viel Zuwendung von außen zu aktivieren. Sie ist nur wenig in der Lage, sich selbst zu beschäftigen. Ihre Kontaktbereitschaft hängt sehr von ihren Stimmungen ab.

Verhalten in der Gruppe: Nach meiner Beobachtung ist Ina in der Gruppe isoliert: Sie gehört keiner festen Clique an und hat nur vereinzelt sehr lose Kontakte zu anderen Mädchen. Fast alle Mädchen blicken auf Ina herab und akzeptieren sie nicht. Dabei könnte eine Rolle spielen, daß Ina bei allen alltäglichen Arbeiten sehr ungeschickt und langsam ist. Die Mädchen werfen ihr manchmal vor, sie sei ‚faul'. Das scheint mir aber nicht zu stimmen. Ina ist z.B. in der Küche wirklich höchst ungeschickt und bei länger dauernden Arbeiten nicht belastbar . . . . ."

Der Bericht umfaßt noch 7 weitere Abschnitte zu folgenden Bereichen:

- Grobmotorik/Feinmotorik
- Sprachgebrauch
- Leistungsverhalten
- Neurotische Symptome
- Freizeitgestaltung
- Außenkontakte
- Pädagogische Maßnahmen.

(b) Beispiel eines von einem Diplompsychologen erstellten *Gutachtens:*

„GUTACHTLICHE STELLUNGNAHME

Betr.: Daniel N., geb. am 06.09.82

Die am 18.12.1988 und 06./13.01.1989 durchgeführte psychodiagnostische Untersuchung (HAWIK, WTA, SCENO-Test u.a.) führte zu folgendem Ergebnis: Daniel zeigt eine leicht überdurchschnittliche Intelligenz, die im praktischen Bereich überwiegt. In Wissensumfang und Merkfähigkeit wirkt er eingeengt und zeigt hier Schwächen, die sich hemmend auf seine intellektuellen Leistungen auswirken. Sie sind zurückzuführen auf Diskrepanzen zwischen emotionaler bzw. sozialer Reife auf der einen und kognitiver Entwicklung auf der anderen Seite.

Daniels Intelligenzkapazität ist höher anzusetzen: Er zeigt ausgeprägte Fähigkeiten zu praktischem Urteil und intellektueller Anpassung, verbunden mit einem hohen Maß an Lernfähigkeit und Lernbereitschaft, die noch gestützt werden durch seine Fähigkeit, sich auf jeweils neue Problemsituationen einzustellen, Veränderungsprozesse in seiner Umwelt wahrzunehmen und durch gute Beobachtung Wesentliches und Unwesentliches zu differenzieren. Dadurch ist er in der Lage, soziale Gesamtsituationen zu erfassen sowie soziale Einstellungen und Verhaltensweisen zu entwickeln, die ihm ein sozial angepaßtes Handeln ermöglichen.

D.h. auch: Die für Daniel festgestellte Schulreife erfaßt seine Fähigkeit, sowohl die in der Schule geforderten Lern- und Arbeitsleistungen als auch die erwarteten Anpassungsleistungen zu erbringen. Sie stützt sich auf eine

‚Schulbereitschaft' auf seiten des Jungen, die vom kognitiven, sozialen und körperlichen Aspekt her bestätigt wird. Sie erfährt Einschränkungen im willensmäßigen Bereich durch Ausweichtendenzen. Momentan feststellbare Anpassungsschwierigkeiten gründen auf gefühlsmäßigen Problemen, die sich in sozialen Verhaltensweisen wie in seiner intellektuellen Leistung auswirken. Im kognitiven Bereich zeigt sich diese Einengung zum einen in verminderter Merkfähigkeit (Gedächtnis) sowie im passiven Registrieren, da er unbewußt stark von seinen eigenen gefühlsmäßigen Problemen und unbefriedigten Bedürfnissen nach Zuwendung abgelenkt und belastet wird.

Obgleich Daniel unter Einbeziehung aller Schulreifekriterien nur bedingt schulreif ist, ist eine Zurückstellung von der Einschulung im Hinblick auf seine Persönlichkeitsentfaltung nicht anzuraten: Die schulischen Leistungsforderungen müssen als notwendig für seine Persönlichkeitsförderung gewertet werden, da sie wesentlich dazu beitragen können, ihm Erfolgserlebnisse zu verschaffen, die seinen Fähigkeiten entsprechen. Diese Erfolgserlebnisse könnten helfen, sein Ich sowohl im Gruppenleben als auch durch Leistungen zu stärken und seine Persönlichkeit zu stabilisieren."

(Hier folgen weitere Erklärungen zur Persönlichkeitsentwicklung Daniels, zur Lebenssituation der Eltern und zu den Beziehungen zwischen Daniel und den Elternteilen. Das Gutachten schließt:)

„Daniels Persönlichkeitsentfaltung wird somit erheblich beeinträchtigt und läßt eine spieltherapeutische Behandlung angeraten erscheinen. Die Einschulung ist unerläßlich zu verbinden mit veränderten Verhaltensweisen der Eltern, die zu einer Harmonisierung ihres Verhältnisses zu sich selbst und zum Kind finden müssen. Daniel bedarf der besonderen, offenen, gefühlsmäßigen Zuwendung beider Eltern, insbesondere des Vaters. Mit seiner Hilfe (gemeinsame Unternehmungen, ihn fragen können ohne Angst vor Tadel, weniger hohe Anforderungen, weniger Verhaltenskorrekturen) muß er sein Selbst und seine Rolle finden. Außerdem bedarf es – besonders im ersten Schuljahr – der engen Zusammenarbeit zwischen Schule und Elternhaus und einer stärkeren individuellen Förderung in der Schule."

T 13

Aufgabe und Struktur von Entwicklungsberichten[1)]

Ein Entwicklungsbericht (früher auch „Erziehungsbericht" genannt) ist für den, der ihn schreiben muß, eine heikle und oft auch eine lästige Pflicht. Für die Beschriebenen hat er immer eine außerordentliche Bedeutung. Sehr oft hängen lebenswichtige Entscheidungen von ihm ab.

---

1) In Anlehnung an E. MARTIN: Didaktik der sozialpädagogischen Arbeit, Weinheim, 5. Aufl. 1999, S. 133-143.

Die besondere Bedeutung der Entwicklungsberichte ergibt sich aus der häufig nichtnormalen Lebenssituation der Betroffenen: Sie wohnen z.B. in einem Heim, und ihre Erziehung unterliegt der staatlichen Aufsicht. Nur nach Begutachtung jedes Einzelfalles im Rahmen der gesetzlichen Vorschriften und deren Ausführungsbestimmungen können Kinder oder Jugendliche in einem Heim untergebracht werden. Dazu ist ein Hilfeplan aufzustellen, und es ist regelmäßig zu prüfen, ob ein Heimbewohner zu seinen Eltern zurückkehren kann, ob die Vermittlung in eine Pflege- oder Adoptionsstelle infrage kommt oder eine anderweitige Unterbringung zweckmäßig ist. Diese Prüfung gehört zur Aufsichtspflicht des Jugendamtes für alle Minderjährigen, die in einem Heim oder einer anderen sozialpädagogischen Einrichtung leben (KJHG, § 36). Während der Geltung des Jugendwohlfahrtsgesetzes (bis zum Jahre 1991) wurden zu diesem Zweck von den Heimen ausführliche schriftliche Berichte gefordert. Inzwischen widersprechen solche ausführlichen schriftlichen Berichte sowohl dem Grundsatz der Zusammenarbeit aller Betroffenen bei der Vollzeitpflege (§§ 36, 37) als auch den Datenschutzbestimmungen (§§ 61 – 68) des Kinder- und Jugendhilfegesetzes (KJHG). Besondere Bedeutung haben Berichte (oder Protokolle und zusammenfassende Entwürfe zu Teilbereichen des

Entwicklungsbericht

1. Persönliche Daten
   - Geburtstag
   - Aufenthalt im Heim
   - evtl. Hinweis auf letzten Entwicklungsbericht
2. Entwicklungsprozeß des Kindes oder Jugendlichen
   - im Verhältnis zu den Eltern
   - zur Gruppe im Heim
   - zu den Mitarbeitern
   - zum Heim allgemein
   - zum sozialen Umfeld

   (Dabei sollte möglichst konkret auf seine sozialen und kulturellen Fähigkeiten und Fertigkeiten eingegangen werden. Welche Veränderungen halten die Mitarbeiter für besonders wichtig?)
3. Schulische/berufliche Entwicklung
   - gegenwärtiger Stand
   - Perspektiven (mögliche Abschlüsse)
4. Vergleich des jetzigen Entwicklungsstandes mit dem angestrebten Erziehungsziel
   - Wie äußert sich das Kind/der Jugendliche selbst über seine Bedürfnisse und Ziele?

- Welche mittelfristigen Entwicklungsmöglichkeiten sehen die pädagogischen Mitarbeiter für das Kind/den Jugendlichen?
- Wieweit ist schon eine Lebens- und Berufsperspektive vorhanden?

5. Die nächsten Entwicklungsschritte
– Was geschieht mit dem Kind/Jugendlichen in der Einrichtung? Wie geht man mit ihm um?
– Wovon versprechen sich die pädagogischen Mitarbeiter erzieherische (oder therapeutische) Erfolge?
– Welche Schritte sollen in der nächsten Zeit verwirklicht werden?

6. Vorschlag über den weiteren Aufenthalt des Kindes/Jugendlichen
– Was spricht dafür, daß das Kind/der Jugendliche noch weiter in der Einrichtung bleibt, bzw. welche Bedingungen sprechen für eine Veränderung seiner Lebenssituation?

Verhaltens) immer noch im Rahmen der Erziehungsplanung für einzelne Kinder oder Jugendliche oder wenn die Kostenübernahme für eine bestimmte Maßnahme beantragt wird.
Das Verfahren, wie ein Entwicklungsbericht zustande kommt, ist unterschiedlich: Manchmal wird er von der Erziehungsleitung formuliert oder von anderen gruppenübergreifenden MitarbeiterInnen des Heimes (z.B. Psychologin, Heilpädagoge, Sozialpädagogin), in der Mehrzahl der Fälle gehört das Berichteschreiben zu den Aufgaben der GruppenmitarbeiterInnen. Der Bericht kann von einem/einer allein verfaßt werden; er kann durch eine besondere Besprechung vorbereitet werden, oder er kann auch auf schriftlichen Vorarbeiten mehrerer MitarbeiterInnen beruhen. Wenn mehrere Entwürfe vorliegen, ist sehr wichtig, was damit geschieht: Es wäre keineswegs sachgemäß, wenn die verschiedenen Darstellungen zu einem „Durchschnittsbild" vereinigt würden; die Objektivität könnte jedoch verbessert werden, wenn sich die verschiedenen BeobachterInnen unterhalten, ihre Entwürfe erläutern, vergleichen, sich darüber auseinandersetzen und ihre Beobachtungen so präzisieren würden.
Für den Aufbau des Berichtes insgesamt gibt es zwei alternative Möglichkeiten: entweder ein Schema psychologischer Begriffe oder Verhaltensbereiche (siehe (a) in L 13!) oder ein Schema auf die Lebens- und Erziehungssituation bezogener Gesichtspunkte (siehe Kasten!).
In jedem Falle ist zu beachten, daß ein vorliegender Leitfaden oder ein Begriffssystem nicht in zu starrer Weise angewendet wird: Dadurch würde die Gefahr entstehen, daß der Lebens- und Handlungszusammenhang des beschriebenen Kindes oder Jugendlichen zerrissen würde.

Probleme der Aktenführung

Die Funktion des einzelnen Entwicklungsberichtes ist wesentlich dadurch bestimmt, daß er meistens als Bestandteil einer Akte verwendet wird. Die Empfänger der Entwicklungsberichte benutzen diese als Grundlage für ihre Entscheidungen über den weiteren Lebensweg der Kinder oder Jugendlichen. Sie kennen die Betroffenen meistens nicht persönlich, sie haben keinen eigenen Eindruck von ihnen und sind auf die Akten angewiesen. In der Regel enthält eine solche Akte neben Mitteilungen aus dem Heim die lebensgegeschichtlichen Daten des Kindes und seiner nächsten Angehörigen, eine Anamnese, eventuell medizinische oder psychologische Untersuchungsergebnisse, Empfehlungen für die Form der Unterbringung und für die Aufstellung des Erziehungsplans sowie alle möglichen offiziellen Schreiben anderer Behörden.

Für die Sachbearbeiter in den Ämtern ist das Führen von Akten und das Entscheiden aufgrund von Schriftstücken ihre tägliche Arbeit. Für sie ist es etwas Normales, lange Abschnitte aus dem Lebensweg eines Kindes oder eines Jugendlichen auf wenige beschreibbare Fakten und scheinbar sichere Tatsachen zu reduzieren, aus denen sie dann Schlüsse zu ziehen versuchen. Doch mit etwas kritischem Abstand betrachtet, erscheint das Verfahren wie das Ergebnis durchaus problematisch. Es handelt sich um einen widersprüchlichen Vorgang: Der Verfasser des Berichtes formuliert Sätze, schafft einen Text, um die Lebenwirklichkeit des betroffenen Kindes oder Jugendlichen zu erfassen und zu erhellen. Doch die sprachlichen Formulierungen schieben die konkrete Wirklichkeit des betroffenen Menschen zugleich auch zurück, verdrängen, überdecken und verzerren die wirkliche Person. Das passiert nicht aus Unvermögen oder als vermeidbarer Fehler, sondern zunächst einmal als notwendige Folge des Beurteilungsprozesses. Denn beim Schreiben wähle ich Worte, baue Sätze, mache psychologische oder pädagogische Aussagen, führe Einzelheiten an und lasse andere weg – : So entsteht schließlich ein Bild der Person, das den wirklichen Menschen zugleich enthält und verfehlt. Dieses Bild, diese Festlegung der Person aber wird nun aufbewahrt als Bestandteil der Akte. Und fortlaufend kommen weitere Berichte hinzu, bei denen nicht selten einzelne Tendenzen früherer Beurteilungen und Berichte übernommen werden. Dadurch verstärken sich bestimmte Züge in dem Bild, das die Akte vermittelt: Es entsteht die *„Aktenpersönlichkeit"*, die mal mehr, mal weniger Ähnlichkeit mit der wirklichen Person aufweist. Wenn diese Aktenpersönlichkeit zur Grundlage von Entscheidungen gemacht werden muß, wird der Leser leicht dazu verführt, Beurteilungen oder Vermutungen einfach als soziale Tatsache zu nehmen.

Ein weiterer Faktor, der die Problematik des Entwicklungsberichtes noch verstärkt, besteht in der Gefahr von *Zuschreibungsprozessen.* In den meisten Fällen haftet z.B. einem Heimbewohner und seiner Familie allein schon deshalb ein Makel an, weil irgendein Vorfall „öffentlich" geworden und Anlaß für eine Akte bei einer Sozialbehörde geworden ist. In dem Augenblick, in dem der Sachbearbeiter einer Behörde eine Akte anlegt, gerät er in einen Zugzwang: Er muß Informationen sammeln, um sich ein Bild zu machen; er muß Verhaltensweisen, Entwicklungszustände und Lebenssituationen interpretieren und in einem Rahmen beurteilen, der ihm rechtlich vorgeschrieben ist. Da er eine passende Hilfsmaßnahme anbieten muß, wenn ein Problem ein gewisses Gewicht hat, prägt diese vorgesehene Maßnahme oft schon von vornherein die

Interpretationen und Beurteilungen des Falles. Verwickelte Problemlagen werden dabei in der Darstellung so zugeschnitten, daß sie sich den entsprechenden juristischen Begriffen und Bestimmungen unterordnen lassen.

Bezeichnungen wie „gestört", „verwahrlost", „kriminell" oder andere typisierende Eigenschaften haften den so bezeichneten Personen aber an wie ein Etikett, das ihnen aufgeklebt wird. Sie entstehen nicht durch Beobachtungen, sondern sie werden zugeschrieben. Überall, wo Akten geführt werden, ist die Gefahr der Typisierung und Stigmatisierung groß. Das hat nur wenig mit böser Absicht zu tun, aber viel mit dem Verfahren der Aktenführung überhaupt.

Bedeutung und Vorgehensweise bei einer gutachtlichen Stellungnahme

Im Zusammenhang sozialpädagogischer Arbeit werden gutachtliche Stellungnahmen vor allem von den Erziehungs-, Jugend- undFamilienberatungsstellen, von den psychologischen Fachkräften der Heime selbst, von kinder- und jugendpsychiatrischen Kliniken, vom schulpsychologischen Dienst oder von freiberuflichen Diplom-Psychologen abgegeben. Gutachtliche Stellungnahmen beruhen vor allem auf einer gründlichen psychodiagnostischen Untersuchung.

Bei seinem Vorgehen arbeitet der Gutachter fachlich unabhängig: Er legt den zeitlichen Umfang der Untersuchung, die Form der Kommunikation, die verwendeten Tests oder andere Verfahren fest. Ausschlaggebend ist dabei der jeweilige Zweck der Untersuchung, nämlich eine mehr oder weniger spezifische Fragestellung eines Auftraggebers zu beantworten. Diese Stellungnahme soll eine Entscheidungshilfe liefern bei Fragen, die z.B. die Schullaufbahn eines Kindes oder Jugendlichen betreffen, seine Betreuung in einer Pflegefamilie, in einer Tagesstätte, einem Heim oder durch die sozialpädagogische Familienhilfe, oder auch bei Fragen, die ein Strafverfahren aufwirft usw.

In unserem Beispiel sind am Anfang die zeitlichen Daten und die verwendeten Tests angegeben:

HAWIK = Hamburg-Wechsler-Intelligenztest für Kinder
WTA = Weilburger Testaufgaben (zur Feststellung der Schulreife)
SCENO-Test = ein Verfahren mit spielerischer Verwendung von symbolischem Material.

Diese Angaben zur Untersuchungsmethodik sind selbstverständlich nicht vollständig; zumindest das Anamnesegespräch und die teilnehmende Beobachtung des Untersuchenden wären noch zu ergänzen.

Der Gutachter führt dann zunächst die wesentlichen Ergebnisse der Untersuchung an und kommt zu einem begründeten Vorschlag hinsichtlich der Frage, ob Daniel eingeschult werden soll. Es folgen weitere erklärende und begründende Ausführungen, die mit einem Vorschlag zu drei flankierenden Maßnahmen schließen.

Der Auftraggeber ist nicht genannt, in diesem Falle waren es die Eltern. Grundsätzlich kommen auch Behörden der Jugendhilfe, Gerichte oder Schulen infrage.

Fast immer sind an dem Entscheidungsprozeß mehrere Personen beteiligt bzw. von diesem Prozeß unmittelbar betroffen. Eine gutachtliche Stellungnahme bedeutet vielfach einen Eingriff in ein komplexes Netz von Personenbeziehungen. Sie kann dabei unter Umständen besonders nachhaltig und unvermittelt auf das Leben anderer Menschen einwirken. Deshalb wird ein verantwortungsvoller Diagnostiker die Ausgangsbasis für sein Vorgehen möglichst gründlich klären: Er wird nicht nur wissen wollen, welches Problem der Auftraggeber lösen will oder muß, sondern auch, welche Umstände zu dem Problem geführt haben und wie die infrage stehende Problemsituation in Zukunft gestaltet werden könnte oder sollte. Wenn der Gutachter die Frage des Auftraggebers nicht beantworten kann, oder sie zur Klärung des Problems für ungeeignet hält, kann sein Ergebnis auch darin bestehen, eine andere Fragestellung vorzuschlagen.

Wie das jeweilige Vorgehen des Gutachters auch immer aussieht: Jede gutachtliche Aussage – ebenso wie jeder Entwicklungsbericht – ist Bestandteil eines Kommunikationsprozesses. Das Ergebnis dieses Prozesses wird wesentlich mitbestimmt von der Bereitschaft aller Beteiligten (Auftraggeber, Betroffene, Berichterstatter/Gutachter), zusammenzuwirken.

Gutachtliche Stellungnahmen sind Wahrscheinlichkeitsaussagen. Sie haben den Charakter von wissenschaftlich begründeten Schätzungen mit einem unterschiedlichen Risiko des Irrtums. Darauf sollte der Empfänger des Gutachtens aufmerksam gemacht werden.

Um das Irrtumsrisiko bei einer solchen Schätzung möglichst niedrig zu halten, kann der Leistungsvorteil eines Teams genutzt werden. Damit ist gemeint, daß bei dem anstehenden Entscheidungsprozeß von Fall zu Fall neben dem psychologischen oder ärztlichen Gutachter Fachkräfte anderer Institutionen (aus dem Kindergarten, Heim, Schule, Klinik usw.) herangezogen werden. Tatsächlich kann der Leistungsvorteil der Gruppe jedoch nur dann wirksam werden, wenn sich die Beteiligten nicht auf den Austausch schriftlicher Unterlagen beschränken, sondern miteinander sprechen, d.h. in Rede und Gegenrede ihre Entscheidung finden.

Im übrigen: Da eine gutachtliche Stellungnahme – ähnlich wie ein Entwicklungsbericht – grundsätzlich eine mit vielerlei Risiken behaftete, problematische Aussage darstellt, sollte sie nur dann erstellt werden, wenn es im Hilfsprozeß für einen Menschen unerläßlich ist. Denn ein Mensch ist keine Ware, die man nach Belieben testen, abschätzen und bewerten kann. Ein Mensch ist grundsätzlich zu komplex, als daß er sich in einem noch so differenzierten Bericht oder Gutachten angemessen erfassen ließe. Wir dürfen nicht ohne zwingenden Grund in die Identität und die Beziehungen eines Menschen eindringen – und schon gar nicht gegen dessen Willen.

A 13

Regeln für gute Entwicklungsberichte und für einen angemessenen Umgang mit Gutachten:

(1) Der jeweilige Zweck eines Erziehungsberichtes ist durchgehend zu berücksichtigen: Welche Informationen braucht der Empfänger? In welchem Zusammenhang wird er den Bericht auswerten? Was kann er aus einzelnen Formulierungen herauslesen bzw. in sie hineininterpretieren?

(2) Der erste Entwurf eines Berichtes sollte im Gruppenteam besprochen und evtl. ergänzt oder korrigiert werden. So kann vermieden werden, daß sich eine einseitige Sicht oder Einstellung oder ein augenblickliches Gefühl in dem Bericht niederschlagen. (Auch gutachtliche Stellungnahmen können im Team erarbeitet werden).

(3) In vielen Fällen genügt für eine anstehende Entscheidung ein Bericht oder eine gutachtliche Stellungnahme in Form einer mündlichen Mitteilung.
Schriftliche Aussagen können, selbst wenn sie sorgältigst abgefaßt sind, mißverstanden werden oder gegen die Absicht des Schreibers verwendet werden. Wo schriftliche Gutachten aus der Hand gegeben werden müssen (z.B. bei Gerichten und anderen amtlichen Auftraggebern), sollten sie nach Möglichkeit im persönlichen Gespräch erläutert werden.

(4) Wenn die Einsicht des Kindes oder Jugendlichen schon ausreicht, sollte der Bericht mit dem Betroffenen besprochen werden, und zwar möglichst schon während des Stadiums der Überlegungen. Vor allem die eigenen Einschätzungen des Betroffenen, seine Wünsche, Hoffnungen und Perspektiven sollten berücksichtigt werden.

(5) Der Entwicklungsbericht sollte so abgefaßt werden, daß ein intim persönlicher Bereich des Kindes oder Jugendlichen respektiert wird. Der Bericht darf nicht Ausdruck totaler Kontrolle sein. (Dieses Problem wird für den Bericht gegenstandslos, wenn es in der Erziehungspraxis gut gelöst ist).

(6) Grundsätzlich vertragen sich erzieherisch-therapeutische und gutachtliche Tätigkeit nicht miteinander. Ein Therapeut beeinträchtigt das therapeutische Geschehen, wenn er für einen Patienten/zu Erziehenden eine

gutachtliche Stellungnahme abgibt: ein „positives“ Gutachten schafft unerwünschte Abhängigkeiten und Hoffnungen, ein „negatives“ schafft Enttäuschungen.

(7) Der Bericht ist in jedem Falle so zu formulieren, daß der Betroffene ihn lesen könnte, ohne daß das Vertrauensverhältnis zum Verfasser gestört wird.

(8) In einem Bericht sollten unter keinen Umständen traditionelle Zuschreibungen wie „verwahrlost“, „asozial“, „labil“, „seelisch gefährdet“, „zeigt schädliche Neigungen“ usw. verwendet werden. Ebensowenig sollten Kinder oder Jugendliche mit verallgemeinernden Bezeichnungen für bestimmte Charakterzüge abgestempelt werden (z.B. als „klebrig“, „heimtückisch“, „aggressiv“, „beziehungsunfähig“, „verdorben“, „sexuell haltlos“ usw.).

(9) In Berichten sollten keine ungesicherten Überlegungen irgendwelcher Art angestellt werden (z.B. über eine frühkindliche Hirnschädigung, über den Verdacht der Homosexualität, einen unaufgeklärten Diebstahl o.ä.). Denn, steht so eine Spekulation oder Verdächtigung erst einmal in der Akte, wird sie allzu leicht immer wieder berücksichtigt oder sogar als Tatsache übernommen, ohne jemals geprüft oder bewiesen worden zu sein.

(10) Die tatsächliche Reichweite gutachtlicher Aussagen sollte berücksichtigt werden: Es handelt sich um wissenschaftlich begründete Wahrscheinlichkeitsaussagen zu einer speziellen Fragestellung.

(11) Es sollten keine Aussagen aus vorliegenden Gutachten oder früheren Berichten übernommen werden. Denn die Wiederholung in der Akte wird meistens als Bestätigung für die Richtigkeit der Aussage angesehen und verleiht ihr in jedem Falle besonderes Gewicht.

(12) In sozialpädagogischen Entwicklungsberichten sollte nicht die „Imponiersprache“ von Fachwissenschaftlern nachgeahmt werden. Dadurch würde das Bild, das der Bericht zeichnet, nur verwischt. Direkte Eindrücke sind wichtiger.

(13) Es sollte nicht zuviel geschrieben werden. Denn die Fülle der Einzelheiten in einem Bericht muß von anderen ausgewertet und relativiert werden, die kein eigenes Bild von dem Kind oder Jugendlichen haben. Sie werden durch eine übergroße Fülle von Einzelheiten nur vewirrt.

(14) Es ist wichtig, mit einem vorliegenden Leitfaden oder Fragebogen für einen Bericht flexibel umzugehen.

(15) Das Ziel der Berichterstattung kann nicht darin bestehen, über einen längeren Zeitraum möglichst ähnliche, glatte und geradlinig fortlaufende Berichte zu formulieren. Nützlich können Berichte nur werden, wenn sie auch den eventuell sprunghaften oder verworrenen Entwicklungsprozeß eines Kindes oder Jugendlichen sorgfältig und engagiert nachzeichnen.

Literatur zur Vertiefung:

H.A. HARTMANN/R. HAUBL (Hrsg.): Psychologische Begutachtung. Problembereiche und Praxisfelder. München 1984

V. HARNACK-BECK: Psychosoziale Diagnostik in der Jugendhilfe. Weinheim; München 1995

D. EGGERT: Von den Strken ausgehen – Individuelle Entwicklungspläne in der Lernförderdiagnostik. Dortmund 1997

14. Kommunikation, psychologische Beratung und Gesprächsführung

oder: Durch Feed-back voneinander lernen

L 14

(a) Der Mensch befindet sich dauernd in bewußter und unbewußter *Kommunikation* mit der Welt (lateinisch: communicare = gemeinsam machen, mitteilen, sich beraten). Gelingende Kommunikation gründet auf einer ungestörten Wahrnehmungsfähigkeit. Kommunikationsfähigkeit ist wesentliche Voraussetzung für die Herstellung und Aufrechterhaltung von Interaktion, für kooperatives Verhalten, für Entscheidungsfindung in Gruppen, für psychodiagnostisches Gespräch und therapeutische Beziehungen. Durch Kommunikation wird das Individuum zum sozialen Wesen. Wenn Menschen kommunizieren, beeinflußt jede ihrer Verhaltensweisen den anderen und hat also Mitteilungscharakter. „Da letztlich in jeder Form der sozialen Wechselwirkung ein Vorgang der Verständigung zwischen zwei oder mehr Personen stattfindet, ist jede Interaktion auch immer eine Kommunikation.“[1)]

Die Kommunikationsabläufe können *einseitig (asymmetrisch)* sein (z.B. hat in einer hierarchisch gegliederten Institution einer „das Sagen“, oder ein Klient gibt keine Antwort, oder „Massenkommunikationsmittel“ verbreiten bestimmte Informationen) oder zweiseitig.
Die *zweiseitige* Kommunikation kann entweder *symmetrisch* sein, und die Partner kommunizieren mehr oder weniger gleichberechtigt miteinander; oder die Kommunikation verläuft *komplementär*, womit gemeint ist, daß sich die Anteile und die Rollen der Kommunikationspartner ergänzen: Z.B. bringt ein Erwachsener einem Jugendlichen gegenüber seinen Erfahrungsvorsprung ins Spiel, oder andere Unterschiede spielen eine Rolle wie zwischen: Lehrerin – Schülerin, Mutter – Kind, Chefin – Arbeiter.
In harmonischen Partnerbeziehungen werden symmetrische und komplementäre Interaktionen einander abwechseln und zusammenwirken; denn in Abhängigkeit von der jeweiligen Problemstellung wird mal der eine mehr zur Lösung beitragen können und mal der andere.

(b) *Übung zur Einweg-Zweiweg-Kommunikation:*
Diese Übung zielt darauf, die größeren Möglichkeiten der Zweiweg-Kommunikation erfahren zu lasssen.
Ein Mitglied der Gruppe unterweist die übrigen, eine der beiden Serien von Quadraten zu zeichnen, ohne sie vorher zu zeigen. Seine Mitteilungen sollen dabei so schnell und so genau erfolgen, wie es das vermag. Seine Angaben macht es, indem es der Gruppe den Rücken kehrt. Rückfragen

---

1) MERTENS, W.: Erziehung zur Konfliktfähigkeit, München 1974, S. 58.

sind nicht erlaubt. Durch Variation der Bedingungen sind Unterschiede bei einer *Einweg-* („Einbahn-“) und *Zweiweg*-Kommunikation (Hin- und Her-Austausch) zu erarbeiten.

Abbildung: Material zur Übung[2)]

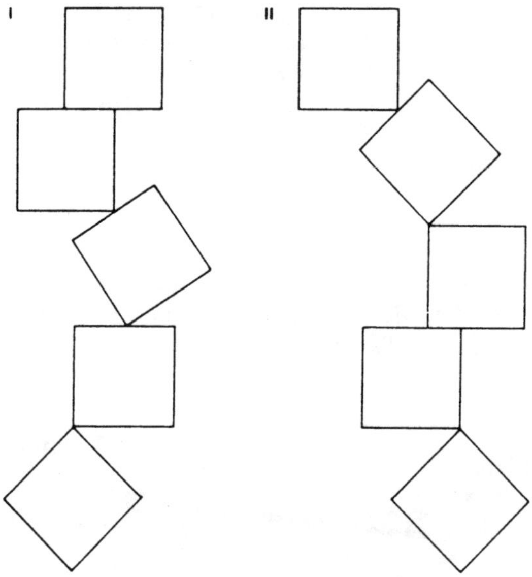

T 14

Kommunikationsablauf und Verzerrungswinkel

Kommunikation ist nicht leicht. Sich-mitteilen-können setzt Zuhören-wollen des anderen voraus. Kommunikation vollzieht sich auf mehreren Ebenen gleichzeitig. Der Erfolg von Kommunikation hängt davon ab, ob der *Sender* (Kommunikator) beim Empfänger (Kommunikand) mit seiner *Nachricht* (Mitteilung, Botschaft) die gewünschte Wirkung erreicht.

Abb.: Kommunikationsablauf

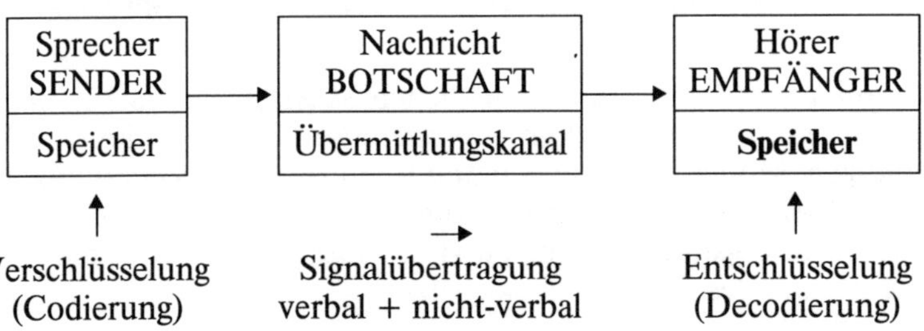

2) ANTONS, K.: Praxis der Gruppendynamik, Göttingen 1976, S. 73.

„Verständigung" ist eine Form der Kommunikation und wird erst erreicht, wenn wir die Mitteilungen übereinstimmend auslegen (decodieren). Sie ist nur annäherungsweise zu erreichen. Denn meine Lebens-, Erfahrungs- und Arbeitswelt normt mein Wahrnehmen, Erleben und Interpretieren. Der jeweils andere wird die von mir verwendeten *Deutungsschemata* und den *Bedeutungshorizont* meiner Äußerung dann begreifen und nachvollziehen können, wenn durch gegenseitige Verständigung über die von jedem Gesprächspartner verwendeten *Codes* (→ Kap. 7) Klärung (z.B. meines Begriffs von „Mut", „Aggression") erreicht werden kann. Kommunikation über Kommunikation (= *Metakommunikation*) wird auch die mir oft selbst nicht bewußten Bedeutungsaspekte erschließen helfen (→ Johari-Fenster, Kap. 1).

Abb.: Verzerrungswinkel zwischen der Vorstellung des Senders, wie der Empfänger die Mitteilung aufnehmen und verstehen wird, und seiner tatsächlichen Wahrnehmung.[3)]

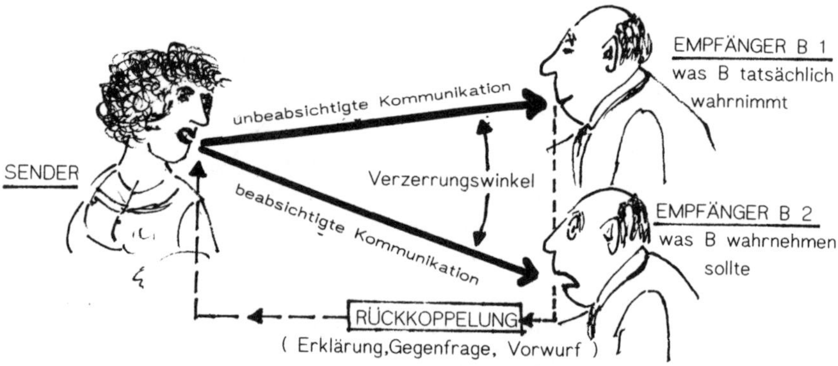

Der Verzerrungswinkel wird zum einen bestimmt durch die Mehrdeutigkeit von Informationen und Signalen: Wörter haben oft mehrere Bedeutungen (z.B. „Fassung", „Lösung", „anspannen"); nicht-sprachliche Merkmale wie Mimik und Gestik, Tonfall usw. (→ Kap. 1) können sprachliche Mitteilungen verändern oder sogar im Widerspruch zu ihnen stehen.

Zum anderen stellen unsere sprachlichen Mitteilungen eine mehr oder weniger repräsentative Stichprobe unserer unterschiedlichen Gefühle, Meinungen, Motive, Erfahrungen und Interessen dar. Weiterhin können Fehler auf seiten des Sprechenden in der Weise auftreten, daß er seine Gedanken nicht organisiert, durch zu viele Ideen verwirrt oder die Auffassungskapazität des Partners überschätzt.

3) ders. S. 90.

Ferner kann der *Übermittlungskanal* schon bei verbaler Kommunikation *beeinträchtigt* sein durch verwendete Formulierungen und Fremdwörter, Sprechweise, Zeitdruck, Unterbrechungen, Platzverteilung oder Rangordnung der Gesprächspartner, Unterschiede hinsichtlich Gruppenzugehörigkeit, Alter, Geschlecht . . .
Jeder Dialog wird schließlich beeinträchtigt durch *Störmomente beim Zuhörer bzw. beim Empfang* der Kommunikation: Für den Empfänger sind oft Details der Mitteilung von besonderer Bedeutung, oder er ist schlecht vorbereitet und unaufmerksam, oder er „probt" schon mögliche Antworten, „spinnt" den Gedanken des Sprechenden weiter oder „kommt nicht mit".

Feed-back als Weg zur besseren Verständigung

Zu einer gelingenden Verständigung bedarf es des *Feed-backs*, der gegenseitigen Rückmeldung darüber, wie die Äußerungen des anderen wahrgenommen werden (*Metakommunikation*). Die Sprecherin soll erfahren 1. wie sie auf andere wirkt, 2. Fremd- und Selbstwahrnehmung systematisch vergleichen, 3. die Differenz zwischen Absichten und Wirkungen überprüfen und 4. entstehende Spannungen in der Folge abbauen. Kommunikation kann vorangetrieben werden durch das Sprechen von Gefühlen (engl. „sharing"), die in mir ausgelöst werden. Die andere Person sollte also kein direktes Urteil, d.h. keine *„Du-Botschaft"* erhalten (z.B. „Du hörst mir ja gar nicht zu!"), sondern eine *„Ich-Botschaft"* (z.B. „Mich beunruhigt, daß du meine Überlegungen nicht ernst zu nehmen scheinst"). *„Du-Botschaften"* wirken eher *nicht-annehmend:* Sie betonen Machtpositionen, verstecken sich hinter dem „Man sollte", „Das tut man nicht!" u.a.; sie enthalten moralische Wertungen und Vorurteile und führen eher zu Widerstand als zu Verhaltensänderungen. Im Gegensatz dazu *ermutigen „Ich-Botschaften"* und *motivieren* zum Aussenden von „Ich-Botschaften".

Weitere Grundprinzipien für das nachprüfbare Feed-back[4)]

- Feed-back sollte momentane eigene Reaktionen und Beobachtungen *beschreiben,* statt zu interpretieren, moralisch zu werten und Abwehrhaltungen zu provozieren.
- Feed-back sollte möglichst sofort bzw. *zur rechten Zeit* erfolgen, also die erforderliche Zeit zum Verstehen und Reagieren einräumen.
- Feed-back sollte stets *konkret und klar* formulieren, um so das Verständnis des anderen zu fördern, statt es zu überfordern, und Nachprüfung zu ermöglichen.
- Feed-back sollte von anderen *erbeten* sein, d.h. es sollte seine Bedürfnisse berücksichtigen und nicht ihm „Wahrheiten" aufdrängen.
- Feed-back sollte *brauchbar* sein, also Nachfragen erlauben und Verhaltensweisen ansprechen, die die andere Person zu verändern imstande ist.

---

4) ders., S. 108 ff. und SCHWÄBISCH, L./SIEMS, M.: Anleitung zum sozialen Lernen für Paare und Gruppen. Reinbek b. Hamburg 1974, S. 70 ff.

– Feed-back sollte auf vorurteilsfreiem, echtem *Zuhören* aufbauen, also z.B. auch Pausen zum Besinnen und Nachvollziehen einbeziehen.

Kommunikation und Kommunikationsstörungen

Der *Inhalt* einer Kommunikation – das „Was“ – wird sprachlich vermittelt, die *Beziehung* – das „Wie“ – meist nicht-sprachlich (gewissermaßen „zwischen den Zeilen“) durch Körpersprache (Mimik, Gestik, Körperhaltungen, Tonfall, Schweigen, Handschrift . . . .).
Daraus folgt, „daß man, wie immer man es auch versuchen mag, *nicht nicht-kommunizieren* kann.“[5)] Somit hat jede Ausdrucksform Mitteilungswert: „Wer Augen hat zu sehen und Ohren hat zu hören, überzeugt sich, daß die Sterblichen kein Geheimnis verbergen können. Wessen Lippen schweigen, der schwätzt mit den Fingerspitzen; aus den Poren dringt ihm der Verrat.“[6)] Auch *Schweigen* kann *beredt* sein. Schweigen kann auch verdächtig machen, denn Reden sichert der Partnerin, der Gruppe oder der Gesellschaft eher die Kontrolle über den einzelnen.

In jeder Kommunikation werden Inhalte vermittelt und Beziehungen gestiftet. „Jede Kommunikation hat einen *Inhalts-* und einen *Beziehungsaspekt* derart, daß letzterer den ersten bestimmt und daher eine *Metakommunikation* (Kommunikation über eine Kommunikation) ist.“[7)]

Beispiele zum Inhalts-/Beziehungsaspekt:
1. Der Ehemann sagt: „Ich komme gleich!“, drückt aber durch sein Verhalten aus: „Was soll ich denn schon wieder, ich hab’ jetzt keine Zeit.“
2. Die Sozialpädagogin erkundigt sich bei der Jugendlichen: „Wo hast Du denn das Geld verloren?“, und u.a. ihre Stimme gibt alarmierend den Vorwurf zu erkennen: „Du belügst mich doch schon wieder!“
3. Eine Mutter erzählt der Erzieherin von ihrer harmonischen Ehe, von der Hilfsbereitschaft der Schwiegermutter und den gemeinsamen Unternehmungen von Vater und Sohn. Sie gibt dabei zu verstehen, daß sie sich als „5. Rad am Wagen“, eingeengt und bevormundet fühlt.

Metakommunikation: Die Eltern sprechen über das „richtige“ pädagogische Verhalten gegenüber ihrer 15jährigen Tochter. Die Mutter schildert in längerem Monolog ihre Bedenken, der Vater wendet sich ab und schließt die Augen. Die Mutter: „Ich weiß nicht, ob Du mir überhaupt zuhörst oder ob Du vielleicht müde bist. Ich mache mir jedenfalls große Sorgen!“ – Der Vater: „Ich wollte Dich nicht kränken. Ich mußte nur eben darüber nachdenken, wie es mir in diesem Alter erging.“ Es erfolgt gewis-

---

5) WATZLAWICK, P./BEAVIN, H.H./JACKSON, D.D.: Menschliche Kommunikation. Bern 1972, S. 51.
6) FREUD, S.: Bruchstücke einer Hysterienanalyse, in: Studienausgabe S: FREUD, Bd. VI, Frankfurt/M. 1971.
7) WATZLAWICK, P., a.a.O., S. 56.

sermaßen eine Rückübersetzung der Situation bzw. des Erlebens der Partner. Die Beziehung zwischen beiden wird geklärt, und sie fühlen sich so positiv verstärkt.

Als eine besondere Form der *Kommunikationsstörung* ist die *„Doppelbindung“* (G. BATESON) oder *doppelbödige, paradoxe Kommunikation* anzusehen: Sie stellt eine Kombination von kommunikativen und metakommunikativen Aspekten dar, sie ist eine „Aufforderung, die ihr Ziel verneint“.

Beispiel: 1. Die 16jährige betont gegenüber ihren Eltern, daß sie „sehr gut über ihren weiteren Ausbildungsweg selbst entscheiden könne“, zeigt aber zugleich, daß sie im Augenblick eigentlich ziemlich hilflos ist.
2. Die alleinstehende Mutter fordert ihren Sohn auf, er solle „ruhig häufiger zu Freunden gehen“. Sie gibt ihm aber gleichzeitig nicht-sprachlich zu verstehen, daß er bei ihr bleiben solle, weil sie Angst hat, ihren Sohn zu „verlieren“.

Der Sohn gerät in eine *„Beziehungsfalle“*: Welche Entscheidung er auch trifft, sie ist falsch, weil er zwei miteinander unvereinbare Kommunikationen erhält: Er kann sich weder aus der Beziehung mit der Mutter zurückziehen noch mit ihr über ihre „doppelte Botschaft“ und die zugrundeliegende Beziehungsstruktur (meta-) kommunizieren.

In solcher *„Doppelbindung“* werden negative Gebote aufgestellt, wie sich der Partner nicht verhalten soll, ohne ihm gleichzeitig eine Chance zu geben, sich positiv bzw. „richtig“ zu verhalten. Er ist nicht imstande, sich aus dieser „paradoxen Situation“ zu lösen, in der er zwei sich gegenseitig ausschließende Forderungen erfüllen soll. Zum Leitmotiv seines Handelns in solcher Partnerschaft wird das wiederholte Bemühen, Strafe zu vermeiden.

Je mehr meine Selbsteinschätzung übereinstimmt mit der Fremdeinschätzung, desto sicherer kann ich meiner selbst sein und davon ausgehen, von anderen verstanden zu werden. Andernfalls kann eine wachsende Entfremdung zwischen beiden Sichtweisen entstehen, eine *„Beziehungsblindheit“*, derer ich selbst gar nicht bewußt werde und deren Folgen ich dann anderen zuschreibe.

Beispiel: Aussagen des Kindes über sich selbst
- bin oft ängstlich, deprimiert
- Eltern machen mir häufig Vorschriften
- ich würde meinen Eltern gern mehr von meinen Empfindungen sagen

Aussagen der Eltern über ihr Kind
- ist immer lebhaft, heiter
- wir geben dem Kind alle Freiheiten
- das Kind hat seine eigene Meinung

Die *Transaktionsanalyse* (ERIC BERNE, 1957)[8] versucht, Kommunikationsschwierigkeiten auf die Spur zu kommen, indem sie Beziehungen des Individuums zur Umwelt aufdeckt, sog. *„Transaktionen"*, die sich abspielen, sobald zwei oder mehr Menschen in Kontakt treten. Sie ordnet dem Menschen 3 Ich-Zustände zu, die im Verlauf des Entwicklungsgeschehens, insbesondere in Kommunikation und Interaktion mit den Eltern, gebildet werden: *Kindheits-Ich* (kindliche Bedürfnisse, Impulse, Vorstellungen), *Erwachsenen-Ich* (Verhalten steuernd, Erfahrungen verarbeitend) und *Eltern-Ich* (kritisch, fürsorglich). Sie werden sichtbar und wirksam in den Beziehungen von zwei oder mehr Menschen in Form von eingeübten Verhaltensgewohnheiten (unbewußte „Drehbücher").

Abb.: Beispiele für Transaktionen[9]

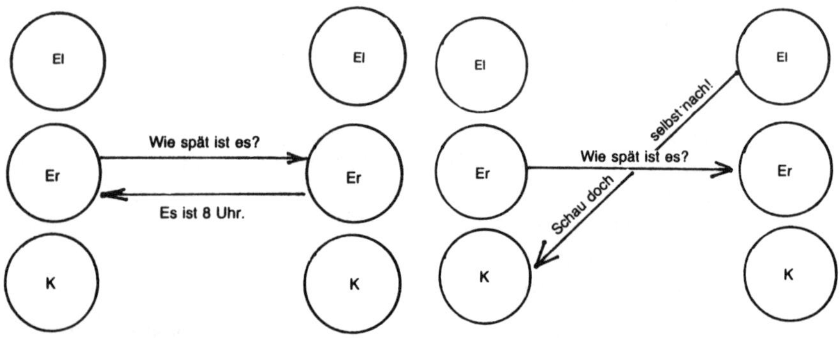

Komplementär-Transaktion:
Impuls und Reaktion gehen vom gleichen Ichzustand aus.

Überkreuz-Transaktion:
Auf einen Impuls wird mit einer Reaktion geantwortet, die aus einem anderen als dem angesprochenen Ichzustand stammt. Die Reaktion ist völlig unangemessen und kann zu Verständigungsschwierigkeiten oder sogar zum Abbruch der Kommunikation führen.

Erziehung als zwischenmenschliche Kommunikation

Erziehung kann verstanden werden als eine besondere Form zwischenmenschlicher Kommunikation. Denn sie gründet auf Botschaften, die in sozialer Absicht erfolgen und die nur im sozialen Kontakt zwischen Menschen verwirklicht werden können. Wir alle suchen die Kommunikation „von Kindesbeinen" an; die Fähigkeit dazu müssen wir erwerben. So gesehen, ist *Erziehen* vor allem das *Bemühen, besser zu verstehen.* Darin treffen sich die Erziehung Heranwachsender und die Selbsterziehung Erwachsener.

---

8) s. dazu: HARRIS, TH. A.: Ich bin o.k. – du bist o.k. Reinbek b. Hamburg 1975.
9) WAWRINOWSKI, U.: Grundkurs Psychologie, München 1985, S. 302/3.

Beratung von LehrerInnen und SchülerInnen

Der Kommunikationsprozeß setzt ein, wenn eine Schülerin z.B. sich mitteilen will. Darum ist es wichtig, ihr gegenüber eine *„Sprache der Annahme"* (H. G. GINOTT) zu benutzen: Sie befähigt zur Aussprache und Öffnung, zum kreativen Umgang mit Problemen und zu konstruktiven Veränderungen. Diese Annahme muß aber vom Lehrer mitgeteilt werden, und zwar so lange, bis diese Schülerin sicher sein kann, angenommen worden zu sein. Eine „Sprache der Nicht-Annahme" (z.B. Überheblichkeit, Rückzug auf Machtpositionen) ruft zusätzlich Ängste und Abwehrhaltungen hervor, und sie hindert daran, sich selbst näher zu betrachten und zu Selbst-Annahme und Selbstbestimmung zu gelangen.

LehrerInnen sollen nicht nur über pädagogisch-psychologisches Wissen und intellektuelles Verständnis verfügen, sondern vordringlich über die Fähigkeit, *wie* man (abhängige) Menschen zum Sprechen ermutigt. Dazu müssen sie lernen:

- selbst auf eigene Gefühle, Ängste, Bedürfnisse, aber auch auf pädagogische Erwartungen und Zweifel bewußter zu reagieren,
- selbst ohne Angst auf die innere und äußere Situation der Schülerinnen einzugehen und
- selbst zur rechten Zeit Verzerrungen in der Kommunikation wahrzunehmen und Klärungen zu schaffen.

Die Institutionalisierung von BeratungslehrerInnen birgt die Gefahr einer verhängnisvollen Dequalifizierung der LehrerInnen im allgemeinen: Denn sie alle sind ebenso zuständig für Fachgespräche im Kollegenkreis und sinnvolle Unterrichtsgestaltung wie für Störungen der Unterrichtsabläufe und den Umgang mit den psychischen Vorgängen in LehrerIn und SchülerIn und auch zwischen beiden. Werden durch Weiterverweisen einzelner SchülerInnen an „BeratungslehrerInnen" deren Probleme (z.B. Zensurendruck, unterrichtliche Langeweile, zu große Klassen) jedoch individualisiert und als individuelle Eigenart im Sinne von Unfähigkeit (zu lernen, sich zu konzentrieren) oder fehlender beruflicher Eignung u.a. gedeutet, wird jede einzelne von ihnen zum „Fall für den Spezialisten" (→ Etikettierung, Kap. 8).

Pädagogisch-therapeutische Intervention muß aber in allen Bereichen des schulischen Systems einsetzen. Wo sie Kompetenzen von LehrerInnen überfordert, sollte sie durch Lehrerberatung, Supervision, Balint-Gruppen u.a. Fähigkeiten vermitteln, im erzieherischen Prozeß beratend tätig zu werden. Im gemeinsamen Handeln mit den „gestörten" SchülerInnen, mit der Gruppe und anderen irgendwie Beteiligten können dann die beeinträchtigten Person-Umwelt-Beziehungen und Kommunikationsmuster wieder positiv gestaltet werden.

Eltern und ErzieherInnen als Berater

Wenn Kinder in Konfliktsituationen geraten oder Fragen haben, sollten sich zuerst die Eltern und ErzieherInnen als wichtigste Bezugspersonen mit ihnen um die Lösung ihrer Probleme bemühen und sie beraten. Befinden sie sich selbst in krisenhaften Situationen, oder fühlen sie sich überfordert durch besondere Belastungen auf seiten des Kindes (z.B. Behinderungen, Hirnschädigung nach Unfall, Entwicklungskrisen, Schulprobleme, Suchtproblematik), benötigen sie Hilfe zur Selbsthilfe durch „Spezialisten". Durch sie sollen sie befähigt werden zur Beratung ihrer Kinder. Dieses Bemühen um stützende „Zusatzqualifikation" schließt die Erkenntnis ein, daß schwierige Verhaltensweisen von Heranwachsenden meist nicht vom Erziehungsverhalten der Eltern und ErzieherInnen zu trennen sind. Die stützende Beziehung z.B. in Form von Beratungsgesprächen, Gruppendiskussionen oder auch Rollenspielen dient der Einübung neuer Verhaltensweisen. Sie zielt dabei gleichermaßen auf Veränderung im kindlichen wie im elterlichen oder Erzieherverhalten.

Je nach fachtheoretischem Hintergrund der Helfer werden in der Kooperation mit Eltern und ErzieherInnen unterschiedliche Akzente gesetzt:

1. *Psychoanalytisch* geschulte BeraterInnen werden unverarbeitete Konflikte, Ängste und zu hohe Erwartungen u.a. in der Gesprächssituation aufhellen, um sie durch Bewußtmachen zum Vergleichen mit Verhaltensweisen bei den Kindern anzubieten. Durch erneute Entwicklung verschütteter Persönlichkeitsbereiche (Ich-Funktionen) soll ein besseres Verständnis der eigenen Person und ihrer Beziehung zu anderen erreicht werden und Verhaltensänderungen die „Tür öffnen".
2. *Verhaltenstherapeutisch* (lerntheoretisch) orientierte BeraterInnen begreifen Probleme Ratsuchender als Ergebnisse von Fehllernen: Die Symptome sind danach das Problem selbst und müssen darum wieder verlernt werden. Die BeraterInnen werden also im wesentlichen auf das beobachtete und beobachtbare Verhalten der Klienten eingehen, kaum auf Gefühle. Sie können dann „Verstärkungspläne" mit den Eltern, ErzieherInnen ausarbeiten, mit deren Hilfe sie sie anleiten, das Verhalten der Kinder durch Belohnung, Bestrafung, Nicht-Beachten usw. zu verändern.
3. *Gesprächstherapeutisch (klienten-zentriert)* arbeitende BeraterInnen konzentrieren sich in der jeweils gegenwärtigen Gesprächssituation auf die augenblickliche Lebenssituation der Eltern und Erzieherinnen, bemühen sich um Nachvollziehen ihrer psychischen Situation und stellen ihnen ihre wirklichen persönlichen Probleme unter neuen Blickwinkeln vor Augen. Durch Klärung ihrer Gefühle soll eine Festigung ihrer Persönlichkeit und emotionale Stabilisierung des Kindes erreicht werden.

Stützendes Gespräch, Gesprächssituation und soziale Abwehrreaktionen

Wie kann man einen Menschen dazu veranlassen, sich anzuhören und auch zu verstehen, was er nicht verstehen „will" und worauf er nicht gefaßt ist?

Ein Gespräch meint eine vertrauensvolle Beziehung auf Zeit . Die Klienten sollen in der Gesprächssituation psychologische Hilfestellung akzeptieren und sich auf die helfende Beziehung einlassen. In besonderer Weise sollen sie persönliche Daten und innerseelische Vorgänge offenlegen. Dazu müssen sie unbedingt sicher sein können, daß ihre Informationen vom Helfer vertraulich behandelt werden („Berufsgeheimnis").

	Kommunikationstechniken im persönlichen Gespräch[10]	
negativ	*Wertung* :	zustimmendes oder abwertendes Urteil (statt Verstehen), Belehrung, Vorwürfe, Ermahnungen, überhebliche Reaktionen
	Interpretation :	voreilige Suche nach Deutung (Vor-Urteil), Gewichtung und Selektion, Aufdrängen von subjektiven Analysen
	Nachforschen :	Bedrängen mit „vertiefenden" Fragen, Bemühen um weitere Information, Lenkung des Gesprächs (statt Zuhören)
	Unterstützen :	„Herunterspielen" von Aussagen (infolge „Mitleid"), Trösten, Beruhigung, Verallgemeinerung, Ablenkung, „Volksweisheiten"
	Lösung :	aktive Suche nach „fertiger" Lösung („Ich würde . . ."), Überstülpen von „Rezepten", zum Handeln drängen, Oberflächlichkeit
positiv	*Verständnis* :	Streben nach Einfühlung in die psychische Situation, positive Einstellung, emotionale Echtheit und Wärme, scheinbar Nebensächliches erkennen, Themenwechsel beachten, Widersprüche und Lücken erfassen
	Verbalisierung :	Bemühen um klare, angemessene sprachliche Darstellung des Gesagten, Beobachteten und Erlebten – Anpassung des Sprachniveaus – Stärkung des Selbstbewußtseins und der weiteren Konzentration des Klienten auf die eigene psychische Situation

10) MUCCHIELLI, R.: Das nicht-direktive Beratungsgespräch, Salzburg 1972, S. 22 ff.

Das *Ausmaß an Nähe der Gesprächspartner* wird bestimmt u.a. durch die Bereitschaft zu Kooperation und Übernahme von Verantwortlichkeit im Hinblick auf Ablauf und Ziele des Gesprächs auf seiten der KlientInnen und durch z.B. klienten-zentrierte, offene, nicht-wertende Einstellung auf seiten der HelferInnen von Anfang an. Der Helfer sollte möglichst persönliche Schwierigkeiten verarbeitet haben, da sie andernfalls seine Selbstwahrnehmung ebenso wie seine Beobachtungsfähigkeit beeinträchtigen könnten. Außerdem wäre womöglich seine Selbstkontrolle gefährdet insofern, als die Mitteilungen des Klienten durchaus in der Lage sind, bei ihm vorhandene Ängste wachzurufen.

Abb.: Kippfigur – „Pokal“ oder „Zwei Profile“?

Die sprachliche Darstellung bestärkt den Klienten, seinen bisher dominierenden Standpunkt (also nur „Pokal“ oder nur „Profil“ wahrzunehmen) zu verlassen, mindestens einen neuen, überraschenden Gesichtspunkt zu erkennen und so sein Gesichtsfeld sinnvoll zu erweitern. Verbalisierung fügt demnach weder etwas Neues hinzu, noch läßt sie etwas „wegfallen“. Sie befähigt aber zu einer „Bildschärfeneinstellung“ und zu erweiterter Handlungskompetenz.

Merkmalsbereiche der klienten-zentrierten Gesprächsführung

Die Gesprächspsychotherapie und die von ihr abgeleitete klienten-zentrierte Gesprächsführung setzt auf die positiven Kräfte des Menschen, d.h. sie geht von einer angeborenen Tendenz zur Selbstverwirklichung aus.

Der Klient will persönlich beraten werden. Bestimmte Problemsituationen mögen den erfahrenen Berater bekannt anmuten, für den Ratsuchenden aber bedrohliche Bedeutung haben. Darum gilt es, nicht das Problem des Klienten, sondern seine Beziehung zu diesem Problem aufzusuchen. Darum kreist das Gespräch um die Person des Klienten und um sein Erleben, nicht aber um äußere Gegebenheiten. Die Helfer (TherapeutInnen, BeraterInnen, SozialpädagogInnen) respektieren seine Sichtweise der Dinge, seine Lebensweise sowie seine Art, seine Umwelt zu deuten. Auf dieser Grundlage wird angestrebt: die Kommunikationsfähigkeit des Klienten zu verbessern, sein Selbstkonzept positiv zu verändern, bislang unterdrückte Persönlichkeitsaspekte zu verstehen, sich selbstbewußter auszudrücken und sich seinen Mitmenschen mehr zu öffnen. Der Klient führt, der Helfer folgt.

Gesprächsausschnitt (Gesprächspsychotherapie mit einem 25j. Studenten):[11)]

Kl(ient):„ . . . Das rein theoretische Lernen, der Lernprozeß an sich, das läuft an, aber das ist nicht so richtig; ich glaube, daß ich mich allmählich da in die Gewalt bekomme."

Ps(ychotherapeut): „Sie fühlen, daß die Schwierigkeiten zwar noch da sind, aber Ihnen nicht so zusetzen?"

Kl: „Ja. Aber ich glaube, daß ich mich im großen und ganzen gefangen habe und ich jetzt in einigermaßen vernünftigem Fahrwasser schwimme und nicht mehr dieses dauernde Hin und Her und -„-

Ps: „Ist es so, daß Sie ruhiger geworden sind, weniger beunruhigt von Ihrem Weg?"

Kl: „Ja, Ja. Ich bin ruhiger geworden und ich habe mich, sagen wir mal so, ich habe mich hineingepaßt, ich habe es akzeptiert, auch finanziell."

Ps: „Sie bejahen den Weg jetzt, den Sie eingeschlagen haben, meinen Sie das?" . . .

Vier Merkmalsbereiche zum Aufbau einer klienten-zentrierten kommunikativen Beziehung:

1. *Echtheit und Kongruenz (Einheitlichkeit):* Der Klient ist unsicher, verletzbar, seine Erfahrungen stimmen nicht mit seinem Selbstbild überein (sind inkongruent). Beim Helfer sind Gedanken, Gefühle und Handeln möglichst im Einklang, Inhalts- und Beziehungsaspekte seiner Botschaften sollen einander entsprechen. Die meisten seiner Gefühle sind jederzeit mitteilbar. Der Klient soll ihn als echt und aufrichtig erfahren. Der Helfer soll ihm keine Rolle vorspielen. Der Helfer als Modell erleichtert es dem Klienten, seinerseits möglichst echt und offen zu sein.
2. *Wertschätzung, Akzeptierung und positive Zuwendung:* Der Helfer soll Erleben und Aussagen des Klienten mit emotionaler Wärme begegnen und seine Person uneingeschränkt akzeptieren. Abneigung oder Mißbilligung könnten beim Klienten Gefühle des Bedroht-seins und Abwehrhaltungen aufbauen; diese würden aber den Zugang zu seinem Verstehen versperren. Der Klient bekommt vielmehr erstmals die Chance, konflikthafte Gedanken und Gefühle unmittelbar auszudrükken und zu akzeptieren. Daraus kann für ihn die Möglichkeit erwachsen, Angstsituationen zu verringern (Desensibilisierung).

---

11) TAUSCH, R.: Gesprächspsychotherapie, Göttingen 1970, S. 137.

3. *Einfühlendes Verständnis (Empathie) und Verbalisierung emotionaler Erlebnisinhalte:*
   Der Helfer soll die innere Erlebniswelt des Klienten (Befürchtungen, Wünsche, Pläne, wahrgenommene Wirkungen auf andere) so gut wie möglich nachfühlen und sich seine Wahrnehmungen vergegenwärtigen. Entsprechend soll er sie konkret und anschaulich „widerspiegeln“ – ohne irgendwelche Kritik, Empfehlungen usw.
4. *Selbstexploration des Klienten:* Über Beobachtungslernen wird der Klient zur Selbstexploration „angeleitet“. Er muß nicht seine Gefühle, Einstellungen und Vorstellungen verleugnen, sondern kann sie offenbaren, sich auch selbst mit ihnen auseinandersetzen und sie in bestimmten Situationen näher bestimmen. Dadurch wird er in die Lage versetzt, neue Seiten seiner Persönlichkeit und neue Zusammenhänge aufzudecken und sein Leben alternativ zu planen.

A 14

Individuelle Psychohygiene des Helfers und Persönlichkeitswachstum

Das Verstehen der eigenen Lebensgeschichte ist der Schlüssel zu unserer Persönlichkeit, zu unserem Verhalten und zu unserer Wahrnehmung, die durch Verdrängungsprozesse blockiert wird. Jeder ist aufgefordert, sich seiner Vergangenheit zu stellen, sich die Verletzungen seiner Kindheit und ihre Verdrängungen bewußtzumachen, insbesondere solche Menschen, denen andere zur Erziehung, Therapie, Beurteilung oder Beratung anvertraut sind.

Im Prozeß der *Selbstexploration* von HelferInnen (Selbsterfahrungsgruppen, Balint-Gruppen u.a.) mischen sich berufliche und außerberufliche Aspekte miteinander. Sie kommen über das Gespräch und im Umgang mit anderen mit Einsichten, Zusammenhängen und Ähnlichkeiten des Erlebens in Berührung, die über die berufliche Situation hinaus in die „Privatperson“ hineinreichen und so von ihnen nicht eingeplant werden können. Auf dem Wege der Selbsterforschung können auch HelferInnen durch die Rollen, Erwartungen und Projektionen hindurch (sich selbst) besser sehen und verstehen lernen. Mit Hilfe vertieften Selbstverständnisses gelangen sie eher zur Fähigkeit, Gefühle des Ungenügens und des „Ausgebrannt-seins“ zu reflektieren und sich mit ihren Schwächen zu akzeptieren.

Die Überlegungen zum *„Helfersyndrom“*[12] tragen dazu bei, die psychische Situation von HelferInnen erfahrbar zu machen. Diese ist häufig verbun-

12) s. dazu: SCHMIDBAUER, W.: Die hilflosen Helfer. Reinbek b. Hamburg 1977.

den mit Angst vor Nähe und Mangel an offener Gegenseitigkeit, in der Unfähigkeit, eigene Gefühle und Bedürfnisse auszudrücken, verbunden mit der Aufrichtung einer scheinbar omnipotenten („allmächtigen“) Fassade und dem Nicht-Zulassen-wollen eigener Gefühle. Ein bedeutendes Problem ergibt sich demnach aus dem Unvermögen der HelferInnen, eigene Hilfsbedürftigkeit zu akzeptieren sowie in symmetrischen Interaktionsformen Klienten wirklich nahe an sich herankommen zu lassen.

Durch Verfeinerung seines *Selbtgewahrseins* erst gelangen HelferInnen zur Wahrnehmung eigener Gefühle, zum Bewußt-machen des Verdrängten und zur Konzentration auf ein Ziel (z.B. auch durch Anwendung von Methoden der Meditation). Sich selbst klarer zu erfassen und besser zu verstehen, ist eine grundlegende Voraussetzung, (von ihnen abhängige) Klienten anzunehmen und ihnen fördernde und helfende zwischenmenschliche Beziehungssituationen anzubieten. Solche Umsetzung von Selbsterkenntnis in glaubhafte *Handlungskompetenz* auf Seiten der HelferInnen wirkt fort in der Änderungsbereitschaft der Klienten.

In sozialen Berufen ist die eigene Persönlichkeit wichtiger als die verwendete Technik. Individuelle *Psychohygiene*[13)] als Teil einer berufsspezifischen *Prävention* für HelferInnen ist darum ebenso wünschenswert wie etwa Körperhygiene. Helfen kann heißen, „jemand undankbar machen“ (A. Bierce): Dies ist der Fall, wenn der Helfer nicht zur *Selbstakzeptierung* findet, weil er zum einen vielen widersprüchlichen und oft genug verletzenden Fremdbewertungen ausgesetzt ist und zum anderen nur unzureichend Bedürnisbefriedigung und positive Rückmeldungen erhält. Bleibt er eher negativen Gefühlen ausgeliefert, werden unangemessene Ängste eigene und fremde Lernprozesse behindern, Beziehungsprobleme den für das Lernen wesentlichen Austausch von Kommunikationen auf der Inhaltsebene hemmen und infolge sich häufender Frustrationen seine negative Selbstbewertung verstärken (Folgen: Selbstisolation, Depression). Gestörte *Selbstkommunikation* blockiert die *Selbstkontrolle* und die *Selbstmotivation.* Dieser bedürfen alle, die dazu beitragen wollen, durch beratende oder unterrichtliche Kommunikation, durch therapeutische oder pädagogische Intervention Veränderungen zwischenmenschlicher Interaktionen und Beziehungen herbeizuführen.

---

13) s. dazu: SIELAND, B.: Psychohygiene für Pädagogen: Selbsthilfe für Helfer, in: FITTKAU, B. (Hrsg.): Pädagogisch-psychologische Hilfen . . . Bd. 2. Braunschweig 1983.

Weiterführende Literatur:

S. BACHMAIR u.a.: Beraten will gelernt sein. Weinheim 1999.
R. C. COHN: Von der Psychoanalyse zur themenzentrierten Interaktion. Stuttgart, 1983.
G. EGAN: Helfen durch Gespräch. Weinheim, 6. Aufl. 1993
I.E. KUMMER: Beratung und Therapie bei Jugendlichen. München, 1986
E.M. LEUPOLD: Handbuch der Gesprächsführung. Problem- und Konfliktlösung im Kindergarten. Freiburg 1995.
W. PALLASCH u.a. (Hrsg.): Beratung – Training – Supervision. Weinheim 1992.
Fr. SCHULZ v. THUN: Miteinander reden. 1: Störungen und Klärungen, Reinbek, 1981
Fr. SCHULZ v. THUN: Miteinander reden. 2: Stile, Werte und Persönlichkeitsentwicklung. Reinbek, 1990
C. THOMANN/F. SCHULZ v. THUN: Klärungshilfe. Reinbek 1988

„Wie schön, daß es Sie gibt!“

Anhang:

Protokollschema zur Ereignisbeschreibung

Datum: ____

Zeitspanne: von __________ Uhr bis __________ Uhr

Ziel der Beobachtung: ________________________________

____

____

Name des Kindes: ____________________________________

Name(n) des / der Beobachter(s): _____________________

Allgemeine Situation in der Gruppe: __________________

____

____

____

Die folgenden 2/3 des leeren Blattes werden – je nach besonderer Fragestellung – mit folgender Aufteilung versehen:

bestimmte Situationen	Verhaltensweisen des Kindes	Bemerkungen

(nach Armin KRENZ)

Allgemeine Dimensionen von Situationen

a) Kontext
   1. Vorangegangene Situation
   2. Nachfolgende Situation
   3. Auslöser für Situation
   4. Häufigkeit der Situation

b) Struktur
   5. Dauer
   6. Personen (Zahl, Status)
   7. Andere Organismen (z.B. Tiere)
   8. Materielle Objekte
   9. Ort

c) Prozeß
   10. Stimuli (Reize) und Reaktionen der Personen
   11. Sanktionen (Belohnungen und Bestrafungen)
   12. Ziele
   13. Mittel der Kommunikation (Sprache, Gestik, Mimik, Telefon)
   14. Mögliche alternative Verhaltensweisen, die nicht auftraten
   15. Folgen der Interaktion

Die Festlegung derjenigen Dimensionen, auf die besonders zu achten ist, sowie die Kategorien, in denen beobachtet wird, erfolgt durch ein Beobachtungsschema. (J. FRIEDRICHS/H. LÜDTKE: Teilnehmende Beobachtung. Weinheim 1973^2, S. 56)

Dimensionen (= Kommunikationskanäle) der non-verbalen Kommunikation

Kanal	Indikator
1. Paralinguistik:	Stimme, Tonfall, Sprechdauer, Schweigen etc.
2. Gesichtsausdruck:	Dimensionen des Gesichtsausdrucks und Art der übermittelten Emotionen.
3. Körperbewegung:	Bewegungen des Körpers oder einzelner Körperteile
4. Blickkontakt:	Blickrichtung, Dauer des Anblickens oder Abwendens, Korrelation mit anderen verbalen und nonverbalen Verhaltensmustern.
5. Räumliche Distanz:	Abstände zwischen Personen und deren Variation in der Zeit und mit den kommunizierten anderen Inhalten. Mikro-ökologische Variablen des „persönlichen Raumes“, den eine Person für sich beansprucht; Sitzordnung in Gruppen etc.
6. Taktile Kommunikation:	Ausmaß der Berührung anderer in Interaktionen, berührte Körperzone, Intensität und Dauer der Berührung.
7. Gerüche	

(J. FRIEDRICHS/H. LÜDTKE: Teilnehmende Beobachtung. Weinheim 1973^2, S. 64)

Kategorien-System zur Klassifizierung sprachlicher Äußerungen von Kindergartenkindern

	Anzahl der Äuße-rungen	Total	Prozent-satz der Äuße-rungen
I. Selbstbestätigung		1275	
1. Ausdruck persönlicher Macht	212		6.8
(a) Vor der Leistung	114		3.6
(b) Während der Leistung	50		1.6
(c) Nach der Leistung	48		1.6
2. Zur Schau stellen	108		3.5
(a) Des persönlichen Einflusses	85		2.7
(b) Den persönlichen Einfluß und die Fähigkeit anderer übertreffen	23		0.7
3. Einschalten des Selbst in die Situation	133		4.3
4. Verteidigung des Besitzempfindens, Widerstand gegen Einmischung	67		2.1
5. Befehle, Erteilen von Erlaubnis anderen gegenüber	451		14.4
6. Drohungen	56		1.8
7. Spott	93		2.98
8. Wünsche	57		1.8
9. Widerspruch	98		3.1
II. Geringschätzung des Selbst (Erkennen der Unfähigkeit etwas zu leisten)		8	0.25
III. Zeichen eines sozialen Bewußtseins		116	3.7
1. Begeisterung für die Gruppenleistung	2		0.07
2. Sympathie oder Interesse für andere	18		0.58
3. Spontanes Teilen von Erfahrungen und Besitz	65		2.1
4. Kritisches Einschätzen und Empfehlen	23		0.7
5. Erworbene soziale Formen	8		0.25
IV. Verbalisierte Wahrnehmungen bedingt durch:		259	8.3
1. Eine Situation	64		2.0
2. Eine Handlung	16		0.55
3. Ein empfundenes Bedürfnis	30		0.96
4. Empfindungen des Sehens, Berührens, Riechens, Hörens	26		0.83
5. Erkennen von Größe, Farbe, Form, Anzahl	68		2.2
6. Erkennen von Zeit und Raum	5		0.16
7. Ein die Handlung begleitendes Selbstgespräch	50		1.6

V. Linguistisches Experimentieren		188	6.0
1. Rhythmisches Gruppieren von Tönen	33		1.1
2. Mit einem Wort spielen	77		2.5
3. Wiederholen gehörter Töne	5		0.15
4. Wiederholen gehörter Wörter	31		0.99
5. Mit einem Reim spielen	18		0.58
6. Erkennen von Unterschieden in der Aussprache	9		0.2
7. Mit einer Idee spielen	15		0.48
VI. Dramatisches Spiel in der Welt der Phantasie		148	4.7
VII. Fragen		311	9.95
VIII. Rationale Gedanken		193	6.2
1. Erklären von Verfahren und Vorgängen	83		2.65
2. Rechtfertigung von Gedanken und Benehmen	67		2.18
3. Widersprechen	43		1.37
(a) mit einer implizierten kausalen Beziehung			
(b) mit einer implizierten logischen Beziehung			
IX. Feststellen von Fakten		500	16,0
1. Information; Beschreibung	386		13.32
2. Persönliche Erfahrungen	42		1.34
3. Benehmen	72		2.3
X. Antworten: »Ja« und »Nein«		127	4.1
Total		3125	100.0

(Nach RUGG u.a., 1929, zitiert bei G. FASSNACHT: Systematische Verhaltensbeobachtung. München 1979, S. 116 f. Die eingetragenen Daten wurden 1929 während drei Monaten in einer Kindergartengruppe erhoben.)

Kategoriensystem zur interpersonellen Konfliktlösung

a. *Kooperative Zuwendung*

1. Orientierungsbeiträge bietet Informationen an sucht Informationen unterhält den Kontakt verknüpft einzelne Beiträge
2. Unterstützung fördert Übereinstimmung
3. Anliegen
   ersucht Unterstützung
   ersucht Aufmerksamkeit
   ersucht Anerkennung
4. Beeinflussungen
   organisiert

geht strategisch vor
ordnet an
5. Übernahmen
akzeptiert Unterstützungen
akzeptiert den Standpunkt anderer

b. *Feindliche Zuwendung*
1. Widerstand
ignoriert
opponiert
2. Angriff
provoziert
verletzt

c. *Rückzug*
1. Flucht
weicht aus
verläßt das Feld

(Nach H. BORKE (1967), zitiert in: Enzyklopädie der Psychologie, Göttingen 1983, Bd. 4: Verhaltensdiagnostik, S. 803)

Fragenkatalog zur Verhaltensstruktur von Kindern

(= Verbindung von Kategorien-System und Begriffssystem)

1. Kognitives Verhalten
- Wie ist die akustische und optische Wahrnehmungsfähigkeit?
(laut – leise; hoch – tief; differenziert – oberflächlich)
- Wie ist das Erinnerungsvermögen?
(stark – schwach)
- Welche Begriffsbestimmungen räumlicher Art sind schon vorhanden?
(hoch – tief; vorn – hinten; über – unter; u.a.)
- Welche Größenbezeichnungen können schon genannt werden?
(groß – klein; lang – kurz; u.a.)
- Welche Mengenbezeichnungen können genannt werden?
(viel – wenig; mehr – weniger; Zahlen von 0 bis 10)
- Welche Farben und Formen können genannt werden?
(Grundfarben – Mischfarben, Kreis, Dreieck, Rechteck)
- Wie ist der Phantasie- und Kreativitätsbereich entwickelt?

2. Psychisches Verhalten
- Zeigt das Kind Ängste, Unsicherheiten?
(zieht sich zurück, wehrt sich nicht, weint sehr schnell)
- Ist es kontaktgehemmt? Zeigt es Schuldgefühle?
- Wie ist die emotionale Grundstimmung?
(froh, heiter, traurig)
- Wie ist seine Vitalität entwickelt?
(aktiv – passiv)
- Wie ist seine Ich-Struktur?
(selbstbewußt, unsicher)

3. Soziales Verhalten
- Wie ist die Beziehung zwischen Kind und Erzieher?
  (abhängig — unabhängig, aktiv — passiv)
- Wie ist die Beziehung zwischen Kind und Gruppe?
  (Außenseiter, Führer, Mitläufer, Aggressor, integriert)
- Wie ist die Beziehung zu einzelnen Kindern?
  (keinen Kontakt zu anderen Kindern, Freundschaft, kontaktfähig usw.)

4. Lernverhalten — Motivationsverhalten
- Wie kann sich das Kind konzentrieren?
  (ausgeprägt — weniger ausgeprägt)
- Wie ist die Arbeitshaltung?
  (Selbständig, benötigt Hilfe des Erziehers)
- Wie ist die Arbeitsweise?
  (konzentriert sich intensiv auf ein Spiel — kann sich nur kurz mit einer Sache beschäftigen)
- Wie ist sein Interesse entwickelt?
  (interessiert sich für besondere Spiele — ist sehr lustlos)

5. Motorisches Verhalten
- Zeigt das Kind körperliche Auffälligkeiten?
  (Bewegungsstörungen im grob- bzw. feinmotorischen Bereich)
- Wie ist die Hand-Auge-Koordination entwickelt?
- Wie geht es mit Material um?
  (geschickt — plump)
- Wie ist seine Mimik und Gestik entwickelt?
  (auffällig — normal)

6. Sprachliches Verhalten
- Sind Sprachstörungen zu beobachten?
  (stottert, stammelt, lispelt, poltert)
- Welches Sprachvokabular hat es?
  (umfangreich, eingeschränkt, phantasievoll)
- Wie ist die Sprachstruktur?
  (logisch-kausal, weniger logisch, konfus)
- Wie ist das Sprachverhalten?
  (sprachgewandt, sprachgehemmt)

7. Spielverhalten
- Welche Interaktionsform bevorzugt das Kind?
  (Einzelspiel, Partnerspiel, Gruppenspiel)
- Wie ist die Konzentration beim Spiel?
  (ausgeprägt, unstetig)
- Welches Spielmaterial und welcher Spielbereich werden bevorzugt?
  (Handlungsmaterial, Rollenspielrequisiten, usw.)
- Welche Rolle übernimmt es im Spiel?
  (Führerrolle, Mitläufer, Außenseiter o.a.).

(B. HÜBNER/G. ROCHOLL: Soziales Praktikum. Frankfurt 1984, S. 84–86)

Faktorenbündel zur Erfassung sozio-ökonomischer Komponenten von Sozialisation

1. Sozio-ökonomische Position

a. Verhältnis zu den Produktionsmitteln
b. Vermögen
c. Platz in der Arbeitshierarchie
d. Arbeits- und sozialrechtliche Stellung
e. Einkommen
f. Erwerbstätigkeit von Familienmitgliedern
g. Sparfähigkeit/Vermögensbildung
h. Selbstbild
i. Gesellschaftlicher Status in sozialer Fremdbewertung

2. Soziale Herkunft

a. Rekrutierung
b. Schulbesuch/Schulabschluß
c. Ausbildung/ Qualifikation
d. Lebensweg/Karriere

3. Sozialer Tätigkeitsbereich

a. Arbeitsplatz/Arbeitsraum/Betriebsstruktur/Betriebsordnung
b. Arbeitsbedingungen
c. Arbeitstyp (befehlend/planend/kontrollierend/verwaltend/ausführend)
d Arbeitsgestaltung/Dispositionsraum/Verantwortung
e. Arbeitsbelastung
f. Interaktion am Arbeitsplatz (Verhältnis zu Vorgesetzten/Kollegen)
g. Einstellung zur Arbeit/Arbeitszufriedenheit

4. Lebensniveau

a. Wohngebiet
b. Wohnung/Einrichtung
c. Lebenshaltungskosten
d. Konsumniveau/Kaufmöglichkeit
e. Infrastruktur/gesellschaftliche Versorgung/soziale Vorsorge
f. Bedürfnisse/Befriedigungsmöglichkeiten von Bedürfnissen
g. Freizeitgewohnheiten

5. Sozialbeziehungen

a. soziale Verhaltensmuster
b. Familien- und partnerschaftliche Beziehungen
c. soziale Kontakte
d. Kooperation/Kohärenz in Gruppe/Betrieb/Schicht/Klasse
e. soziale Auffälligkeit
f. Fremdbild

6. Einstellung zur Gesellschaft

a. Gesellschaftsbild/soziales Bewußtsein/Klassenbewußtsein
b. politische/kulturelle Interessen
c. Werte/Normen
d. Organisationsgrad in Partei/Gewerkschaft/Kirche/Verein
e. soziales Engagement als Integration/Assimilation/Indifferenz/Opposition

7. *Soziale Perspektive*
   a. Zukunftserwartung/Lebenschancen
   b. Mobilität als soziale Auf- und Abstiegsmöglichkeiten/professionelle Freisetzung
   c. Aspirationen/Aktivitäten

(M. MEINHOLD/W. HOLLSTEIN: Erziehung und Veränderung. Neuwied 1975, S. 22 f.)

Schema für die Erhebung des psychischen Befundes bei Kindern

1. Äußere Erscheinung
2. Stimmung oder Affekt
3. Orientierung und Wahrnehmung
4. Mechanismen der Auseinandersetzung
   a) hauptsächliche Abwehrmechanismen
   b) Ausdruck und Kontrolle sexueller und aggressiver Impulse
5. Neuromuskuläre Integration
6. Gedankenablauf und Verbalisierung
7. Phantasie
   a) Träume
   b) Zeichungen
   c) Wünsche
   d) Spiel
8. Über-Ich
   a) Ich-Ideale und Werte
   b) Integration in die Persönlichkeit
9. Selbst-Bild
   a) Objektbeziehungen
   b) Identifikationen
10. Problembewußtsein
11. Schätzung des Intelligenzquotienten
12. Zusammenfassung des psychischen Befundes

(J.E. SIMMONS: Anleitung zur psychiatrischen Untersuchung von Kindern. Stuttgart 1972, S. 52 f.)

Schema für den Einzelbericht einer Gruppenzusammenkunft

1. Thema und Zweck der Zusammenkunft?
2. Namen der anwesenden und abwesenden Gruppenangehörigen?
3. Ort, Zeit und Dauer der Zusammenkunft?
4. Programm: Kurzer Inhalt? Allgemeine Reaktion? Mangelndes Interesse, weshalb? Starke Teilnahme, weshalb? Wer schien besonders angesprochen? Wer gelangweilt?
5. Gesamtgruppe: Bemerkenswerte Interaktionen? Gab es Umbesetzungen der Rollen? Brachen Konflikte auf? Welcher Art? Sind die Ursachen klar? Wur-

den sie behoben? Wie? Waren neue Bedrüfnisse erkennbar? Interessen? Wie wurden Entscheidungen gefällt?

6. Untergruppen: Tauchten Untergruppen auf? Welche? Blieben sie konstant? Traten neue Mitglieder hinzu? Sind Beständigkeit oder Wechsel erklärbar? Wurden die Untergruppen integriert?
7. Einzelne: Wer kam als erster? Wer ging am Schluß? Wer kam mit wem? Wer ging mit wem? Wer schien miteinander befreundet? Wer machte Vorschläge? Wer war dafür? Wer dagegen? Wer schien isoliert? Wer hat sich gesperrt? Warum wohl? Zeigten sich neue Talente? Enttäuschungen? Erwartungen?
8. Der Leiter: War er entsprechend vorbereitet? Wie reagierte die Gruppe auf ihn und seine Vorschläge? Welche Maßnahmen würde er nicht mehr ergreifen? Was würde er anders machen? Wo fühlte er sich ratlos? Wo falsch verstanden? Delegierte er an die Gruppe so viel wie möglich? Tat er selbst mehr als nötig? Ermunterte er die Schüchternen? Arbeitete er mit der ganzen Gruppe oder nur mit Einzelnen? Hat er das Gefühl: Die Gruppe kam ein Stück voran? Worin zeigt sich der Fortschritt?
9. Die anderen: Gibt es Einflüsse, die von außen an die Gruppe gelangten? Welche Einflüsse förderten sie? Welche beeinträchtigten sie? Wie äußerten sich Förderung oder Beeinträchtigung? Sind Erwartungen bekannt, die von Außenstehenden an die Gruppe herangetragen wurden? Welche? Wie wurden sie behandelt? Überhaupt nicht?
10. Konsequenzen und Pläne für das nächste Treffen?

(W. ERL: Gruppenpädagogik in der Praxis. Tübingen 1967, S. 76 f.)

Schema für eine zusammenfassende Gruppendarstellung

1. Daten und Gegebenheiten
   A) Name der Gruppe? Name des Trägers? Grund und Ziel der Zusammenkünfte?
   B) Kurzcharakteristik der Gruppenmitglieder? Dauer ihrer Gruppenzugehörigkeit?
   C) Kurzcharakteristik des Leiters?
   D) Äußere Umstände: Grad der Selbständigkeit dem Träger gegenüber? Finanzielle Möglichkeiten? Räumlichkeiten? Häufigkeit und Dauer der Gruppenzusammenkünfte?

2. Beobachtungen und Beurteilungen.
   A) Äußere Umstände: Welche Faktoren haben sich auf die Gruppe ausgewirkt? – Berücksichtigte der Gruppenleiter diese Auswirkungen? Mit welchem Ergebnis? Wie kann man in ähnlichen Situationen vorgehen?
   B) Gruppe:
      a) Beziehungen: Wie waren die Beziehungen der Gruppenmitglieder untereinander? Wurden sie gefördert? Gestört? Durch wen? Kam es zu Konflikten? Welche Bedeutung gewannen die Beziehungen für die Gruppe? Für Einzelne? – Konnte der Leiter zu allen gute Beziehungen herstellen?
      b) Rollenverteilung: Welche klar definierten Rollen waren erkennbar? Wer spielte sie? Warum brauchte die Gruppe bestimmte Rollen?

Mußte einzelnen Rollenträgern Schutz und Hilfe geboten werden? – Wie hat der Gruppenleiter Besetzung und Spiel der Rollen beeinflußt?

c) Untergruppen: Welche Untergruppen bildeten sich? Welche Wirkungen übten sie auf die Gesamtgruppe aus? Gruppenfördernd? Aufspaltend? – Wie griff der Leiter ein? Resultat?

d) Mitarbeit: Arbeiteten alle mit? Nur Einzelne? Wer tat was? Wer was nicht? – Konnte der Leiter die Mitarbeit fördern? Wie? Warum nicht?

e) Gruppengeist: Weshalb identifizierten sich die Einzelnen mit der Gruppe? Weshalb nicht? Welche Faktoren stärkten den Gruppengeist? Welche beeinträchtigten ihn? Entwickelten sich Gruppennormen? Welche? Wie wurden die Normen durchgesetzt? – Welche Einflußmöglichkeiten hatte der Leiter auf den Gruppengeist? Nutzte er sie? Wie? Warum nicht?

f) Gruppenentwicklung: Sind in der Entwicklung der Gruppe bestimmte Phasen erkennbar? Welche? Welche Umstände, Ereignisse oder Personen förderten die Entwicklung? Welche hemmten sie? Wie äußerte sich das »Wir«-Bewußtsein Außenstehenden gegenüber? – Wie griff der Leiter ein? Was hätte er noch unternehmen sollen?

C) Einzelne: Auffällige Verhaltensweisen Einzelner? Ursachen der Verhaltensweisen? Warum hatten Einzelne Kontaktschwierigkeiten? Weshalb wurden Gruppenangehörige abgelehnt oder akzeptiert? Wie konnten Bedürfnisse, Stärken und Schwächen der Einzelnen berücksichtigt werden? Durch die Gruppe? Das Programm? Bei wem wurde Einzelhilfe nötig statt Gruppenpädagogik? – Was konnte der Leiter tun? Was tat er nicht? Warum?

D) Programm: Entsprach das Angebot den Interessen der Gruppe? Den Vorstellungen des Trägers der Arbeit? Wie reagierte die Gruppe? Nach welchen Gesichtspunkten wurde das Programm geplant und durchgeführt? Hat es der Gruppe geholfen? War es unterhaltsam? Berücksichtigte es gebührend die Stärken der Einzelnen? Die Schwächen? – Konnte der Gruppenleiter neue Impulse geben? Half er mit anspruchsvollen methodischen Vorschlägen?

E) Gruppenleiter: Welchen Anteil hat der Leiter am Gruppengeschehen (s. die letzten Fragen des 2. Abschnittes und seiner Unterabschnitte A, B, C und D)? Erreichte die Gruppe ihre Ziele? Arbeitete der Leiter immer nach gruppenpädagogischen Grundsätzen? Wann nicht? Weshalb? Was kann der Leiter noch praktisch und theoretisch lernen?

3. Zusammenfassung

Allgemein interessierende Erfahrungen beim Arbeiten mit einer Gruppe? Welche vorherrschenden Ansichten der Gruppenpädagogik werden bestätigt? Widerlegt? Offene Fragen an die Gruppenpädagogik?

(W. ERL: Gruppenpädagogik in der Praxis. Tübingen 1967, S. 77–79)